HAYMAN'S
OLD TOM
GIN
OLD TOM GIN
THE ESSENTIAL LIQUOR
REQUIRED IN THE BAR ROOM

Die Originalausgabe ist 2015 unter dem Titel „Gin. The Art and Craft of the Artisan Revival in 300 Destillations" bei Jacqui Small LLP, 74–77 White Lion Street, London N1 9PF erschienen.

Grillparzerstraße 12, 81675 München
HALLWAG ist ein Unternehmen der GRÄFE UND UNZER VERLAG GmbH, München, GANSKE VERLAGSGRUPPE.
www.hallwag.de

Projektleitung: Florian Fischer
Übersetzung: Reinhard Ferstl
Lektorat: Gesa Weiß, Langenbuch & Weiß
Korrektorat: Susanne Schneider
Satz: L42 AG, Berlin
Herstellung: Markus Plötz
Umschlaggestaltung: Martina Baldauf
Printed and bound in Slovenia

2. Auflage 2019
ISBN 978-3-8338-6526-8

Liebe Leserin und lieber Leser,
wir freuen uns, dass Sie sich für ein HALLWAG-Buch entschieden haben. Mit Ihrem Kauf setzen Sie auf die Qualität, Kompetenz und Aktualität unserer Bücher. Dafür sagen wir Danke! Ihre Meinung ist uns wichtig, daher senden Sie uns bitte Ihre Anregungen, Kritik oder Lob zu unseren Büchern. Haben Sie Fragen oder benötigen Sie weiteren Rat zum Thema? Wir freuen uns auf Ihre Nachricht!

GRÄFE UND UNZER Verlag
Leserservice
Postfach 860313, 81630 München

Wir sind für Sie da!
Montag–Donnerstag: 9.00 – 17.00 Uhr
Freitag: 9.00 – 16.00 Uhr
Tel.: 00800/72 37 33 33*
Fax: 00800/50 12 05 44*
(*gebührenfrei in D, A, CH)
E-Mail: leserservice@graefe-und-unzer.de

Hallwag

GRÄFE UND UNZER
Ein Unternehmen der GANSKE VERLAGSGRUPPE

MIX
Papier aus verantwortungsvollen Quellen
FSC www.fsc.org
FSC® C118234

DER GINATLAS

Über 300 Gins aus allen Weltregionen

Aaron Knoll

Ich widme dieses Buch meinen Freunden, meiner Familie und Gin-Liebhabern in aller Welt.

Inhalt

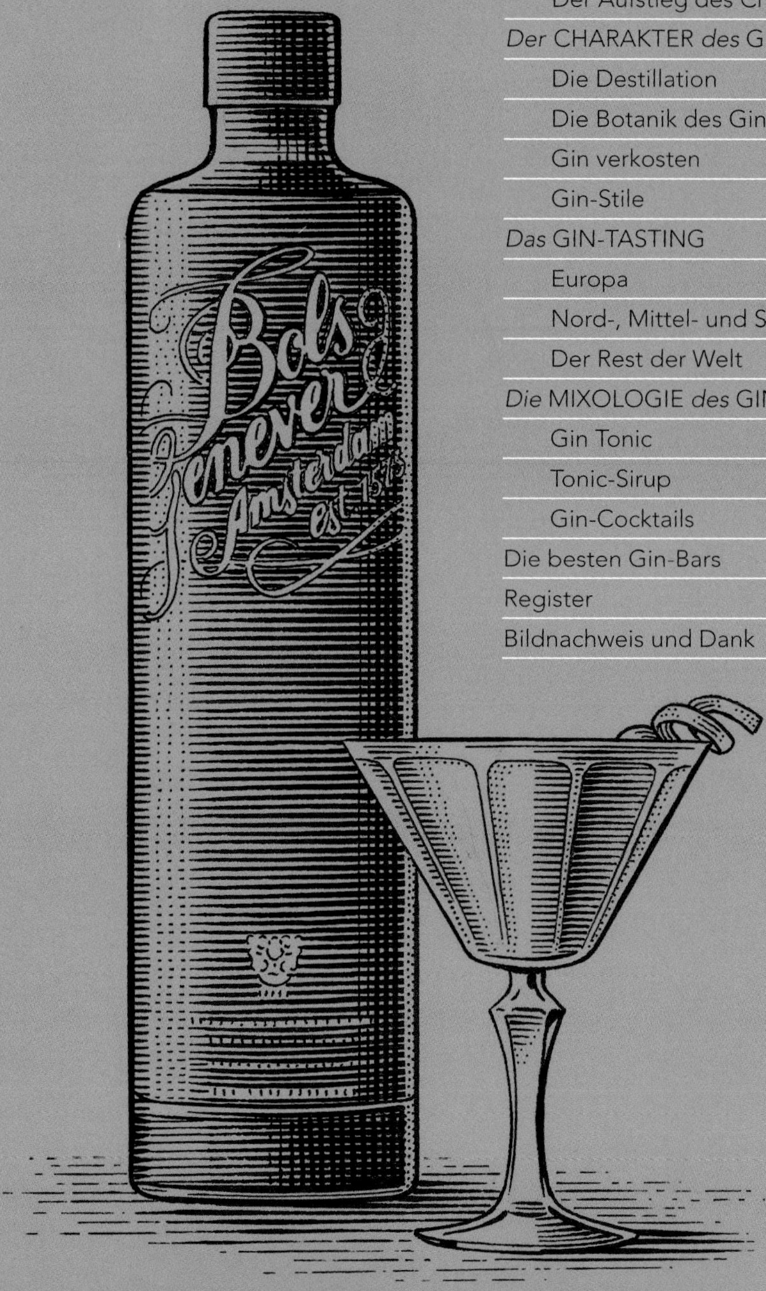

R. TAYLOR

Die
Geschichte
des Gins
d
b
c

Das

Plinius der Ältere war der Meinung, dass der Duft des Wacholders Schlangen vertreiben könne.

Gin-Aroma

Wenn eine Pflanze wie der Wacholder die Aufmerksamkeit des Menschen erregt, kann sich daraus eine lange, komplizierte Beziehung entwickeln, von der beide profitieren. Am Anfang aber muss da etwas sein, das uns zu genauerem Hinsehen veranlasst: Das Gewächs kann ungewöhnlich anzuschauen sein oder auch leicht verfügbar. Aber ganz gleich, was uns an einem anderen Lebewesen als Erstes ins Auge fällt, in den meisten Fällen entscheidet letztlich sein Nutzen darüber, ob wir ihm weiter Beachtung schenken. Ein Spruch aus der Welt des Marketing – und viel später der des Gins – bringt es auf den Punkt: »Den ersten Schluck verkaufst du mit der Aufmachung und der Werbekampagne, den zweiten aber mit dem eigentlichen Produkt.«

So lässt sich erklären, warum unsere Urahnen in grauer Vorzeit zunächst auf Wacholder aufmerksam wurden. Und es hilft uns zu verstehen, warum das Gehölz im Lauf der Geschichte zum wichtigsten Aromageber für Gin wurde. Obwohl wir mit einem Blick auf die Urgeschichte des Wacholders einsteigen, ist dieses Gewächs auch für alle anderen Themen des ersten Kapitels von Bedeutung. Mit anderen Worten: Die Geschichte des Gins erzählt davon, wie sich die Menschheit in Wacholder verliebte.

Aber von Anfang an: Wacholder ist ziemlich gut darin, eine Nische zu finden und dort zu gedeihen. Deshalb wachsen seine vielen Arten seit Hunderttausenden von Jahren in zahlreichen Ökoregionen. So richtig ausgebreitet hat er sich aber erst nach der letzten Eiszeit vor etwa 10 000 Jahren. Heute kommt er im tropischen Afrika, in den Wäldern Osteuropas, in Tibet, den Pinyon-Kiefern- und Wacholderwäldern im Westen der USA und auch sonst fast überall auf der nördlichen Halbkugel vor. Angesichts dieser Verbreitung ist es kein Wunder, dass er Bestandteil des Alltags vieler Menschen in vielen Teilen der Welt wurde.

Schon in der Altsteinzeit machte man sich die nadeligen Sträucher zunutze. In der für ihre über tausend steinzeitlichen Darstellungen berühmten Höhle von Lascaux in Frankreich spendeten, wie Archäologen herausfanden, Lampen mit Wacholderholzdochten Licht. Es hat schon etwas Romantisches an sich zu wissen, dass die Maler, die vor über 15 000 Jahren einige der schönsten Werke der Vorzeit schufen, ihre lebendigen Bilder von Auerochsen und Hirschen im Licht brennender Wacholderzweige malten.

Doch die Höhle von Lascaux ist keineswegs die einzige paläolithische Wohnstatt, in der man Wacholderreste fand. Auch im westlichen Makedonien, an neusteinzeitlichen Ausgrabungsorten im heutigen Jordanien, an der dalmatinischen Küste und in anderen Siedlungen an der Adria wurden sie zutage gefördert. Ob nun die Beeren selbst genutzt wurden oder nur die Zweige, an denen sie wuchsen, weiß man nicht genau. Allein ihr Vorhandensein aber weist darauf hin, dass sich die Menschen damals über ihre aromatischen Eigenschaften durchaus im Klaren waren. Wer den süß-würzigen Kieferndurft von Wacholder und das typische Aroma seiner Holzkohle je gerochen hat, vergisst beides nicht mehr.

Fest steht, dass Wacholder an allen bislang erwähnten Orten menschlichen Wirkens in grauer Vorzeit zur einheimischen Vegetation gehörte. Man verwendete ihn also, weil er verfügbar und nützlich war. Die Gehölze sind zudem relativ klein und ihre Zweige daher leicht erreichbar. Um herauszufinden, ab wann Wacholder nicht mehr nur deshalb genutzt wurde, weil er bequem in Reichweite war, sondern weil man ihn begehrte, muss man seine Spuren dort suchen, wo er nicht heimisch ist. Gar nicht einfach bei einer Konifere, die sich auf der nördlichen Hemisphäre fast überall angesiedelt hat.

Spätestens ab 1500 v. Chr. war Wacholder auch außerhalb seines angestammten Lebensraums in Gebrauch, darauf deuten archäologische Funde hin. Vermutlich nutzte man ihn schon wesentlich früher. Aufgrund seiner Verwendungsmöglichkeiten oder aromatischen Vorzüge muss er also irgendwann wertvoll genug gewesen sein, um besonders verarbeitet und in neue Gegenden transportiert zu werden. Gut dokumentiert und erforscht ist der Einsatz von Kyphi, einer altägyptischen Räuchermischung in Form einer duftenden Paste. Unter seinen Zutaten finden sich viele Pflanzen, die jedem bekannt vorkommen, der sich schon einmal die Liste der Botanicals für Gin angesehen hat: Veilchenwurzel, Minze, Zimt, Gewürzrinde, Kardamom und Wacholder, um nur einige zu nennen. Vielleicht ist Kyphi eines der frühesten historisch belegten Beispiele für die Verwendung jener Aromamischung, die heute vielen Gins zugrunde liegt.

Viele Kulturen der Weltgeschichte haben Wacholder als Heilmittel genutzt. Auf einem Papyrus aus dem Jahr 1550 v. Chr. wird er als Mittel gegen Kopfschmerzen empfohlen; eine Mischung aus Öl und den Beeren sollte sogar gegen Bandwürmer helfen. Auch Aristoteles berichtete im 4. Jahrhundert v. Chr. von der heilenden Wirkung des Wacholders.

Eine der ausführlichsten Auflistungen der medizinischen Eigenschaften von Wacholder findet sich bei Plinius dem Älteren. Dort heißt es, mithilfe der Pflanze könnten Magenschmerzen gelindert und sogar Schlangen vertrieben werden. Eine ganze Reihe von Beschwerden lasse sich, so Plinius, »durch Trinken einer Mixtur aus weißem Wein und Wacholderbeeren« behandeln, etwa »Erkrankungen der Gebärmutter«, »kolikartige Schmerzen in den Gedärmen« und Krämpfe.

Im 2. Jahrhundert n. Chr. schrieb der griechische Arzt Galen: »Wacholderbeeren reinigen Leber und Nieren ... verdünnen dickschleimige Körpersäfte« und »treiben in Maßen den Harn«.

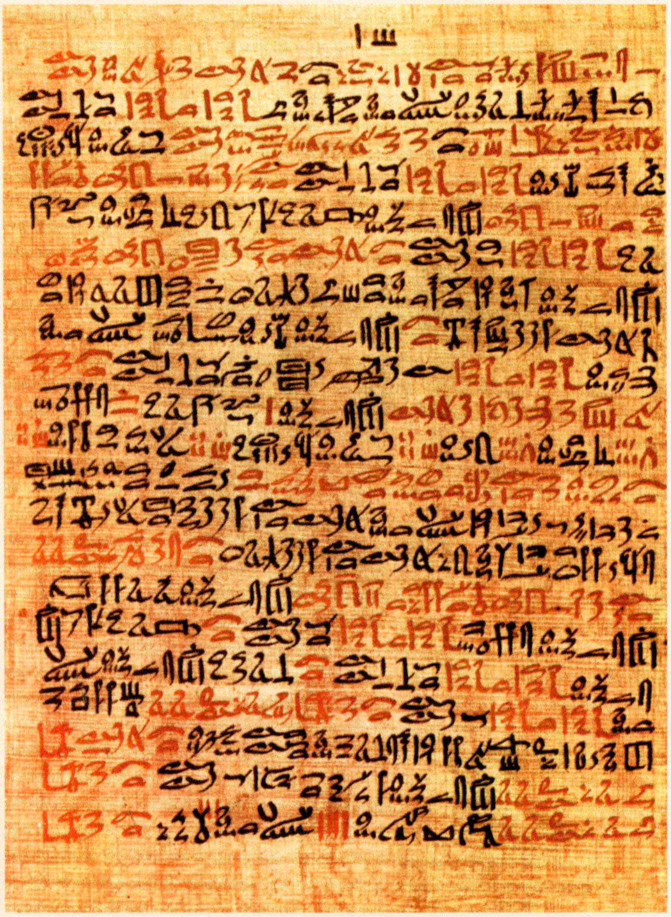

Oben *Im Papyrus Ebers werden mehrere Heilmittel auf Wacholderbasis beschrieben.*

Arabische Gelehrte des 9. und 10. Jahrhunderts berichteten von der abtreibenden Wirkung der Pflanze. Manche schlugen Wacholder sogar als Mittel zur Verhütung ungewollter Schwangerschaften vor.

Im 11. Jahrhundert gelangte die Kunst der Destillation nach Europa. Italienische Mönche begannen zu dieser Zeit, Wein in *aqua vitae*, »Lebenswasser«, umzuwandeln. Diese frühen Spirituosen hatten für die Ordensbrüder symbolische Bedeutung. Sie experimentierten jedoch auch mit ihnen und versuchten, ihnen unter Verwendung der in damaligen Arzneibüchern aufgeführten Kräuter zusätzliche heilende Eigenschaften zu geben. Obwohl es keine exakten Aufzeichnungen aus dieser Zeit gibt, ist anzunehmen, dass Wacholder unter den frühen Ingredienzen war, deren Wirkung man in Alkohol erprobte. Denn zum einen wuchs das Gehölz überall in Italien, zum anderen waren seine Heilkräfte gemeinhin bekannt.

Gin als

Wacholder gegen die Pest

Im 14. Jahrhundert suchten sich einige Krankheitserreger Flöhe als Wirte. Die Blutsauger wiederum setzten sich auf Ratten fest, wodurch es schließlich zur Ausbreitung einer der tödlichsten Epidemien in der Geschichte der Menschheit kam: der Pest. Um 1350 hatten »Ohnmacht, Leid und Schrecken« Europa fest im Griff.

1365 erschien Johann von Burgunds Pestschrift *De Epidemia*. Der Text, ein »Bestseller« der damaligen Zeit, erschien in mehr als hundert Versionen und mindestens vier Sprachen. Schuld an der Krankheit, so glaubte Johann, sei verdorbene Luft. Als Gegenmittel empfahl er Wacholder, dessen Rauch vor der Pestilenz schützen sollte. Die Nachfrage nach dem Holz stieg daraufhin enorm, denn Europas Bevölkerung griff verzweifelt nach allem, was Schutz vor der Seuche versprach.

Als der Schwarze Tod grassierte, fand allmählich auch das »Lebenswasser« Verbreitung unter dem gemeinen Volk. Das schätzte jedoch schon bald nicht mehr nur dessen heilende Eigenschaften, sondern entdeckte auch seine berauschende Wirkung. Im frühen 16. Jahrhundert hatte die Obrigkeit in Deutschlands Städten alle Hände voll damit zu tun, die Trunksucht zu bekämpfen. Obwohl Gesetze es untersagten, die Medizin aus reinem Vergnügen zu konsumieren, taten die Menschen genau das. Klimaschwankungen erschwerten jedoch bald die Deckung der steigenden Nachfrage. Die Kleine Eiszeit brachte kühlere Temperaturen und Ernteausfälle mit

Rechts *Mittelalterliche Destillationsapparaturen waren recht primitiv und lieferten nicht gerade hochwertige Brände.*

Medizin

sich. Die Preise für Wein stiegen, sodass man sich nach Alternativen umsehen musste.

Ab dem Beginn des 16. Jahrhunderts boten Kaufleute aus Getreide destilliertes »falsches« Wacholderwasser feil, eine von der Obrigkeit kaum regulierte Praxis. Das intensive Wacholderaroma kaschierte die nicht immer angenehmen Geschmacksnoten des Getreidebrands. So schmuggelte man dem einfachen Mann, dem Tölpel, der er war, erfolgreich ein minderwertiges Erzeugnis unter!

Im 17. Jahrhundert begann man das Heilmittel Wacholder mit anderen Zutaten zu kombinieren, die heute als feste Bestandteile von Gin etabliert sind. In der Brennanleitung *The London Distiller* schlägt Verfasser John French ein »schweißtreibendes Wasser« mit einer Mischung aus getrockneter Engelwurz, Ringelblumenblüten, Anis und Wacholder vor. Für sein »Wasser gegen die Pest« wiederum empfiehlt er eine Kombination aus Anis, Engelwurz, Lavendel, Holunder, Enzian und Mazis als Ingredienzen.

Wacholder im Hafen und auf See

Um 1750 fand der schottische Arzt James Lind anhand von Versuchen heraus, dass man durch den Verzehr von Zitrusfrüchten Skorbut verhindern konnte. Anfangs wurde das Obst mit Rum haltbar gemacht, doch Mitte des 19. Jahrhunderts gelang es Lauchlan Rose, Limettensaft mit Zucker zu konservieren. Das Produkt, das er sich unter der Bezeichnung Rose's Lime Juice patentieren ließ, avancierte rasch zum Pflichtvorrat auf den Schiffen der königlichen britischen Marine. Während die unteren Offiziersgrade nach wie vor ihren Grog tranken, eine Mischung aus Wasser und Rum im Verhältnis 4 : 1, versorgten sich die höheren Offiziere in den Häfen mit Gin und peppten ihre täglichen Limettensaftrationen damit auf.

In den 1820er-Jahren nutzte der deutsche Arzt Johann Gottlieb Benjamin Siegert im venezolanischen Angostura die Gunst der Stunde. Als er sah, dass viele ausländische Schiffe den Hafen der Stadt anliefen, entwickelte er einen Bitter und vermarktete ihn als Mittel gegen Seekrankheit. Und als Bestandteil von Pink Gin ließ sich die bittere Medizin leichter schlucken.

Ein weiterer Drink, der aus medizinischer Notwendigkeit entstand, war der Gin Tonic. Näheres zur Geschichte dieses Klassikers im Kapitel »Die Mixologie des Gins« auf Seite 184.

Die bittere Wahrheit

Moderne medizinische Studien konnten die arzneilichen Eigenschaften von Wacholder inzwischen zweifelsfrei belegen. Wie Forscher der Universität Zagreb 2005 herausfanden, hat das aromatische Öl in *Juniperus communis* bakterizide und fungizide Wirkung.

Ähnliches wiesen Wissenschaftler in Mazedonien in den Beeren einer einheimischen Wacholderart namens *Juniperus oxycedrus* nach. Und 2013 fanden ihre Kollegen in Ägypten und Saudi-Arabien heraus, dass die Öle von *Juniperus phoenicea* leberschützende Eigenschaften haben.

Ob man mit Gin die Pest besiegen, Schlangen abwehren oder die Welt retten kann, sei dahingestellt. Aber er schmeckt gut. Das zumindest kann ihm niemand absprechen.

Rechts *Apothekerflaschen waren ursprünglich aus Steingut. Glas kam erst später auf.*

Ur-Gins

Wer auf der Suche nach den ersten objektiv verifizierbaren Ursprüngen des Gins in der Geschichte zurückgeht, gelangt in viele Seitenstraßen. Wie aber sah der »Ur-Gin« in einer Welt vor dem Gin aus? Man könnte damit einfach Getränke mit Wacholder außerhalb des medizinischen Kontextes meinen, doch soll Ur-Gin hier als Kombination aus Wacholder und Alkohol definiert werden. Folgt man dieser Linie, stößt man auf mehrere alkoholische Erzeugnisse, die mit Wacholder konsumiert wurden, darunter Wein, Met und Bier. Das zeigt, wie die Menschen früher mit unterschiedlichen Kombinationen experimentierten. Da war es wahrscheinlich nur eine Frage der Zeit, bis Wacholderbeeren auch in neutralen Getreidebrand eingelegt wurden.

Plinius' Prototyp

Einigt man sich auf die Definition »mit Wacholder aromatisierte Substanz, mit der man sich theoretisch betrinken kann«, findet man den ersten Ur-Gin im 1. Jahrhundert n. Chr. Zwischen 77 und 79 veröffentlichte Plinius der Ältere, Jahrgang 23 n. Chr., sein Hauptwerk *Naturalis Historia.* Es enthält unter anderem Bände über Botanik, Astronomie und Heilkunde. In Band 24 wird etwas beschrieben, das entfernt an Gin erinnert:

[Wacholder] wird gegen Krämpfe, Leistenbrüche, kolikartige Schmerzen in den Gedärmen, Erkrankungen der Gebärmutter und Ischiasschmerzen verabreicht. Als Dosis nehme man vier Beeren in weißem Wein zu sich oder bereite einen Absud aus zwanzig Beeren in Wein zu.

Bei einem Absud wird eine Substanz so lange gekocht, bis sich ihre Inhaltsstoffe herauslösen. Durch Kochen von Wacholderbeeren extrahiert man die Aromaverbindungen. Sie schlagen sich als intensiv frischer Kiefern- bzw. Nadelbaumgeschmack nieder, der ein bisschen an Gin erinnert. Oft werden nach dem Abkochen die Schalen der Beeren herausgefiltert.

Ur-Gin für das Volk

Bis ins Mittelalter hinein wurde Wacholder vom einfachen Volk als Ersatz für Pfeffer verwendet, der lange Jahrhunderte viel zu selten war, als dass er der Masse zur Verfügung gestanden hätte. Vielleicht lässt sich hier andeutungsweise ein subversiver Einsatz des Wacholders erkennen, gab er dem Pöbel doch zumindest andeutungsweise einen Eindruck von den Aromen und Gewürzen, deren Genuss den Vermögenden vorbehalten war.

Werfen wir einen Blick nach Skandinavien. Auch hier entwickelte sich die Tradition, Getränke mit Wacholder zu aromatisieren. Bei dem von Hannele Klemettilä beschriebenen »Wein des einfachen Mannes« handelte es sich um nichts weiter als einen mit Wacholderbeeren gewürzten Met. Er war vielleicht ein mittelalterlicher Vorläufer des Sahti, das zum finnischen Volksgetränk avancierte und als einer der ältesten Bierstile überhaupt bis heute hergestellt und getrunken wird. Seine Erzeugung lässt sich nachweislich bis ins 14. Jahrhundert zurückverfolgen. Es wird nicht nur mit Hopfen, sondern auch mit Wacholder aromatisiert. Früher filterte man es außerdem durch Wacholderzweige und servierte es in einem Krug aus Wacholderholz.

Das Interessante an Sahti: Obwohl es sich nicht um Gin, sondern um Bier handelt, gehört es doch zu den ersten wacholdergewürzten Getränken, die für den reinen Genuss gedacht waren. Weiter südlich in Europa sah man Wacholder zwar weiterhin vor allem als Heilmittel und Remedium aus dem Schrank des Apothekers an. Doch es sollte nicht mehr lange dauern, bis auch andere auf den Trichter kamen und sich Alkoholisches schmecken ließen, das mit Beeren verfeinert war.

Klösterliche Gin-Vorläufer

Einer oft wiederholten historischen Anekdote zufolge entstanden weitere Ur-Gins im Italien des 11. und 12. Jahrhunderts. Wichtige Stätten der Forschung waren damals die Klöster – Ziel war es jedoch, Medizin herzustellen und nicht Genussmittel. In der Kunst des Destillierens wurden die Mönche vermutlich von Reisenden unterwiesen, die sich ihre Fertigkeiten im Nahen Osten angeeignet hatten. Wegweisend war dort der persische Gelehrte Abu Musa Dschābir ibn Hayyān gewesen; er wirkte während des goldenen islamischen Zeitalters im 8. Jahrhundert und soll die Brennblase erfunden haben.

Statt Getreideschnäpse zu brennen, experimentierten die Klosterbrüder jedoch lieber mit der Destillation von Wein. Die als Heilmittel gedachten Brände wurden durch Zugabe von Kräutern aus der Gegend entweder genießbarer oder medizinisch wirksamer gemacht. Nach Auffassung der Getränkehistorikerin Geraldine Coates gehörte Wacholder aller Wahrscheinlichkeit nach zu ebenjenen Ingredienzen, mit denen die Ordensmänner experimentierten, da er in ganz Italien verbreitet war. Damit ist unser jüngster Ur-Gin ein in Brennblasen destillierter und mit den Kräutern und Pflanzen der italienischen Landschaft aromatisierter Wein. Sicher gehörten einheimische Gewächse wie Heidekraut, Salbei und Rosmarin dazu, doch wuchsen in den Kräutergärten der Mönche noch viele andere Zutaten.

Aus diesem pharmakologischen Ursprung des Gins erklärt sich auch der Begriff *aqua vitae*, »Lebenswasser«. Nach ihm wurden später verschiedene Brände benannt, darunter Whisky und Aquavit. Man kann davon ausgehen, dass hinter den Klostermauern etwas entstand, das nach heutiger rechtlicher Definition den Namen »Gin« durchaus verdient hätte, obwohl die Ordensbrüder natürlich noch keinen eigenen Begriff dafür hatten.

Wie dem auch sei, der Ur-Gin wurde im Laufe der nächsten Jahrhunderte weiter erzeugt und trat schließlich Mitte des 16. Jahrhunderts als *Geneverbessenwater* – zu Deutsch »Wacholderbeerenwasser« – auf die Bildfläche. Erstmalige Erwähnung fand die alkoholische Arznei 1552 in niederländischen Druckwerken. Es handelte sich dabei im Wesentlichen um zerdrückte Beeren, die mit Wein beträufelt und anschließend in Brennblasen destilliert wurden.

Noch ein Ur-Gin für den einfachen Mann (wenn auch nicht nur für ihn)

Antoine de Bourbon, besser bekannt als Graf von Moret, war vielleicht nicht gerade jemand, von dem man erwartet hätte, dass er ein Getränk für den einfachen, hart arbeitenden Mann erfand. Sein Vater war Heinrich IV., der Frankreich von 1589 bis zu seiner Ermordung 1610 regierte. Heinrich ehelichte zwei Frauen, unterhielt darüber hinaus aber noch Beziehungen zu mindestens vier Mätressen. Eine von ihnen, Jacqueline de Bueil, Gräfin von Moret, gebar ihm Antoine. Der König legitimierte seinen Sohn, der später zum Abt von Saint-Etienne ernannt wurde.

Antoines Beitrag zur Geschichte des Gins war, dass er einen Wacholderbeerenwein in Mode brachte, den er bereits in jungen Jahren erfunden haben soll, auch wenn ein detailliertes Rezept oder eine Liste der Inhaltsstoffe nicht überliefert ist.

Weil sich besagtes Getränk relativ billig herstellen ließ, bezeichnete der Graf es angeblich als »Arme-Leute-Wein«. Damit hatte die leichte Verfügbarkeit der verbreiteten Pflanze wieder einmal dazu geführt, dass den niederen Schichten eine Art von Luxus zuteilwurde, der ansonsten der herrschenden Klasse vorbehalten blieb.

Der junge Antoine prägte die Geschichte des Ur-Gins entscheidend. Sein Verdienst: Wacholderhaltige Alkoholgetränke wurden fortan nicht mehr nur als Medizin, sondern aus purem Genuss getrunken. Nicht schlecht für jemanden, der schon mit 26 Jahren in der Schlacht starb. Wir geben ihm Punkte für Geschmack und Genuss, aber nicht für Langlebigkeit.

Rechts *Plinius der Ältere veröffentlichte in den Jahren 77 bis 79 n. Chr. seine vielbändige* Naturalis Historia.

Gin und Handel

Bei der Entwicklung der heute als Gin bekannten Spirituose aus den Genevers und Branntweinen des 15. Jahrhunderts spielte der Handel eine wichtige Rolle. So erklärt sich auch, warum manche Botanicals zur gängigen Ingredienz von Gin geworden sind.

Der Charakter der erwähnten Ur-Gins war stark geprägt vom Rohstoff. Dabei handelte es sich um Wein. In den klimamilden Regionen Europas, zwischen dem 30. und 50. Breitengrad, wuchsen Reben zwar in rauen Mengen, doch etwas anders verhielt es sich in jenen Ländern, in denen sich Gin entwickelte, also in Deutschland, den Niederlanden und Großbritannien. Sie hingen stark von Weinimporten ab. Solange ihre alkoholischen Heilwässer und Genussgetränke also aus Weindestillaten entstanden, bestimmten Kriegs- und Klimawirren die Verfügbarkeit. Und beide blieben in der Zeit, da der Gin-Samen zu keimen anfing, leider nicht aus.

In der Spätrenaissance erlebte Europa einen recht ausgeprägten Klimawandel – es begann, was die Wissenschaftler heute »Kleine Eiszeit« nennen: eine längere Kälteperiode, die die Welt einige Hundert Jahre im Griff hatte. Im späten 15. und frühen 16. Jahrhundert intensivierte sich die Kälte. Das führte ab dem Jahr 1511 zu häufigen Ausfällen bei der Weinernte. Also mussten sich die Brennhäuser etwas Neues überlegen. Der Umstieg auf Getreide erfolgte mithin nicht aus geschmacklichen Vorlieben, sondern aus reiner Notwendigkeit.

Als Erstes wandten sich die Destillateure einem alkoholischen Rohstoff zu, der allgemein verfügbar war: Bier. Bald fanden sie heraus, wie man den einzelnen Getreidesorten durch Mälzen ihren Zucker entlockte. So begann man, Getreide zu destillieren. Das sollte den Weinbrandherstellern bald ordentlich Kopfschmerzen bereiten, denn die Getreidebrände waren zwar kratzig, hart und etwas unangenehm, aber billiger. Ihren niedrigen Preis verdankten sie zum Teil fehlender Regulierung, zum Teil aber auch der Verfügbarkeit von Getreide vor Ort. Zudem verwerteten die Brennhäuser minderwertige Ernten, die nicht zum Backen von Brot taugten. So versuchten sie, mit ihren geschmacklich zweifelhaften Destillaten den Weinbrandherstellern Konkurrenz zu machen. Schon damals gab es einen regen kulturellen Austausch, sodass die Destillateure sich preiswerte Zutaten aus fernen Ländern beschaffen konnten. Im frühen 17. Jahrhundert errichtete die Niederländische Ostindien-Kompanie ein Monopol auf exotische Gewürze wie Muskatnuss, Gewürznelke und schwarzen Pfeffer. Nicht zufällig waren diese seltenen Luxusspezereien, die schon in früheren Ur-Gins enthalten gewesen waren und die sich bislang nur die Reichen hatten leisten können, allenthalben begehrt. Eines Tages würden sie relativ häufige Gin-Ingredienzen sein.

Wacholder wuchs in allen genannten Gin-Regionen und war so leicht verfügbar wie kein anderes Botanical. Die Erzeugung von Genever war daher nur noch eine Frage der Zeit. Raue Getreidebrände mit Wacholderaroma fanden Anklang und erlangten in den Niederlanden Popularität. Doch die glücklichen Tage sollten nicht von Dauer sein. Zwei Lagern lag nämlich schwer im Magen, wofür das Getreide neuerdings verwendet wurde.

Das war zum einen die Obrigkeit und die Lobby der Brotbäcker. 1601 verboten Albrecht VII. von Österreich, Regent der Spanischen Niederlande, und seine Gemahlin Isabella in einem Gebiet, das heute Luxemburg, Belgien sowie Teile Deutschlands und Frankreichs umfassen würde, die Destillation von Bränden aus Obst und Getreide, um die Versorgung der Bevölkerung mit Nahrung nicht zu gefährden. Damit erreichten sie allerdings nur, dass die Brenner aus den Niederlanden in benachbarte Regionen mit weniger strikter Regulierung abwanderten. Bis heute sind Städte wie Hasselt und Schiedam für ihre Genever berühmt, während Städte im Herrschaftsbereich von Albrecht und Isabella das Nachsehen hatten und sich fragen dürfen, was gewesen wäre, wenn ...

Dann gab es noch die deutschen Weinbrandhändler, die die Getreidedestillerien als eine noch größere Bedrohung ansahen. Sie setzten sich mit ihren Petitionen an die Räte teilweise durch und erreichten, dass das Brennhandwerk auf das Land ausweichen musste. Dort konnte es allerdings ungehindert prosperieren. Der Schuss ging damit nach hinten los. Letztlich profitierten Orte, die das Brennen lediglich besteuerten, statt es gänzlich zu verbieten.

Links *Genever von Bols war ein Vorläufer des modernen Gins. Er wird in Holland und Belgien nach wie vor hergestellt.*

Gegenüber *Wilhelm III. von Oranien machte nach seiner Krönung zum englischen König 1689 Genever populär.*

Handels- und wirtschaftspolitische Interessen ließen das Pendel schließlich zugunsten von Getreide ausschlagen und trugen dazu bei, Orte zu etablieren, in denen die noch junge Industrie florieren konnte. In den Niederlanden bescherten jene Städte, in denen Genever nicht verboten war, der Krone zusätzliches Geld: Schon 1606 konnten Steuereinnahmen in Rekordhöhe verbucht werden. Nicht ganz so einfach war es in Deutschland. Brenner vom Land fuhren nach Augsburg, um dort ihr Wacholderbeerenwasser direkt an der Haustür zu verkaufen. Selbst als der Staat die Getreidedestillation wie die Herstellung anderer Spirituosen besteuerte und damit als ehrbares Handwerk adelte, blieb Wein und damit Weinbrand demgegenüber als Genussmittel für die einfachen Leute kaum erschwinglich. Wirtschaftliche Bedenken bedingten also eine Regulierung der Branche, die wiederum zur Legitimierung eines Handwerks führte, das einst den Armen vorbehalten gewesen war.

Der Dreißigjährige Krieg war die blutigste und grausamste Auseinandersetzung, die Europa bis dato erlebt hatte. In dem Konflikt, der von 1618 bis 1648 dauerte, kämpften England und Holland eine Zeit lang Seite an Seite. Die niederländischen Soldaten bekamen Geneverrationen und teilten sie mit ihren neuen Waffenbrüdern, die das Angebot nur zu gern annahmen. Sogar der Begriff *Dutch courage*, »holländischer Mut«, soll auf die durch Genever induzierte Beherztheit zurückgehen, doch tauchte er erst um 1820 erstmals in Schriften auf. Wie dem auch sei, die Briten waren auf den Geschmack gekommen und nahmen ihre Vorliebe für Wacholderbrand mit zurück in ihre Heimat. Der Durst nach importierten Bränden füllte die Taschen des Königs. Spirituosen, allen voran ausländische, wurden nun als Luxusgüter besteuert. Der Beliebtheit von Genever tat dies trotzdem keinen Abbruch, bis nach 1650 die englisch-niederländischen Seekriege ausbrachen, weil die beiden Nationen über die Kontrolle der Meere und der ergiebigen Handelsrouten in Streit geraten waren. 1674, zum Ende des dritten Kriegs, schossen »Starkwasserläden« wie Pilze aus dem Boden. Englands Schwäche für niederländische Spirituosen, die anfangs einer Koalition entsprang und später Kriege überdauerte, hatte weiter Bestand. Trotz beträchtlicher Steuervergünstigungen für heimische Brände hielten sich die importierten Konkurrenzprodukte auf der Beliebtheitsskala ganz oben.

Eingeführte Spirituosen waren teuer, insbesondere im 17. und 18. Jahrhundert, als ihre Verfügbarkeit von den Launen und Liebesaffären der herrschenden Klasse abhing. Wer ein alkoholisches Getränk mochte, war hoch motiviert, es möglichst selbst zu erzeugen. Bei einer Vorliebe für Weinbrand hatte man als Brite allerdings wenig Möglichkeiten: Die englische Landschaft war kaum für den Anbau von Trauben geeignet. Äpfel wuchsen zwar, doch die Cider-Wirtschaft war komplex und der gewonnene Brand schmeckte scheußlich. Auch Getreide gab es, aber das gute Korn war für anderes vorgesehen. Also destillierten die Brenner den Bodensatz und die Reste. Trotz eines wirtschaftlichen Klimas, das die Erzeugung einheimischer Produkte zu fördern schien, geschah gerade das eine ganze Weile nicht. Irgendwann aber war es so weit, und die neuen Spirituosen starteten einen regelrechten Siegeszug.

Ab 1680 ging der Trend in Großbritannien beständig hin zu heimischen Erzeugnissen, die deshalb auch in immer größeren Mengen produziert wurden. Den größten Anstieg gab es allerdings, als der Niederländer Wilhelm III. von Oranien 1689 den englischen Thron bestieg. Mit einem Mal war Holländisches hip – und damit auch Genever. Französisches dagegen interessierte niemanden mehr. Zudem wurde die Einfuhr ausländischer Spirituosen gänzlich verboten. Wilhelm veranlasste, dass jeder Spirituosen herstellen oder verkaufen konnte, in erster Linie, weil dadurch üppige Steuereinnahmen winkten. Schon zu diesem frühen Zeitpunkt, noch vor der »Gin-Manie«, drehte sich also alles ums Geld.

Die Gin-Manie des 18. Jahrhunderts kann man einerseits als Spiegelbild der Ängste und Sorgen der Reichen und der Händler sehen, andererseits aber auch als Musterbeispiel dafür, wie eine Regierung eine Industrie zu regulieren versucht, um das Staatssäckel zu füllen.

Als die Lizenzen für den Verkauf von Gin unverschämt teuer wurden, zogen das Volk und die Brenner dagegen zu Felde. Destillerien und Straßenhändler ignorierten die Gesetze schlichtweg. Mit dem Gin-Gesetz von 1729 wurde der Preis für eine Jahreslizenz auf 20 britische Pfund – etwa das Jahreseinkommen eines Arbeiters – festgesetzt. Wen wundert's, dass der Aufschrei unter den Herstellern groß war?

In den 1730er-Jahren verabschiedete die Krone weitere Gesetze, die schon fast einer Prohibition gleichkamen. Das Gesetz von 1736 erhöhte den Preis für die Lizenz zum Verkauf von Gin auf 50 Pfund. Wer unrechtmäßigen Handel meldete, bekam dafür eine Belohnung von fünf Pfund. Als 1740 der Österreichische Erbfolgekrieg ausbrach, änderte man die Strategie. Die Gebühren für Lizenzen wurden auf ein Pfund jährlich gesenkt. Prompt musste man bis 1744 20000 Lizenzen ausstellen. Am Hof war man zufrieden. Selbst als man die Steuer 1751 mit einem weiteren Gesetz verdoppelte, blieben Proteste aus und die Händler wurden nicht aus dem Geschäft gedrängt. Vielmehr galt die Herstellung von Gin fortan als ein respektables Handwerk.

Das Jahr 1751, in dem Hogarths berühmter Stich *Gin Lane* entstand (siehe Seite 19), wird oft als Ende der Gin-Manie bezeichnet. Was war passiert? Die Industrie wurde so weit reguliert, dass die Steuereinnahmen für die Krone kräftig sprudelten. Dabei gingen die Verkäufe sogar zurück. Das allerdings lag auch am wechselhaften Geschmack der Bevölkerung. Hochwertiges Bier wie Porter war nun leichter verfügbar und billiger als zu Zeiten der Gin-Manie. Außerdem mischte wieder einmal das Klima mit: Ab 1757 sorgten schlechte Ernten dafür, dass der Rohstoff ausging. Gin verschwand danach zwar nicht ganz von der Bildfläche, war aber selbst ohne staatliches Zutun auf dem absteigenden Ast.

Er hatte sich von einem Brand auf Traubenbasis zu einem aus Getreide gewandelt. Der Hype lief sich von selbst tot, jedoch nicht bevor die Krone Wege fand, viel Geld damit zu machen. Manche schreiben das Ende der Gin-Manie staatlichen Reformen zu, die Wahrheit aber dürfte irgendwo in der Mitte liegen, denn auch externe Einflüsse führten wohl zu einem Wandel der Vorlieben.

So wurde die Frühgeschichte des Gins von einem komplexen Zusammenspiel wirtschaftlicher Faktoren bestimmt. Im 19. Jahrhundert fügte man ihm zur Geschmacksverbesserung Zucker und andere süßende Bestandteile bei und nannte ihn Old Tom. Danach kristallisierte sich eine Vorliebe für Dry Gin heraus, bis Gin durch die aufkommende Cocktailwelle wieder Oberwasser erhielt.

Unten *Zentrum des Gewürzhandels in Niederländisch-Ostindien war Indonesien.*

»Die Aussicht auf Gefängnis, Zuchthaus oder Galgen macht wenig oder überhaupt keinen Eindruck auf sie.«

Mit diesen Worten versuchte Sir Joseph Jekyll, fast achtzigjähriges Mitglied des englischen Parlaments, die Angst der Oberschicht und der Händler vor Verbrechen und Gewalt zu schüren. Schuld an der Misere, so Jekyll, war »Mutter Gin«. Abhilfe schaffen konnte seiner Ansicht nach nur ein völliges Alkoholverbot.

In Wirklichkeit fürchtete sich Jekyll vor dem Aufstieg der niederen Stände. Die Löhne stiegen und das gemeine Volk hatte Zeit – und Geld –, um es für Freizeitaktivitäten auszugeben. Damit geriet die überkommene soziale Ordnung ins Wanken. Dass die Massen ihren neuen Reichtum für Gin ausgaben, war dabei reiner Zufall. So hatten Jekyll und seine Reformer auch gar nicht den Wacholderbrand selbst im Visier, sondern das trinkende Volk.

Allerdings hatte die Getränkeauswahl der armen Leute auch tiefgreifendere Implikationen, denn ursprünglich war Gin der Oberschicht vorbehalten gewesen. Nun aber erzeugten Hinz und Kunz, was einst ein Luxusgut oder zumindest ein teurer Importbrand gewesen war. Wenn die unteren Schichten den Gin nun für sich reklamieren konnten, dann war die Ordnung aus Luxus und Macht vielleicht doch nicht so festgefügt, wie man gedacht hatte. Was, wenn die Armen mit einem Mal ebenso nach oben drängten wie der Gin nach unten?

Wer Gin trank, wusste um seine symbolische Bedeutung. Als Wilhelm von Oranien 1689 zum britischen König gekrönt wurde, ahmte das Volk die höfischen Gepflogenheiten nach und begann, dem holländischen Destillat zuzusprechen. Jetzt ahmte die Unterschicht das Verhalten der Oberschicht nach.

Nun gab es damals in der Tat eine Art Gin-Manie in London: Das Volk trank mehr denn je. Allerdings beginnt man vor diesen Hintergründen zu verstehen, warum die Reformer die Wahrheit etwas verbogen. Die Sterberate in London überstieg 1723 zwar tatsächlich erstmals die Geburtenrate, was für die nächsten zehn Jahre auch so bleiben sollte. 1725 starben aber lediglich 17 Menschen an den Folgen von Alkoholmissbrauch. Der Spitzenwert wurde 1735 erreicht, als sich 69 Menschen zu Tode soffen. Nach 1735 stieg die Sterberate weiter, doch die Zahl der Alkoholtoten wurde wieder geringer. Eine einfachere Erklärung für die hohe Sterberate ist die Pest: Sie war um 1720 in London noch sehr präsent. Zudem herrschten schlechte hygienische Zustände und die Kindersterblichkeit war hoch. Gin war eher ein willkommener Sündenbock.

Gin und Macht

Ein oft zitiertes Beispiel dafür, wie sehr die Dinge damals aus dem Ruder liefen, war dieser Spruch an einem viel besuchten Spirituosenladen in Whitechapel:

Betrunken für einen Penny
Sturzbetrunken für zwei Pence
Sauberes Stroh umsonst

Das gibt zwar eine gute Geschichte her, doch war der Spruch wahrscheinlich nicht echt, was man schon damals erkannte. Gleichwohl hat er sich bis heute gehalten. Sogar auf Hogarths Stich *Gin Lane* von 1751 ist er zu sehen. Schriftsteller verteufelten damit nur zu gern den Konsum von Gin. Selbst einige heutige Werke zitieren ihn als Beispiel dafür, wie verrückt die Zeiten waren. Auf jeden Fall verbuchten die Reformer damit einen Teilsieg. Auch die Zahl der Gin Shops in London wird oft als Hinweis auf die damaligen Zustände vorgebracht. Fest steht, dass in einigen Vierteln des East End oder von Whitechapel ein Gin-Laden auf 7,5 Einwohner kam. In ganz London lag das Verhältnis aber bei etwa 1:38 und entsprach damit oft der Zahl der Bierstuben. Auf jeden Fall beweist der Spruch, wie sehr die Herrschenden damals die Realität zurechtbogen – und wie ihre »Fake News« die Gin-Geschichtsschreibung bis heute beeinflussen.

Oben rechts *Crocker's Folly im Londoner Distrikt St John's Wood. Der Pub im Gin-Palace-Stil wurde 1898 gebaut und kürzlich restauriert.*

Gegenüber *Hogarth spielt in* Gin Lane *(1751) die mutmaßlichen Kosten der Gin-Sucht hoch. Der Stich ist das Pendant zu seinem Werk* Beer Street.

PAWNBROKER
The Downfall of Mrs Gin

Frauen

In einer Internet-Umfrage von 2014 stuften mindestens 20 Prozent der Befragten Gin als »feminines« Getränk ein – dreimal so viele wie die, die ihn als männlich empfanden. Wie kommt es, dass das Geschlecht bei unserem Lieblingstrunk eine so große Rolle spielt? Bis heute zieht sich ein unsichtbarer Graben durch die Gin-Welt. Ein Händler versuchte 2003 in einer Rede, zeitgenössische neue Gins wie den Citadelle (Seite 119) und den Bombay Sapphire (Seite 92) zu femininen Pendants zu männlichen Varianten wie dem Beefeater (Seite 91) oder dem Tanqueray (Seite 111) zu erklären. Der Bloom Gin (Seite 92) wurde früh als feminin beworben, während man für Langley's No. 8 den »anspruchsvollen Gentleman« als Zielgruppe anvisierte. Aber sind Gins wirklich männlich und weiblich? Wo ist der Zusammenhang zwischen Geschlecht und Gin? Dahinter steckt eine interessante Geschichte, die Aufschluss darüber geben könnte, warum dem Wacholderbrand bis heute etwas Feminines anhaftet.

Im 15. Jahrhundert war das Destillieren in erster Linie Angelegenheit der Frauen. Stiche aus zeitgenössischen Büchern zeigen Frauen an den Brennblasen. Gebrannt wurde vorwiegend zu Hause und für medizinische Zwecke. Als die Alkoholherstellung sich allmählich vom eigenen Heim in den öffentlichen Raum verlagerte und Brände nicht mehr nur als Arznei, sondern auch als Genussmittel geschätzt wurden, begannen sich immer mehr Männer mit dem Destillieren zu befassen (das betraf allerdings nicht das Sammeln von Kräutern, denn das blieb weiterhin Frauensache). Außerdem wurden die Endprodukte ihrer Mühen zunehmend Gegenstand staatlicher Regulierung. Diese verstärkte Einmischung von oben könnte dazu geführt haben, dass Frauen häufiger ins Visier der Obrigkeit gerieten. Als man im Deutschland des 17. Jahrhunderts Gesetze erließ, um die Menge des aus Getreide destillierten Branntweins auf dem Markt zu reduzieren, trafen diese Regelungen womöglich überproportional häufig Frauen.

Dasselbe war auch nach Verabschiedung der Gin-Gesetze im London des 18. Jahrhunderts zu beobachten. Zu Beginn des Jahrhunderts hatte Gin den Frauen dort vielerlei Möglichkeiten geboten, Geld zu verdienen. Nicht umsonst nannte man den Brand »Ladies' Delight«, was gleich in mehrfacher Hinsicht zutraf.

Damals strömten junge Frauen scharenweise in die Hauptstadt, weil sie dort bessere Verdienstmöglichkeiten fanden. Durch höhere Einkommen bekamen sie Zugang zu Kreisen, die ihnen sonst verschlossen blieben. Das frühe 18. Jahrhundert gehörte zu den wenigen Epochen der Geschichte, in denen Männer und Frauen im selben sozialen Raum gemeinsam zechen konnten.

Auch Bierstuben waren in London verbreitet, wurden aber von Frauen nur selten allein besucht. Bier kostete mehr als Gin, der wegen der enormen Konkurrenz – manchmal kam auf fünf Haushalte ein Gin-Laden – preiswerter als der Gerstensaft war. Zudem schienen die *dram shops*, die Branntweintavernen, mehr daran interessiert, viel zu verkaufen, als den Gewinn zu erhöhen. Und schließlich sorgten Frauen, die an jeder Phase der Gin-Herstellung beteiligt waren, für eine angenehmere Atmosphäre. Das trug zusätzlich dazu bei, dass Gin schon früh als Frauengetränk betrachtet wurde.

Die Gin-Wirtschaft bot Frauen damals gute Möglichkeiten, Geld zu verdienen. Um in ihr mitzumischen, brauchte man keine Ausbildung. Zudem wurde die Branche nicht durch mächtige Zünfte kontrolliert und kannte auch kaum Zugangsbeschränkungen. Zwischen 1725 und 1750 war in Teilen Londons mehr als ein Viertel der Gin-Verkäufer weiblich. Nur wenige dieser Frauen hatten eine Lizenz und handelten im Rahmen der Gesetze.

Viele Chancen, viel Risiko – das galt vor allem für unverheiratete Frauen, die im London des 18. Jahrhunderts einen niederen sozialen Rang hatten. Als das Gin-Gesetz von 1736 Denunzianten, die nicht lizenzierte Verkäufer meldeten, eine Belohnung versprach, waren fast 70 Prozent der Angezeigten Frauen – fast alle unverheiratet. Viele konnten die Strafe nicht bezahlen und wanderten infolge der neuen Gesetze ins Gefängnis. Der überproportional hohe Anteil weiblicher Verurteilter war nicht zu übersehen. Frauen wurden zeitweilig aus der Branche oder in den Untergrund gedrängt.

Gin wurde damals gern als »Mutter Gin« bezeichnet. Diese Metapher mag damit zu tun gehabt haben, dass Frauen in der Trinkgemeinschaft in höherer Zahl vertreten waren als in anderen Geschäftskreisen. Ist es da ein Wunder, dass Hogarth eine Frau in den Mittelpunkt seiner Werke *Gin Lane* und *Beer Lane* stellte? Ihr groteskes Aussehen goss Öl ins Feuer aller, die Gin als Teufelszeug sahen.

Als im späten 18. Jahrhundert preiswerte suggestive Drucke wie *Gin Lane* Verbreitung fanden, veränderte sich die Trinkkultur. Frauen wurden wieder eher als Opfer des Alkoholmissbrauchs denn als Mitschuldige darge-

und Gin

stellt. Aber nichts dauert ewig, und so kamen im frühen 19. Jahrhundert kurzzeitig erneut Trinketablissements mit gemischt männlich-weiblichem Publikum auf, wie sie hundert Jahre zuvor schon eine Blüte erlebt hatten.

Die »Gin-Paläste« dieser zweiten Hochphase waren riesige, aufwendig geschmückte Hallen, in denen man rasch möglichst viele Brände ausschenken konnte. Im Gegensatz zu Pubs fehlte jegliche Ausstattung, die zum Verweilen hätte einladen können. Weil man auf größtmöglichen Absatz aus war, richtete man die Gin-Paläste in zentraler Lage ein, und die Branntweinsteuersenkung von 1825 kam ihnen zugute. Billiger Gin war zurück, und während einer kurzen goldenen Ära tranken Frauen und Männer wieder im gleichen sozialen Raum. Wie aus informellen Zeitzeugenberichten hervorgeht, saßen in Gin-Palästen unweit von Fabriken mehr Frauen als Männer. Gleichwohl ließen die – von Anhängern der Abstinenzbewegung mit Feuereifer vertretenen – gesellschaftlichen Regeln jener Zeit keinen Zweifel daran, dass es sich für ehrbare Frauen nicht ziemte, Gin zu trinken. Sie taten es auch nicht. Und wenn, dann nannten sie ihn zumindest anders.

Da die Gin-Herstellung immer professioneller wurde und Marken wie Booth's und Tanqueray sich zunehmend etablierten, verbesserte sich zwar der Ruf der Spirituose. Aber für alle, die Gin als Mittel benutzten, ihre Ziele zu erreichen – und dazu gehörten neben Hogarth auch die Temperenzler –, blieb Wacholderbrand ein wichtiges Symbol, dessen Geschichte für sich sprach.

Heutzutage werden das Brenngeschäft und generell die Spirituosenherstellung eher von Männern dominiert. Seit jedoch neue Destillerien in aller Welt wie Pilze aus dem Boden schießen, öffnet sich die Branche langsam für Frauen. Joanne Moore etwa wurde 2006 Master Distiller der G & J Greenall Distillery in Cheshire, und auch in vielen weiteren britischen und amerikanischen Brennereien haben Frauen inzwischen wichtige Positionen.

Es ist leicht, sich mit der Geschichte zu befassen und aus ihr herauszulesen, wie Ängste und Gelegenheiten Frauen und Gin zusammenbrachten. Schwieriger zu verstehen ist, warum die Verbindung trotz der veränderten Bedingungen fortbesteht. Zum Glück hat sich die Getränkeindustrie inzwischen weit davon entfernt, Gin mittels stereotyper Geschlechterzuschreibungen zu kategorisieren. Vielleicht beruhigen ja auch weitere Ergebnisse der anfangs genannten Umfrage: Fast 70 Prozent der Befragten sehen Gin als geschlechtsneutral an. Sollen die Marketingleute doch Vorteile darin sehen, Frauen oder Männer als Zielgruppe für einen bestimmten Gin auszuersehen. Heben wir lieber unseren Martini, ob mit Tanqueray oder Bloom gemixt, und lassen uns dabei allein vom Geschmack und nicht von Erwartungen leiten. Auf Madame Geneva! Und vielleicht darauf, dass wir Hogarths Stich wieder in die hinterste Schublade verbannen.

Rechts *In der Frührenaissance war das Brennen von Hochprozentigem im Haushalt Frauensache.*

Gin gilt als die perfekte Cocktail-Spirituose. Obwohl er im 17. und 18. Jahrhundert schon in vielerlei Varianten existierte, brachten ihn erst Cocktails und die damit verbundenen Modetrends so richtig voran.

Woher der Begriff »Cocktail« kommt, ist umstritten. Er könnte vom französischen *coquetel* abgeleitet sein. So hieß ein Mischgetränk, dem französische Offiziere im amerikanischen Unabhängigkeitskrieg zusprachen. Perfektioniert wurde die Kunst der Cocktailzubereitung jedenfalls in den Vereinigten Staaten.

Nach Ansicht der Getränkeexperten unter den Historikern waren Cocktails das erste rein amerikanische Kulturgut, das die Menschen in aller Welt faszinierte. Als morgendliche Muntermacher kannte man sie schon um 1850. 1862 erschien Jerry Thomas' wegweisendes Werk *How to Mix Drinks; or the Bon-Vivant's Companion*. Das Buch enthielt bereits einige Rezepte für Gin-Drinks, etwa den Gin Punch (mit Himbeersirup, Zucker, Zitrone, Orange, Ananas und Wasser, gemixt mit Eis) und den Gin Julep, und sogar Anleitungen für die Herstellung bestimmter Gin-Arten. Domestic Gin wurde damals durch Aromatisieren von Trinkalkohol mit Wacholderöl und Zuckersirup zubereitet. Für English Gin löste man Wacholder und Terpentin in Alkohol. Außerdem erwähnte Thomas einen London Cordial Gin, der anstelle von Terpentin Engelwurz, Koriander und Zuckersirup enthielt. Viele Gins wurden damals offenbar gesüßt genossen.

Mit der Erfindung des Martini kamen ungesüßte Spielarten immer mehr in Mode. Als sich eine Cocktailkultur etablierte, nahm Gin darin eine tragende Rolle ein. Es handelte sich dabei allerdings nicht mehr um die Vertreter aus Jerry Thomas' Ära, sondern um trockenere Stile, wie wir sie heute noch kennen.

Mit dem Siegeszug des Martini und dem Nachdruck von Jerry Thomas' Buch 1887 vervielfachte sich im ersten goldenen Zeitalter des Cocktails die Zahl neuer Rezepte explosionsartig. Viele Klassiker von einst haben sich bis heute mehr oder weniger unverändert erhalten. Das Rezept für den Tom Collins erschien schon 1876 in gedruckter Form, gefolgt 1884 vom Martinez und 1896 dem Martini. Diese Welle der Kreativität hielt bis in die ersten Jahre des 20. Jahrhunderts an. 1919 kam der Negroni auf die Welt, ein Freudentag für Gin-Liebhaber weltweit.

Am 17. Januar 1920 allerdings wurden die USA trockengelegt. Zumindest was den Alkohol betraf. Denn ab diesem Tag war es verboten, ihn zu verkaufen, zu kaufen und zu transportieren. Nicht aber, ihn zu trinken. Glück hatte, wer es sich leisten konnte, einen Vorrat zu bunkern: Das Auge des Gesetzes sah darüber gnädig hinweg.

Es gibt viele Theorien darüber, warum Cocktails während der Prohibition zu bevorzugten Drinks avancierten. Einer zufolge tranken damals so viele Leute *Bathtub Gin*, billigen, hausgemachten Fusel aus regelrecht giftigen Bränden, den man mit anderen Stoffen mischen musste, um ihn überhaupt genießbar zu machen. Da mag etwas Wahres dran sein, doch darf man auch nicht veressen, dass englische Gin-Brennereien in dieser kargen Zeit regen Handel

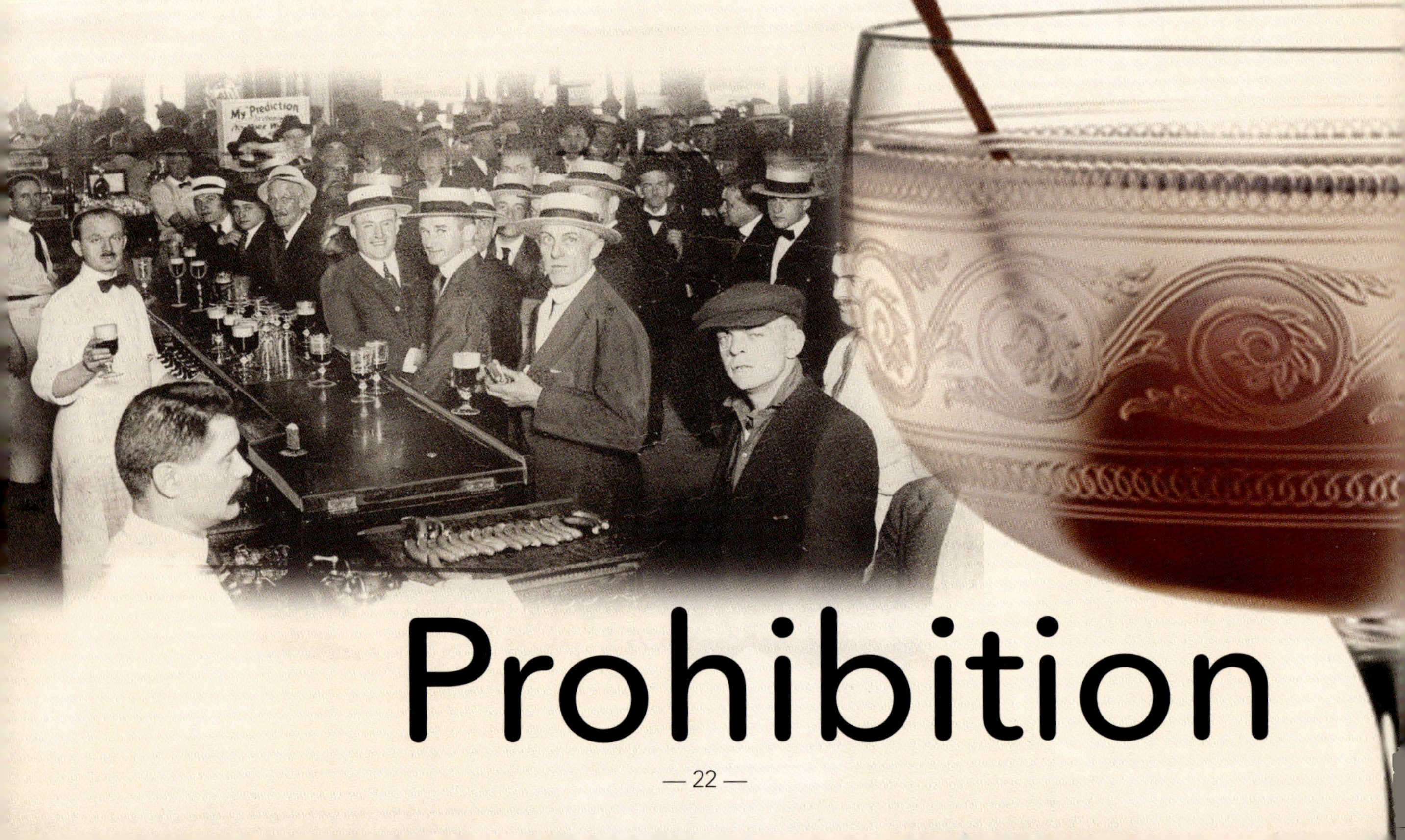

Prohibition

mit vielen kleinen Karibikinseln und mit Kanada trieben. Eine weitere Theorie besagt, dass vor der Prohibition zwar eher Bier in Mode war, doch da die Apparaturen für seine Herstellung schwerer zu verstecken waren als die für die Spirituosenproduktion, mussten Amerikas Trinker auf Hochprozentiges ausweichen. Brände waren wie gemacht für die Prohibition.

Vor allem Gin passte in dieses neue Trinkklima. Wie sich schon während der Gin-Manie gezeigt hatte, konnten die Brenner ihn gut verändern, um ihn genießbarer zu machen. Whisky brauchte Jahre, um zu reifen, eignete sich also kaum, und Wodka war noch lange nicht in Mode. Abgesehen davon hätte sich angesichts der widrigen Bedingungen ein sauber schmeckender Brand nur unter enormen Schwierigkeiten ganz ohne Geschmacksgeber herstellen lassen. Aber Gin konnte aromatisiert werden. Und wenn man sich für Bathtub Gin statt für das Schmuggeln besserer Ware aus dem Ausland entschied, kam man nicht darum herum. Außerdem hatte es mit Wacholder ja schon einmal funktioniert, warum also nicht auch jetzt?

Ein weiteres Überbleibsel aus der Prohibition ist die sogenannte Cocktail Hour vor dem Abendessen, in der man sich ein, zwei Drinks gönnte, bevor man ausging, um zu speisen – alkoholfrei natürlich. Obwohl der Begriff schon lange vor dem Alkoholverbot in Gebrauch war, stieg seine Popularität Mitte der 1920er-Jahre sprunghaft an. Die *New York Times* berichtete darüber, wie sich die Cocktailstunde auch in Frankreich durchsetzte. Zudem kamen ärmellose Kleider in Mode, die sich perfekt für Cocktailpartys eigneten – Cocktailkleider eben! Bis zum Ende der Prohibition sollte es zwar noch einige Jahre dauern, aber zumindest waren die Cocktailstunden ein so offenes Geheimnis, dass man ungehindert für sie werben konnte.

Dorothy Parker war Mitglied des Algonquin Round Table, einer Gruppe scharfsinniger Autorinnen und Autoren, die sich während der Prohibition im Algonquin Hotel in New York City trafen. Man schreibt Parker – vielleicht fälschlicherweise – den berühmten Ausspruch zu: »Vier Martini, und ich liege unter dem Gastgeber.« Der legendäre Zirkel wurde lange mit Gin Martini in Verbindung gebracht, obwohl Parker ihrer Biografin zufolge eher Scotch trank. Will man die Verbindung zwischen Drinks und Kultur verstehen, muss man sich nur diese kluge Gemeinschaft ansehen. Ihre Späße und Bonmots vermittelten den Eindruck, das Produkt einer geistigen Wachheit zu sein, die durch den Konsum eines guten Gin Martini gefördert wurde. Gin hatte also einen sicheren Platz in der gehobenen Gesellschaft, selbst während der Prohibition.

Als Schluss mit der Prohibition war, begann die *New York Times* in Lifestyle-Artikeln über Cocktailpartys zu berichten. 1933 schaffte es der Cocktailschrank von den Reklameseiten sogar auf die Titelseiten. Und Gin aus den Badewannen in die Gläser – sowie für eine Weile ins internationale Rampenlicht. 1934 versuchte man in Paris, aus der Cocktail Hour eine Stunde für französischen Wein zu machen. Bedauern brauchte man die britischen Gin-Hersteller deshalb aber nicht. Denn in den alten Kolonien hatte man jetzt wieder Abnehmer.

und Cocktails

Die Gin-Renaissance

Schwere Zeiten brachen für Gin in den 1940er-Jahren an. Der Zweite Weltkrieg war in vollem Gange und die Raketen wurden mit 75-prozentigem Ethanol betrieben. Brenner in aller Welt begannen, ihr Getreide zu Raketentreibstoff zu verarbeiten. Daher wandte sich der heimische Markt anderen, weniger kriegswichtigen Möglichkeiten der Berauschung zu.

Heimischer Gin wurde aus Zuckerrohr, Melasse und Kartoffeln gemacht, woraufhin die Verkaufszahlen in den Keller gingen, entweder weil zu wenig produziert wurde oder weil er nicht schmeckte. Obwohl Wacholder und andere Botanicals den Basisbrand erfolgreich kaschieren konnten, hatte sich das Volk bereits an den sauberen Geschmack von Tanqueray oder Gordon's gewöhnt.

Etwa zur selben Zeit setzte eine weitere Spirituose zu einem langsamen Aufstieg an. Wodka war nicht länger eine Randerscheinung der Cocktailwelt, sondern fand rasch Akzeptanz im Mainstream. Von 1953 bis 1954 verdreifachten sich die Nennungen des Brands in der *New York Times* und bis zum Ende der Dekade verdoppelten sie sich noch einmal.

In einem Artikel von 1954 war die »Wodka-Welle« Thema. Der Autor schlug vor, den Brand stets mit Snacks zu servieren und Zitronen- und Orangenschalen in die Flasche zu werfen. Seltsam, dass man ihn schon damals seiner Neutralität bereits in der Flasche berauben wollte. Großbritannien, Heimat des Gins, stieg voll auf den neuen Trend ein. 1954 wurde zum ersten Mal seit 1917 wieder echter Wodka nach London importiert.

Am Aufstieg des Wodkas und Fall des Gins scheint auch James Bond Anteil gehabt zu haben. In Ian Flemings 1953 erschienenem Buch *Casino Royale* bestellt der Geheimagent einen Drink, den viele Cocktailliebhaber von heute kennen dürften: einen Vesper. Er spiegelt zwar Bonds Faible für Wodka wider, enthielt aber auch eine ordentliche Dosis Gin. Diese Zutat erschien ihm so wichtig, dass er sie sogar beim Markennamen nannte: »Drei Maß Gordon's«, sagte er, »ein Maß Wodka, ein halbes Maß Kina Lillet.« Natürlich wollte er ihn geschüttelt, nicht gerührt. Vielleicht war Bonds Vorliebe für irgendeinen namenlosen Wodka als Beigabe zu seinem Gin so ungewöhnlich, dass viele konvertierten. Wahrscheinlicher ist aber, dass eher die zahlreichen Szenen in den später erschienenen Bond-Filmen den Ausschlag gaben.

Ende der 1960er-Jahre erreichte Gin seinen Tiefpunkt. In den USA allerdings stiegen die Verkaufszahlen danach wieder. Er legte zwar nicht so zu wie Wodka, blieb aber trotz einer kurzlebigen Anti-Alkohol-Bewegung in den 1980er-Jahren stets en vogue. Just als die *New York Times* die Unkaputtbarkeit des Drinks hervorhob, schrieb das Nachrichtenmagazin *Time* ihn und seinen wichtigsten Cocktail als »antiquiert« ab. Während des gesamten Jahrzehnts blieb der Martini äußerst umstritten. Der Three-Martini Lunch, ein Mittagessen mit drei Martinis als Begleitung, wie es von der beliebten Fernsehserie *Mad Men* wieder populär gemacht wurde, war ein symbol- und größtenteils auch mythenbehafteter Gegenstand von Diskussionen über die Rolle von Alkohol in der Gesellschaft.

Auch in kreativer Hinsicht durchschritt Gin eine Talsohle. Während die großen Namen wie Gordon's, Beefeater, Tanqueray und Seagram's Werbung machten und ihre jeweiligen Märkte beherrschten, tat man kaum etwas, um mit neuem Geschmack neue Anhänger zu gewinnen. Entweder man mochte den Gin der Väter oder nicht. Das änderte sich 1987, als der Bombay Sapphire auf den Plan trat und die Spirituosenregale in den Läden rockte. Mit dem Hellblau und der ungewöhnlichen eckigen Form der Flasche stach dieser Gin schon optisch heraus. Seine Botanicals wurden ohne Geheimniskrämerei aufgezählt, während die Illustrationen auf den Etiketten eine Verbindung zwischen Tradition und indischer Exotik suggerierten. Doch der Geschmack war es, mit dem der Sapphire die Geschichte des Gins wirklich veränderte. Seine strahlende, fast exotische Koriandernote wirkt inzwischen vertraut, war damals aber eine radikale Abkehr von den üblichen Gins. Zudem hatte der Sapphire ein ausgeprägtes Zitrusprofil, das sich besonders in Cocktails bemerkbar machte. Heute mag er zahm wirken, doch damals war er ganz anders als alle übrigen Gins – ein absolutes Novum,

Topmarken, die an der Spitze der Gin-Renaissance standen

Bombay Sapphire, 1987
Er läutete die Renaissance ein, erweiterte die Geschmacksgrenzen für Gin, legte die Betonung auf weniger traditionelle Noten und machte kein Geheimnis mehr aus den enthaltenen Botanicals.

Crater Lake Gin, 1996
Ein mutiges US-Produkt der Neunziger, das die Gin-Grenzen durch Mazeration von Wacholder nach der Destillation erweiterte.

Tanqueray Malacca, 1997
War seiner Zeit vielleicht etwas voraus. Mit Vanille, Zitrus und einem Hauch Süße. 2013 wiederbelebt.

Hendrick's/Martin Miller's, 1999
In beiden Gins spielen Salatgurken eine tragende Rolle. Sie machten einer ganzen Generation klar, dass es mehr gab als nur Wacholder.

Jensen's Bermondsey London Dry Gin, 2004
Eine Art Revival, inspiriert von nicht mehr erhältlichen Gins und angelehnt an Stile aus dem frühen 20. Jahrhundert.

Aviation American Gin, 2005
Mit diesem blumigen, sanft gewürzgefärbten Gin erwies sich die Destillerie House Spirits als Wegbereiter neuer Gin-Richtungen.

Bluecoat American Dry Gin, 2006
Mit dem Blau amerikanischer Uniformen aus dem Unabhängigkeitskrieg hat Philadelphia Distilling eine klare Botschaft an England und die Welt: Es gibt einen amerikanischen Gin und er setzt auf Zitrus.

G'vine Floraison, 2006
Ein traubenbasierter Brand mit blumig-würzigem, komplexem und betont nicht traditionellem Charakter. G'vine machte deutlich, dass weltweit mit Gin experimentiert wird.

Death's Door Gin, 2007
Er bereicherte die Gin-Szene um das Prädikat »regional« – mit Weizen von Washington Island sowie heimischem Koriander und Fenchel. Ein Terroir-Gin.

Citadelle Réserve, 2008
Dieser Gin reift in französischen Eichenfässern und hat damit neues Terrain erschlossen.

Few American Gin, 2011
Ein reicher, getreidebetonter Brand, weder Genever noch traditioneller Gin, der vom ersten bis zum letzten Arbeitsschritt in der Brennerei entsteht.

Filliers Dry Gin 28, 2012
Die berühmte belgische Genever-Destillerie schuf diesen einnehmend blumigen Vertreter nach einem fast hundertjährigen Rezept.

City of London Dry Gin, 2012
Damit gibt es nach mehr als 200 Jahren wieder eine Gin-Brennerei in London. Gin kehrt zu seinen Wurzeln zurück.

wie es noch kein Gin-Liebhaber je geschmeckt hatte. Bis zur Jahrtausendwende war sogar ein nach ihm benannter Cocktail entstanden: der Bombay Sapphire Martini.

An der Bar hatte man lange Zeit einfach einen der großen, schon seit Jahrhunderten bekannten Namen bestellt. Binnen nur eines Jahrzehnts hatte sich das geändert.

Rechts *Gewächshäuser für die Botanicals der Bombay-Sapphire-Brennerei im britischen Hampshire. Entworfen wurden sie vom berühmten Thomas Heatherwick Studio.*

Gin wurde ähnlich wie Bier von einer riesigen Craft-Welle erfasst. Nachdem beider Beliebtheit in den 1960er-Jahren auf einem Tiefpunkt angelangt war, begann in den darauffolgenden Jahrzehnten ein Revival. Daraus wurde in Europa ein regelrechter Siegeszug, als in den 1990ern Cocktails wieder in Mode kamen und zudem neue, radikal andere Marken wie Bombay Sapphire und Hendrick's den Markt aufmischten.

Im Jahr 2000 begossen Feiernde in New York City das neue Millennium bereits mit Bombay Sapphire Martini. In einem Zeitungsartikel beschrieb ein Paar seinen perfekten Martini damals als »Bombay Sapphire mit einem Tropfen Martini & Rossi Vermouth«. 2005 standen sie noch immer auf ihren Bombay Sapphire Martini, garnierten ihn inzwischen aber mit einer Olive. Der Gin war zum Statussymbol geworden und hatte binnen Kurzem einen Bekanntheitsgrad wie die jahrhundertealten Marken erreicht. Viele schreiben das dem Werbe- und Marketingteam zu, was sicher zu einem Großteil berechtigt ist. Aber wie man weiß, verkauft man nur den ersten Schluck mit dem Marketing. Alle weiteren sind der Qualität des Produkts geschuldet. Der Bombay Sapphire fand eine Lücke und machte etwas daraus.

Junges Blut

Mitte der 1990er-Jahre formierte sich eine Gin-Riege, die heute als alte Garde des amerikanischen Craft-Brennens gilt. Die Anchor Brewing Company brachte 1996 den Junipero auf den Markt. Im gleichen Jahr ließ die Bendistillery ihren Crater Lake Gin vom Stapel. Auch der Citadelle aus einer französischen Cognac-Brennerei und der berühmte Plymouth Gin, untrennbar mit der britischen Marine verbunden, traten Ende der Neunziger in den Staaten auf den Plan.

Viele der großen Namen versuchten ebenfalls mitzumischen. Tanqueray Gin, jahrelang eine feste Größe unter den Traditionsabfüllern, bot den Tanqueray Malacca auf. Er schlug bei vielen, die mit Gin bislang eigentlich nichts am Hut gehabt hatten, ein wie eine Bombe. Letztlich aber kam er mit seinem süßeren, blumigen Profil doch nicht so gut an wie der Bombay Sapphire und wurde deshalb 2001 aus dem Programm genommen. Erst zwölf Jahre später bekam die Gin-Gemeinde wieder Gelegenheit, ihn zu probieren.

Die Marke, die den Geschmack des neuen Jahrhunderts vielleicht am stärksten prägte, ist Hendrick's. Ihr Erfolg geht zum größten Teil auf eine ungewöhnliche, einzigartige Werbekampagne zurück. Ins Rennen geschickt wurde Hendrick's kurz nach der Jahrtausendwende. Der Dry Gin, der durch Zugabe von Rose und Gurke nach der eigentlichen Destillation in eine blumigere Richtung gebracht wird, trug zu einer Abkehr von der verbreiteten Vorstellung bei, dass in Gin unbedingt Wacholder tonangebend sein müsse. Plötzlich hörte man Leute, denen Gin sonst nicht schmeckte, sagen, dass der Hendrick's eine Ausnahme sei.

Im Lauf der nächsten zehn Jahre erschienen immer mehr Abfüllungen, die der Tradition den Rücken kehrten und die Betonung auf das Blumige legten. Bis 2005 und 2006, als die amerikanische Craft-Bewegung Gin ernsthaft ins Auge zu fassen begann, eroberten der Floraison von G'Vine, Magellans Blue Gin, Martin Millers Westbourne sowie ein wesentlich erfolgreicherer Ableger von Tanqueray, der Tanqueray 10, den Markt.

Marken wie der Junipero und andere Abfüllungen wie der Leopold's waren bereits vorher in Umlauf. Der Wendepunkt aber kam, als Rogue, North Shore, Philadelphia Distilling und House Spirits im Jahr 2006 ihre Gins herausbrachten. Vor allem der Aviation American Gin von House Spirits verstärkte den allgemeinen Eindruck, dass etwas Neues in der Luft lag. In einem viel gelesenen Essay erklärte House-Spirits-Brennmeister Ryan Magarian seinen und mehrere andere Gins zu Vertretern einer neuen Kategorie: dem New Western Dry Gin. Dazu zählte er eine ganze Reihe der neuen Gins auf dem Markt, darunter den bereits sehr bekannten Hendrick's und den Tanqueray 10, ferner die Abfüllungen vieler kleiner Brennereien.

2005 und 2006 begann sich die amerikanische Craft-Bewegung intensiv mit Gins zu befassen. Als Gin-Traditionalisten noch darüber grübelten, wie sich die einst eng umrissene Kategorie gerade entwickelte, tauchten in der Szene Begriffe wie »New Western Gin«, »New American Gin« und »Contemporary Gin« auf. Ihre Exponenten kehrten der Tradition den Rücken, indem sie Wacholder mit anderen Noten unterstrichen bzw. durch sie ergänzten. Obwohl seine rasche Verbreitung der US-amerikanischen Craft-Spirits-Bewegung zugeschrieben werden kann, ist dieser neue Stil kaum auf eine

Gegenüber *Australien ist Vorreiter bei den neuen Boutique-Brennereien. Sie ergänzen die etablierte kulinarische Szene, etwa in Melbourne.*

Der Aufstieg des Craft-Gins

einzelne Region oder Nation beschränkt. Nach Ansicht mancher haben die mageren Gin-Jahre dazu geführt, dass zitrusgetönte Wodkas und dadurch schließlich auch zitrusfruchtige und blumige Gins mehr Zuspruch fanden. Vermutlich aber war eher die Lockerung der Vorschriften in den Vereinigten Staaten und eine sich wandelnde Kultur ausschlaggebend dafür, dass sich immer mehr Frauen und Männer der Destillation widmeten. Wer andere als die überkommenen Vorstellungen von Gin hatte, machte nun eben sein eigenes Ding – genauso wie die Craft-Brauer Jahrzehnte davor, als ihre Biere die Verkaufsregale eroberten. Überhaupt verdankt das Craft-Brennen viel der Braubewegung (viele frühe Destillateure in den Staaten, die Gin auf den Markt brachten, hatten als Brauer angefangen).

Weil der neue Gin-Stil schon weltweit Verbreitung gefunden hatte, bevor der Aviation und andere West-Coast-Gins dieser Machart in Umlauf kamen, ziehen wir den eher ortsunabhängigen Begriff »Contemporary Gin«, zeitgenössischer Gin, vor. Viele Destillerien in den USA und andernorts erzeugen außerdem nach wie vor wacholderbetonte Brände.

Ein weltweiter Trend

Warum ist Gin so erfolgreich? Dafür gibt es mehrere Gründe. Der erste dürfte in der Produktion zu finden sein. Vor einiger Zeit wurden viele neue Brennereien gegründet, die das Ziel hatten, eines Tages einen Whisky oder einen anderen ausgebauten Brand auf den Markt zu bringen. Diese brauchen jedoch Zeit zu reifen. Um in der Zeit bis zu ihrer Freigabe Einnahmen zu erzielen, begannen die Destillerien auch Spirituosen zu erzeugen, die sofort verkauft werden konnten. Der Wodkamarkt war bereits mit gut etablierten Marken gesättigt und bot zudem wenig Raum für kreative Interpretationen. Gin stellte den perfekten Lückenfüller dar. Er war im Handumdrehen gebrannt, abgefüllt und verkauft. Man konnte ihm einen ganz eigenen Charakter geben. Außerdem war in der Branche anfangs noch wenig los – eine ideale Gelegenheit, sich eine Nische zu sichern. Im Bemühen, sich von anderen abzuheben, kultivierten die Brennhäuser einen Gin-Stil, der sich stark von dem der klassischen Abfüllungen unterschied.

Obwohl etliche Erzeuger Gin allein als Übergangslösung produzierten, gab es ebenso viele andere, die ihn aus echter Begeisterung brannten. Sie veränderten den Geschmack gar nicht so sehr, sondern reüssierten, weil sie eine Lücke im Markt für neue Gins füllten.

Ein weiterer oft genannter Grund für den Gin-Boom ist die Popkultur. Die TV-Serie *Mad Men* mit ihrer sexy stilisierten Interpretation des Lebens in New York, speziell an der Madison Avenue der 1960er-Jahre, machte alte Cocktails wieder populär – es gibt sogar eine

Mad-Men-Cocktail-App. Sie wirbt für Gin-Klassiker wie den French 75, den Gibson und sogar den Sloe Gin Fizz. So bekamen Cocktails wieder ein romantisches Flair, und auch Gin war plötzlich wieder stylish.

In vielen Artikeln wurden die Nullerjahre zum Jahrzehnt der Cocktails erklärt. Kurz nach der Jahrtausendwende experimentierten Bartender bereits mit neuen Konzepten. Auf ein Revival der bewährten Klassiker musste man aber noch bis zur zweiten Hälfte des Jahrzehnts warten. Die Renaissance der Cocktailkultur erwies sich als Segen für Gin, war er doch Bestandteil vieler Drinks. Trotzdem war sie nicht der einzige Grund für sein Wiedererstarken.

2003 gab es in den Vereinigten Staaten jedenfalls gerade einmal 70 Craft-Brennereien – bis 2014 stieg ihre Zahl auf über 600. Derzeit sind allein in den USA mindestens 150 Craft-Gins auf dem Markt, und fast jeden Tag scheinen neue dazuzukommen. Die Craft-Spirits-Bewegung blieb allerdings nicht auf Amerika beschränkt. Die 2012 gegründete City of London Distillery war nach über zwei Jahrhunderten die erste Brennerei in der britischen Hauptstadt. Bald kamen weitere hinzu, etwa die Sipsmith Independent Distillers und die Sacred Spirits Company, aber auch die Cotswolds Distillery außerhalb von London. Abgesehen von den alten Tagen der Gin-Manie sind die Londoner noch nie besser mit unterschiedlichsten lokalen Gins versorgt gewesen als jetzt. Auch in Kanada hat die Craft-Bewegung Fahrt aufgenommen: 2014 waren mindestens 30 Gins auf dem Markt; weitere sollten folgen. Australiens Brenner stöhnen über hohe Steuern, was die kreativen Geister bei Kangaroo Islands Spirits, Four Pillars oder der Melbourne Gin Company aber nicht davon abhält, exzellente Gins herauszubringen. Auch Spanien, Frankreich, Deutschland und sogar Länder, in denen man nicht erwarten würde, auf hochwertigen Gin zu stoßen, etwa Kolumbien und Neuseeland, werden von Spirituosen aus heimischer Produktion förmlich überschwemmt.

Einige Traditionalisten rümpfen die Nase über die Gin-Renaissance und das Aufkommen von Produkten ohne Wacholderschwerpunkt. Ich hingegen finde, dass dies höchst aufregende Zeiten für Gin-Genießer sind. Die Bandbreite und Kreativität in dieser kleinen Nische auf dem Spirituosenmarkt war noch nie so groß. Obwohl viele die Anfänge der Revolution bei einigen britischen Abtrünnigen verorten, die Wodkakonsumenten als Zielgruppe ins Visier nahmen, waren es bald die USA, die sich dem Gin annahmen, um daraus etwas Eigenes, Einheimisches zu machen. Von dort aus schwappte die Welle nach Europa – mit einer solchen Vehemenz, dass die Craft-Gin-Bewegung kaum zehn Jahre nach den ersten Vorboten nun zu einem weltweiten Phänomen geworden ist und Brenner allenthalben die Spirituose auf ihre unnachahmliche Art und Weise zu interpretieren wissen.

Der Geschmack der in den letzten zehn Jahren erschienenen Gins ist ebenso vielfältig wie die Form ihrer Flaschen.

Der Charakter des Gins

Die Destillation

Bei der Herstellung von Gin spielen zwei Faktoren eine entscheidende Rolle. Da ist zum einen die Destillation, also der grundlegende technische Prozess, der das Endprodukt prägt, und zum anderen die Auswahl der Botanicals. Ohne die Pflanzenwelt gäbe es Gin in seiner heutigen Form nicht. Im Kapitel »Die Botanik des Gins« (Seite 42–59) erkunden wir die große Zahl der alten und neuen pflanzlichen Zusätze, die dem modernen Gin-Brenner zur Verfügung stehen.

Fast alle Gins entstehen heute in einem zweistufigen Prozess. Die erste Stufe umfasst die Vergärung einer Getreide- oder Obstsorte und ihre Destillation zum Basisbrand. In der zweiten Stufe wird der Basisbrand zusammen mit pflanzlichen Aromagebern, darunter Wacholder, noch einmal destilliert. Das ist die Kurzversion. Der komplette Herstellungsprozess des Gins ist wesentlich komplizierter. Fangen wir am besten ganz von vorne an.

Die Erzeugung des Basisbrands

Der klare, in der Regel neutrale Brand, der bei der ersten Stufe der Herstellung von Gin entsteht, entspricht im Grunde Wodka. Allerdings ist bei Gin die Zielsetzung häufig eine etwas andere. Während Wodka oft möglichst neutral sein soll, ist bei Gin und vor allem modernem Gin völlige Neutralität nicht immer gewünscht. Manche Obst- und Getreidesorten können dem Brand bei der Destillation eine erdige Tiefe oder Klarheit mitgeben, die ein fachkundiger Gin-Brenner bei der Zugabe der Botanicals zum großen Vorteil der Spirituose nutzen kann. Aber ganz gleich, ob man vielfach destilliert, bis der endgültige Basisbrand gänzlich neutral ist, oder ob man einen ungewöhnlichen Brand mit Charakter bevorzugt, am Anfang steht immer etwas, das vergoren werden soll.

Allerlei landwirtschaftliche Erzeugnisse lassen sich zu einem Basisbrand verarbeiten. Gängige Rohstoffe sind Mais, Weizen, Kartoffeln und Trauben, doch kann man auch mit exotischeren Materialien wie Bananen, Äpfeln und sogar Möhren arbeiten.

Findet Getreide Verwendung, wird es als Erstes gemälzt. Man feuchtet es zunächst an, damit es keimt. Dabei beginnen die Körner, die in ihnen enthaltene Stärke in Zucker zu verwandeln, der eigentlich dazu da ist, das junge Pflänzchen zu nähren. Doch natürlich haben die Brenner mit dem Zucker etwas anderes im Sinn. Nicht alle Getreidesorten lassen sich gleich gut mälzen. Viele Rezepte arbeiten mit Gerste, da sie einen sehr hohen Anteil der Enzyme enthält, die für die Umwandlung von Stärke in Zucker zuständig sind. Sie kann auch den Umwandlungsprozess in anderen Getreidesorten in Gang bringen.

Sobald aus der in den Körnern gespeicherten Stärke verwendbarer Zucker geworden ist, muss der Brenner die Keimung zum Stillstand bringen, damit die für die Destillation erwünschten Inhaltsstoffe erhalten bleiben. Daher werden die angekeimten Körner erhitzt. Das stoppt die Keimung. Der Zucker ist nun verwertbar.

Ein Brenner kann, wie bereits erwähnt, fast jedes landwirtschaftliche Produkt für einen Basisbrand verwenden. Arbeitet er mit Kartoffeln oder sehr stärkehaltigen Getreidesorten, fügt er ihnen gemälztes Korn oder ein Enzym hinzu, das die Umwandlung in Gang setzt. Soll ein Obstsaft oder eine zuckerhaltige Frucht destilliert werden, fallen diese Schritte weg, da der für die nächste Stufe notwendige Zucker ja bereits vorhanden ist.

Nun fügt der Brenner der Maische Hefe hinzu und pumpt sie in einen Gärbehälter. Dort verdauen die Mikroorganismen den Zucker. Dabei entstehen Kohlendioxid und Alkohol. Mit der Zeit bildet sich im Behälter also eine vergorene, alkoholische Flüssigkeit. Sie wird so abgelassen, dass die Feststoffe zurückbleiben, und kommt anschließend in eine Brennblase. Hier kann das Gute vom nicht so Guten (etwa giftigen Stoffen) getrennt werden.

Gegenüber *Brennblasen bekommen oft Namen. Die hier heißt »Christina«.*

Die Brennblasen

Brennereien schreiben in ihrem Werbematerial nur zu gern über ihre Brennblasen, auch Stills genannt, auf die sie oft sehr stolz sind. Die Auswahl dieser beeindruckenden Gerätschaften sage, so glauben sie, viel über ihre Destillerie aus. Als Beispiel sei die Pot Still genannt. Ihr Boden wird erhitzt, woraufhin die Alkohole zunächst verdampfen und schließlich in einem mit kaltem Wasser gekühlten Rohr wieder kondensieren, also in den flüssigen Zustand zurückkehren.

Eine Pot Still trennt den Brand in mehreren Verfahrensschritten in seine Bestandteile. Als Erstes kondensiert der Vorlauf, also der giftige Alkohol, der beispielsweise auch in Nagellackentfernern enthalten ist und den niemand trinken möchte. Als Nächstes ist der Mittellauf an der Reihe. Er enthält viele aromatische Kongeneren und Ethanol. Sie geben einem Brand Charakter, weshalb der Mittellauf gerne als »Herzstück« der Spirituosen bezeichnet wird. Der trübe Nachlauf schließlich wird oft entsorgt.

Die Column Still ist insofern eine Weiterentwicklung, als sie die Bestandteile des Brandes räumlich trennt. Das geschieht durch verschiedene Platten, an denen der Alkohol kondensiert, bevor er wieder verdampft. Die zeitliche Folge spielt keine Rolle mehr, und so kann die Column Still ohne Unterbrechung betrieben werden, weshalb sie auch Continuous Still, »kontinuierliche Brennblase«, genannt wird.

Während die voluminösen Anlagen in Großdestillerien wirklich ständig laufen, haben kleinere Brennereien mit Column Stills ihre Brennblasen nicht rund um die Uhr in Betrieb. Die Columns, also »Säulen«, sind hier im Prinzip Pot Stills nachgeschaltet. Im Gegensatz zu ihren großformatigen Verwandten liefern diese Stills einen Brand, der geschmacklich nicht völlig neutral ist, sondern einige Geschmacksstoffe des Rohmaterials bewahrt. Deshalb produzieren heutige Kleinbrennereien manchmal Wodkas und Gins auf Apfelbasis, die noch leicht nach dem Ausgangsmaterial schmecken.

Pot Stills liefern einen Basisbrand mit Geschmack und Charakter. Man findet sie oft in handwerklich arbeitenden Betrieben, die nur kleine Chargen brennen und hohe Qualitätsansprüche haben. Column Stills wiederum werden häufig mit Großanlagen in Verbindung gebracht, in denen reine, »saubere« Brände entstehen. Allerdings ist keine Variante der anderen von Haus aus überlegen. Entscheidend ist hauptsächlich das Können des Brennmeisters, der weiß, wie er seine Ausrüstung einsetzen muss, damit sie ihm Hochwertiges liefert. Gegen eine romantische Verklärung bestimmter Brennverfahren ist nichts zu sagen, doch sollten die entstehenden Produkte immer allein an ihrer Qualität gemessen werden.

Gin kann auch in einem einzigen Verfahrensschritt hergestellt werden. So kann ein Brenner der Maische Wacholder und weitere Botanicals hinzufügen und das Ganze direkt zum fertigen Produkt brennen. In der Praxis tun das nur sehr wenige Häuser. Denn Vor- und Nachlauf einer Destillation enthalten zwar toxische oder andere unangenehme Inhaltsstoffe, allerdings auch pflanzliche Aromaverbindungen, die im Endprodukt vorhanden sein sollten.

Also ist das, was aus den Stills fließt, ein neutraler Getreidebrand. Wäre das ein Buch über Wodka, könnten wir hier Schluss machen und uns den Verkostungsnotizen widmen. Wir haben es aber, Sie erinnern sich vielleicht, mit Gin zu tun. Deshalb ist der zweite Schritt von entscheidender Bedeutung: die Beigabe von Wacholder und anderen Botanicals.

Rechts *In einer Pot Still wird der Brand in Vor-, Mittel- und Nachlauf getrennt. Das Ergebnis ist ein charaktervoller Basisbrand.*

Gegenüber *Eine edle handwerkliche Column Still in der Brennerei Adnams im britischen Southwold.*

Die Herstellungsverfahren

Wodka-Brenner mögen nach dem ersten Schritt, dem Destillieren, schon fertig sein, doch für manche Gin-Hersteller beginnt die eigentliche Arbeit erst in Phase zwei. Es gibt viele Destillerien, die für hochwertigen neutralen Getreidebrand bekannt sind. Deshalb kaufen spezielle Gin-Erzeuger dieses Roherzeugnis oft und verwenden es als Ausgangsprodukt für ihren Gin. Derlei Geschäftsbeziehungen reichen von Partnerschaften zwischen kleinen Brennereien, je nach angestrebtem Brand etwa einer Gin- und einer Wodka- oder einer Gin- und einer Whisky-Destillerie, bis hin zu anonymen Handelsbeziehungen, wenn in großen Fabriken produzierter neutraler Getreidebrand eingekauft wird. Viele Häuser sind stolz darauf, ihren Spirit von Anfang bis Ende selbst zu erzeugen, doch bedeutet die Verwendung eines von anderen erzeugten neutralen Brands nicht unbedingt schlechtere Qualität. Sucht ein Gin-Hersteller nach einem wirklich neutralen Charakter, ist der Zukauf eines entsprechenden Produkts mitunter eine gute und kostengünstige Lösung. Sobald der Basisbrand vorliegt, kann die eigentliche Gin-Produktion in Angriff genommen werden. Mehrere Verfahren sind möglich.

Compound Gin

Um sich Gin nennen zu dürfen, muss eine Spirituose ihren Geschmack durch die Aromatisierung mit Wacholder erlangen. Ein Brand kann so auch als Gin etikettiert werden, wenn er nie ein zweites Mal destilliert wurde. Das gilt für viele Supermarktmarken, bei denen einem neutralen Getreidebrand Aromastoffe hinzugefügt werden, damit etwas annähernd Gin-Ähnliches entsteht. Hier soll es aber um die Zugabe von echtem Wacholder gehen.

Auf dem Prinzip der Aromatisierung basiert ein berühmtes Rezept des Mixologen Jeffrey Morgenthaler, außerdem die vielen im Handel erhältlichen Gin-Kits (siehe Seite 195), die Wodka als Basisspirituose und Wacholder als Geschmackgeber enthalten. Compound Gins sind jedoch nicht nur etwas für die Herstellung zu Hause oder die Billigregale in den Supermärkten. Crater Lake Spirits in Bend im US-Bundesstaat Oregon erzeugt den Crater Lake Estate Gin durch Einlegen regional gesammelter Wacholderbeeren nach der Destillation. Man nennt diese Kategorie bisweilen auch Bathtub Gin, »Badewannen-Gin«. Es handelt sich dabei nicht unbedingt um eine eigene Stilrichtung, doch werden manche auf diese Weise bereiteten Gins bewusst so etikettiert, um die mit Compound Gin verbundenen negativen Assoziationen zu vermeiden.

Bathtub Gin entsteht durch die Zugabe von Aromastoffen oder Extrakten zum neutralen Brand ohne weitere Destillation. Gelangt der Geschmack der Botanicals also ohne Destillation in den Gin, spricht man von einem Compound Gin. Auch wenn der Begriff »Compound« eine Qualitätswertung enthält, sollte man doch bedenken, dass er ein breites Spektrum von Gins umfasst.

Links *Der Crater Lake Estate Gin entsteht durch Einlegen von Wacholderbeeren in einen Basisbrand. Er wird auch Bathtub Gin genannt.*

Gegenüber *Copper House Distillery verwendet Wacholder, Kardamom und Koriander sowie einige weitere Botanicals wie Veilchenwurzel.*

DISTILLED GIN

Destillierter Gin

Dies ist die mit grossem Abstand häufigste Gin-Kategorie. Die Produktion destillierter Gins beginnt mit einem ersten Lauf. Anschließend wird die entstandene Spirituose ein zweites Mal gebrannt, nur diesmal mit Botanicals. Diese »zweite« Destillation setzt in der Regel ein hochwertiges Ausgangsprodukt voraus. Die zweite Hälfte des Herstellungsprozesses erfordert wesentlich mehr Kunstfertigkeit als die erste, in der man nur dafür sorgt, dass die schlechten Inhaltsstoffe eliminiert werden. Im zweiten Teil liegt der Schwerpunkt dann auf Geschmack und Aroma. Den Brennmeistern stehen mehrere Methoden zur Verfügung, mit denen sie ihrem Gin den gewünschten Charakter geben können. Jede extrahiert aus den verwendeten Pflanzen unterschiedliche Aromamoleküle und hat daher Vor- und Nachteile. Ansonsten sind in dieser Phase alle Techniken gleichwertig – den Unterschied macht schließlich das Können der Frauen und Männer an den Brennblasen.

Bei den ersten beiden Methoden ist Mazeration im Spiel. Eine Möglichkeit ist, die Botanicals direkt in die Flüssigkeit zu geben, sie zu erhitzen und ein weiteres Mal zu destillieren. Es gibt eine Variante, die man als »Tee-Methode beschreiben könnte: Bei ihr wird ein Sack mit Botanicals in die Brennblase geworfen. Dann erhitzt man alles, sodass eine brodelnde Brühe entsteht, die nach dem Kochen und Wiederkondensieren einen Gin-artigen Charakter hat. Eine zweite Mazerationsmethode ergibt einen leichteren Stil. Die Botanicals ziehen für bestimmte Zeit, oft nicht mehr als einen Tag, in der Flüssigkeit und werden dann wieder herausgefiltert. Anschließend wird der entstandene Brand – man könnte ihn in diesem Stadium durchaus Bathtub oder Compound Gin nennen – ein zweites Mal destilliert, ohne dass dabei ein einziges Botanical erhitzt wird.

Kritiker der ersten Methode wenden ein, dass das Kochen der Botanicals« den Geschmack verderbe oder unerwünschte Aromen freisetze. Der Gin werde bei diesem Verfahren mit Phenolen und Tanninen angereichert, die ihm eine Bitternote verleihen können. Obwohl die Kritikpunkte zutreffen, destillieren einige der größten Akteure in der Geschichte des Gins, etwa Beefeater und Tanqueray, ihre Produkte auf diese Weise. Zweifellos entscheidet nicht die Methode allein darüber, ob ein Produkt minderwertig ist.

Fakt ist: Jede Art des Mazerierens löst »unterschiedliche« Aromen aus den Botanicals. Ein geschickter Brenner muss nur wissen, was er tut, um einen hochwertigen Gin zu bekommen.

Oben *Bei Sipsmith wird die Brennkammer für die Lagerung experimenteller Gin-Verschnitte genutzt.*

Links *Tanqueray gibt die Botanicals direkt in den Brand, bevor er erhitzt und erneut destilliert wird.*

Gegenüber *Pflege der Stills in der Brennerei Hendrick's im schottischen Girvan.*

Dampfdestillation

Eine Reihe anderer Methoden wurde von einer neuen Brennergeneration eingeführt. Sie ergeben oftmals einen wesentlich leichteren, weniger intensiven Stil mit vielfältigerem Botanical-Profil.

Die erste davon basiert auf dem Prinzip der Dampfdestillation, auch Dampfextraktion genannt. Bei diesem Verfahren kommen die Botanicals nicht mit der Flüssigkeit in der Brennblase in Berührung. Sie werden entweder direkt über der Flüssigkeit aufgehängt oder befinden sich im Hals der Still. So gelangen die Aromastoffe kurz vor der Kondensation in den Dampf. Platziert ein Brennmeister die Botanicals knapp über der Flüssigkeit, will er, dass die Aromaverbindungen nach unten tropfen und sich mit dem Brand darunter vermischen, was ein körperreicheres Geschmacksprofil liefert. Befinden sie sich hingegen weiter oben im Hals, bleiben die zarten Aromen besser erhalten

Selbst diese Methode hat indessen ihre Gegner. Manche Brenner glauben, dass schon allein das Erhitzen von Botanicals die empfindlichsten flüchtigen Stoffe darin zerstört. Die einzige Lösung ist ihrer Ansicht nach eine Verringerung der Temperatur. Zum Glück verfügen viele Destillateure über gute Physikkenntnisse. Indem man ein Vakuum erzeugt, kann der Siedepunkt einer Substanz so weit gesenkt werden, dass wenig Hitzezufuhr ausreicht, um eine Flüssigkeit in den gasförmigen Zustand zu bringen. Das bedeutet, dass sich die hitzeempfindlichen flüchtigen Stoffe durch Destillation und Kondensation extrahieren lassen, ohne Schaden zu nehmen. Eine Reihe renommierter Destillen arbeitet mit diesem Verfahren, darunter die Sacred Spirits Company in London und Greenhook Ginsmiths im New Yorker Stadtteil Brooklyn.

Bei allen bisher beschriebenen Destillationsmethoden werden alle Botanicals gemeinsam in einen Behälter gegeben. Das ist alles andere als einfach und erfordert eine gewisse Kunstfertigkeit, denn schon eine geringfügige Veränderung des Gehalts an essenziellen Ölen in den Pflanzen kann sich auf den Geschmack des Endprodukts auswirken. Viele kleinere Brennereien beschriften ihre Abfüllungen mit Batch- und Flaschennummern, um darauf hinzuweisen, dass das Produkt sich von Charge zu Charge etwas unterscheiden könnte.

Wie aber schaffen es größere Betriebe, ein Produkt herzustellen, das von Posten zu Posten verlässlich gleich schmeckt? Dazu stehen ihnen mehrere Verfahren zur Verfügung. So kann man nach der Destillation mehrere Batches verschneiden, um ein gleichbleibendes Produkt zu bekommen. Kleine Unterschiede im Botanical-Profil lassen sich bei einer großen Anzahl von Brenndurchgängen damit zuverlässig ausbügeln. Eine weitere Möglichkeit betrifft den Brennvorgang selbst. Manche Gin-Destillerien sind bekannt dafür, dass sie jedes Botanical einzeln destillieren. Auf diese Weise können sie gewährleisten, dass die Aromabestandteile etwa von Koriander oder Wacholder genau so und in der Intensität in den Brand gelangen, wie sie es für richtig halten. Anschließend verschneiden sie die einzelnen Destillate zum fertigen Produkt.

Links *Greenhook Ginsmiths arbeitet mit Vakuumdestillation, um hohe Temperaturen zu umgehen.*

Rechts *Der Brennsaal von Iceberg Gin in Neufundland. Der Erzeuger verdünnt seine Gins mit Schmelzwasser von Eisbergen.*

Ganz rechts *Martin Miller's, Long Table und Iceberg legen großen Wert auf die Herkunft ihres Wassers.*

Verdünnung

Der letzte Schritt zum fertigen Gin ist für viele Brennereien die Senkung der Alkoholstärke ihrer Spirituose auf ein für den Konsum erträgliches Maß. Reiner Alkohol kommt mit einer Stärke von 95 Prozent aus den Brennblasen – das ist im Grunde die Obergrenze, reiner destillieren geht nicht. Manche gesetzlichen Vorgaben, etwa die der Europäischen Union für London Gin, legen den Mindestalkoholgehalt von frisch gebranntem Gin mit Botanicals auf 70 Volumenprozent fest. Freilich werden nur sehr wenige Erzeugnisse mit dieser Stärke abgefüllt. Fast alle verdünnt man vor dem Verkauf. In den USA muss Gin mindestens 40 Prozent Alkohol enthalten, um als solcher verkauft werden zu dürfen. In der EU genügen 37,5 Prozent.

Viele Brenner nehmen den Arbeitsschritt der Verdünnung sehr ernst und legen großen Wert auf das verwendete Wasser. Martin Miller's Alleinstellungsmerkmal etwa ist das isländische Quellwasser, mit dem die Gins des Hauses verdünnt werden. Island spielt eine prominente Rolle auf dem Flaschendesign, und im Werbematerial der Firma wird oft auf die Reinheit des Wassers hingewiesen. Ein weiteres Beispiel ist Iceberg Gin im kanadischen Neufundland. Ed Kean, ein Kapitän aus den Seeprovinzen des Landes, spürt Eisbergstücke auf und sammelt sie ein. Sie werden geschmolzen und für die Verdünnung der hergestellten Wodkas und Gins verwendet. Die Long Table Distillery in Vancouver verweist stolz darauf, dass sie ihr Wasser aus der Coast Mountain Range an der kanadischen Pazifikküste bezieht. Spring44 Distilling nennt als Wasserquelle eine artesische Quelle im Buckhorn Canyon in Colorado. Die Liste ließe sich beliebig fortsetzen. Wie man sieht, ist der letzte Schritt der Gin-Herstellung für viele Brennereien keineswegs eine Nebensächlichkeit. Vielmehr räumen sie der Wasserqualität einen ebenso hohen Stellenwert ein wie den Botanicals und dem Getreide.

Keine Kaltfiltrierung

Manche Brennereien schalten noch einen weiteren Arbeitsschritt nach. Er hat mit der Aromatik zu tun, mit der wir uns noch genauer befassen werden. Viele Aromastoffe sind in Alkohol löslich, nicht jedoch in Wasser. Fügt man dem Gin also Wasser hinzu, trübt er sich ein. Liebhaber von Absinth, Pastis oder Ouzo kennen diese Reaktion, die man auch Louche- oder Ouzo-Effekt nennt. Bei Absinth ist die Trübung sehr erwünscht, bei Gin allerdings will man sie vermeiden. Deshalb scheuen die Hersteller keinen Aufwand, wenn es darum geht, eine möglichst klare Spirituose zu erhalten, etwa durch den Einsatz von Kaltfiltrierung. Bei diesem Verfahren wird der Gin bis auf Temperaturen um den Gefrierpunkt heruntergekühlt. Anschließend filtert man ihn, um ihn von den Partikeln zu befreien, die die Trübung verursachen. Viele Destillerien versuchen sich in letzter Zeit jedoch von der Masse abzuheben, indem sie auf dieses Verfahren verzichten und ihre Gins als »non-chill filtered«, nicht kaltfiltriert, etikettieren. Dazu gehören Vor Gin in Island, Dodd's Gin in England und Letherbee Gin im US-Bundesstaat Illinois.

Gin lässt sich auf vielerlei Arten herstellen. Jedes Verfahren hat seine Kritiker und keines garantiert ein perfektes Endprodukt, doch lassen sich mit jedem gute Gins erzeugen. Unsere Reise durch die Gin-Welt führt uns nun zu einem weiteren wichtigen Schritt bei der Herstellung dieser pflanzlich eingefärbten Spirituose. Ob man sie in einen Sack gibt, in einem Korb aufhängt oder mit der Maische in einen Bottich wirft, es sind die Botanicals, durch die sich Gins voneinander unterscheiden.

Die Botanik des Gins

Häufige Botanicals

Links *Blühender Wacholder*

Wacholder

Die Wacholderbeere, deren Geschmack Gin-Genießern am vertrautesten ist, stammt vom Gemeinen Wacholder (*Juniperus communis*). Es lohnt sich jedoch, einen Blick auf die allgemeine Botanik und das familiäre Umfeld dieser Art zu werfen. Wacholder sind Nadelbäume und gehören zur Familie der Zypressengewächse, zu denen auch Giganten wie die Küstenmammutbäume (*Sequoia*) zählen. Die Gattung *Juniperus* umfasst mehr als 50 Arten und ist fast auf der ganzen Welt verbreitet: Ihre Vertreter kommen auf fünf Kontinenten vor und besetzen viele ökologische Nischen, angefangen von Wüsten bis hin zu Gebirgswäldern nördlicher Zonen.

Zu den typischen Merkmalen von Wacholder gehören die auffälligen Beeren, bei denen es sich in Wirklichkeit um Zapfen handelt. Ihre Schuppen sind im Gegensatz zu denen holziger Kiefernzapfen miteinander verwachsen. So bilden sie eine fleischige Hülle, die die Samen im Inneren schützt. Obwohl die Farbe der Beeren, die oft 18 bis 36 Monate bis zur Reife brauchen, von Art zu Art unterschiedlich ausfällt, sind sie in der Regel blauviolett – so wie die der bei uns vorkommenden Art *Juniperus communis*. Nach dem Trocknen werden sie noch dunkler und fast blauschwarz.

Ein weiteres typisches Merkmal von Wacholder sind die Nadeln oder Schuppenblätter. Ihre Textur unterscheidet sich von Art zu Art beträchtlich, doch sind sie stets immergrün. Sehr groß ist auch die Bandbreite der Wuchshöhen: Manche niedrige, kriechende Wacholderarten erreichen kaum 30 Zentimeter, andere wachsen zu stattlichen, hohen Bäumen heran.

Man könnte meinen, die unglaubliche Vielfalt der Gattung Wacholder sei ein Segen für die Gin-Welt. Allerdings hat der Großteil der Arten keinen Nutzen für die Brenner. Einige Arten sind sogar leicht giftig. So trägt etwa der Virginische Wacholder (*Juniperus virginiana*), den man in den USA häufig als Ziergehölz oder wild am Straßenrand und auf Weiden findet, giftige Beeren, die für den menschlichen Verzehr nicht geeignet sind und schon gar nicht destilliert werden sollten. Der in eurasischen Gebirgszügen beheimatete Sadebaum (*Juniperus sabina*) wiederum erwies sich bei Versuchen mit trächtigen Mäusen als problematisch. Sie alle sind zwar schön anzusehende Ziergewächse, doch will man sie nicht unbedingt im Essen oder in Getränken haben. Die gemeinnützige britische Organisation *Plants for a Future* stuft gerade einmal sechs Wacholderarten als moderat genießbar ein. Obwohl viele davon früher in aller Welt Verwendung fanden, haben es nur ganz wenige in die modernen Küchen geschafft.

Dabei haben sich einige Brennereien botanisch durchaus auf Neuland gewagt. Zu den ersten gehörte die Bendistillery in den USA. Das Haus erzeugte einen Compound Gin, also eine Variante, bei der die Botanicals nach dem Destillieren hinzugefügt werden, und verwendete dafür Beeren des Westlichen Wacholders (*Juniperus occidentalis*). Diese Art ist in der Cascade Range und der Sierra Nevada im Westen der USA beheimatet. Sie wächst meist in größeren Höhenlagen und bleibt strauchig, wenngleich man im Lake County in Oregon einige wenige bis zu 23 Meter hohe Exemplare entdeckt hat, die dann schon zu den großen Wacholdern gehören.

In der Regel allerdings sprechen wir, wenn wir von Gin sprechen, vom Gemeinen Wacholder (*Juniperus communis*). Er kommt in borealen Wäldern von Sibirien bis Kanada, von Norwegen bis Island und Grönland und fast überall dazwischen vor. Erstaunlicherweise ist die Pflanze zweihäusig, das heißt, es gibt männliche und weibliche Exemplare, womit sie viel mit den Menschen gemein hat. Damit weibliche Pflanzen Zapfen tragen können, müssen die Pollen eines männlichen Wacholders zu den Blütenzapfen eines weiblichen gelangen. Das erledigt meistens der Wind, weshalb der Gemeine Wacholder ohne Luftbewegungen wesentlich seltener wäre. Die Samen des Gemeinen Wacholders reifen länger als die der meisten anderen Wacholderarten, wodurch die Geduld der Gin-Brenner in aller Welt auf eine harte Probe gestellt wird. Bis eine Beere reif ist und geerntet werden kann, vergehen mitunter drei Jahre.

Und die Ernte der Beeren ist eine Herausforderung. Bei größeren Unternehmen wird mit Stöcken auf die Wacholderäste geschlagen, sodass die reifen Beeren abfallen. Kleinere Betriebe agieren nach alter Sammlermanier: Man macht sich mit Leitern, Handschuhen, Eimern und den bloßen Händen an das Abzupfen. Die meisten so abgeernteten Wacholderpflanzen sind zudem ziemlich klein, sieht man einmal von einem Exemplar im Letchworth State Park in Upstate New York ab, das mit 6 Metern schon eine für die Art ungewöhnliche Höhe erreicht hat. Ansonsten wird der Gemeine Wacholder kaum halb so hoch und wächst auch eher strauchig oder sogar kriechend. Wild wachsend ist er ebenso häufig wie als Zierpflanze. Man schätzt ihn einerseits wegen seines Wuchses und seiner Beeren, bekämpft ihn andererseits aber auch als unerwünschten Gast bzw. als invasive Art.

Obwohl Wacholder fast weltweit vorkommt, ist er doch gerade im Mutterland des Gins, Großbritannien, vom Aussterben bedroht. In letzter Zeit haben der ohnehin geringen Population sowohl Pilzbefall als auch intensive Beweidung zugesetzt. Daraufhin griffen örtliche Organisationen ein und versuchten, die Bestände zu bewahren sowie Bedingungen zu schaffen, die eine Wiederausbreitung der Gehölze begünstigten. Im Namen der britischen Gin- und Wacholder-Liebhaber wünschen wir ihnen bei der Umsetzung dieser schwierigen Aufgabe viel Glück.

Eigentlich scheint für eine so verbreitete Pflanze wie Wacholder nicht viel auf dem Spiel zu stehen, wenn nur die Bestände in einer begrenzten Region gefährdet sind. Schließlich gehört sie zu den erfolgreichsten Pflanzengattungen der Welt. Doch das ist nicht der Punkt. Das Gehölz muss in diesem eng mit Gin verbundenen Land vor allem deshalb überleben, weil das Klima und die örtlichen Gegebenheiten – sprich: das Terroir – für merkliche Unterschiede im Gehalt an essenziellen Ölen in den Beeren sorgen. Das heißt, dass Wacholder aus verschiedenen Regionen merkbar unterschiedlich schmecken kann. Das bestätigen auch etliche wissenschaftliche Untersuchungen.

So fand man in den 1990er-Jahren heraus, dass griechischer Wacholder wesentlich weniger Alpha-Pinen (das für den typischen Kiefernduft von Wacholder zuständige Molekül) enthielt als Wacholder aus anderen Teilen Europas. Wie ein Vergleich zwischen Populationen in Montenegro und dem Iran ergab, enthält iranischer Wacholder fast doppelt so viel Alpha-Pinen wie montenegrinischer. Auch zwischen Regionen mit unterschiedlichem Mikroklima ergaben sich Unterschiede im Gehalt essenzieller Öle, die Wacholder Geschmacksnoten verleihen können, die nicht oft mit ihm in Verbindung gebracht werden, etwa frischen Orangenduft, der von einem Aromastoff namens Limonen stammt. Kurzum: Die Herkunft beeinflusst den Geschmack. Wenn die im 18. und 19. Jahrhundert gegründeten großen Londoner Gin-Hersteller Wacholder aus der Gegend verwendeten, wissen wir, wie die frühesten Gins geschmeckt haben müssen. Dieses Wissen geht verloren, wenn keine Maßnahmen ergriffen werden, die britische Wacholderpopulation zu erhalten. Wenn Brennereien in aller Welt ihren Bränden einen regionalen Touch mitgeben wollen, brauchen sie sich nur in ihrer Gegend umzusehen.

Der Terroirbegriff ist in der Gin-Welt etwas sehr Reales. Obwohl viele Destillerien ihren Wacholder nach wie vor aus Italien beziehen, ist doch ein Trend weg von Importen erkennbar. Neben der Bendistillery sehen sich auch Erzeuger wie Legend Distilling, Okanagan Spirits und die Long Table Distillery, die alle drei in der kanadischen Provinz British Columbia angesiedelt sind, erst einmal in ihrer Umgebung um. Vielleicht beginnt gerade eine Ära, in der die Herkunft des Wacholders so wichtig ist wie die übrigen Botanicals im Mix.

Sie glauben mir nicht? Das Haus Master of Malt erwies der Gin-Welt 2012 einen unschätzbaren Dienst, als es eine Linie namens Origin herausbrachte. Jede Abfüllung enthält nur ein einziges Botanical: Wacholder aus einer ganz bestimmten Region, gesammelt von den Kunden selbst. Bei der Verkostung diverser Terroir-Gins erkennt man, wie groß die Bandbreite der kleinen Beere ist. Hier einige Beschreibungen:

Verkostungsnotizen

Skopje, Mazedonien

In der Nase zunächst grüner, leicht harziger Wacholder. Schwarze Pfefferkörner und ein Touch lebhafter Gewürze.

Geschmack

Würziger, warmer Wacholder mit zunächst grüner Note und harzigem Einschlag im Mittelteil. Im Abgang ein Hauch Meersalz und Mandeln.

Meppel, Niederlande

Erdig, mit holzigem, in der Nase etwas verhaltenem Wacholderton.

Geschmack

Leicht minzig und kräuterwürzig, ein Anflug von Rosmarin. Krautiger Abgang mit Mandelnote.

Arezzo, Italien

Harzig und holzig; stark konzentrierter Wacholder in den Obertönen. Verfliegt rasch und hinterlässt Holznoten mit lebhafter Orangenschale.

Geschmack

Sehr wacholderbezogen. Hebt mit einem Anflug von Zitrus, Vanillekuchen und lebhaftem grünem Wacholder an. Klingt aus mit Vanillin und Orangenschale, unterlegt mit plötzlich einsetzender Schärfe.

Istog, Kosovo

Kieferiger grüner Wacholder mit Veilchen und Koriander im Duft.

Geschmack

Überraschend süß und blumig. Kirschen gehen einem frischen, präzisen kieferngetönten Wacholderton voran. Im Nachhall ein Tick Mandel und eine anhaltende Schärfe bzw. Adstringenz mit lebhaftem Wacholder.

Weliki Prestaw, Bulgarien

Der Duft schickt sogleich Koriander voraus. Etwas im Hintergrund Wacholder, aber auch einige blumige Anwandlungen.

Geschmack

Zunächst fruchtig, im Mittelteil jedoch intensiv kräuterwürziger Wacholder. An den Rändern komplex blumig, mit Verweisen auf Koriander und Hibiskus. Langer, lebhafter Abgang mit Wacholder als Hauptthema.

Klanac, Kroatien

In der Nase leicht harziger und kiefernwürziger Wacholder mit einem Anflug von Koriander.

Geschmack

Verhaltener Geschmack mit Wacholder als Vorbote. Lebhaft und kräuterwürzig, mit einem merkwürdigen Sloe-Gin-Ton im Abgang. Reiche, dunkelrote Steinfrucht mit langem, harzigem Abschied.

Valbonë, Albanien

Dezente Wacholder- und Steinfruchtnote im Bukett.

Geschmack

Unmittelbarer Auftakt mit einem Anflug von dunklen, gesüßten Kirschen und Steinfrüchten. Nach hinten zu blitzt Wacholder auf, untermalt von leichter Adstringenz. Langer, harziger Wacholderakkord zum Abschluss.

Koriander

Fragt man Menschen, wie ihnen Koriander schmeckt, sind die Reaktionen sehr unterschiedlich. Die einen sind ganz verrückt nach dem scharfen, zitrusfruchtig-grünen Geschmack der Blätter. Andere wiederum mögen ihn überhaupt nicht, was die Theorie stützt, dass das Wort Koriander vom griechischen *koris* für »Wanze« abgeleitet ist.

Wenn es jedoch um Gin geht, können wir diese Diskussionen im Prinzip gänzlich ignorieren. Denn nach dem Ernten und Trocknen passiert etwas Magisches mit den Koriandersamen: Sie verlieren die für die Blätter typische Schärfe und bekommen den warmen, würzigen und sogar etwas zitrusfruchtigen Geschmack, der in Gin so geschätzt wird. Koriander ist als Botanical fast so häufig wie Wacholder und in fast neun von zehn Gins enthalten. Seine wichtigste Aromaverbindung ist Linalool, das in isolierter Form überraschend blumig riecht. Das lebhafte, ausgesprochen angenehme Profil von Koriander erklärt, warum das Kraut seit Jahrtausenden als Zutat in der Küche und als Aromastoff für Duftwässer geschätzt wird.

Koriander (*Coriandrum sativum*) wächst einjährig und ist mit Möhren, Fenchel und Pastinaken verwandt. Er stammt zwar aus Südeuropa und Nordafrika, wird inzwischen aber in der ganzen Welt angebaut und spielt in der Küchenkultur selbst so weit entfernter Länder wie Mexiko und China eine wichtige Rolle. Koriander wird selten höher als 60 Zentimeter und fällt nicht nur durch seine gefiederten grünen Blätter ins Auge, sondern auch durch seine weißen Blütendolden, die umgedrehten Schirmen ähneln.

Vielleicht verdankt das Kraut seine heutige Beliebtheit seiner Präsenz im Botanical-Mix einiger der langlebigsten und meistverkauften Gins der Welt. So mischt es im Tanqueray (1830) ebenso mit wie im Gordon's (1769). Auch der Bombay Sapphire setzt, obwohl er ein moderner Vertreter ist, auf eine lebhafte Koriander-Kopfnote.

Koriandersamen sind nach Volumen gerechnet die zweithäufigste Zutat vieler Gins. Zahlreiche Brennereien schwören auf die Qualität von marokkanischem Koriander, der heute auf dem Markt die gängigste Sorte ist. Andere finden, dass sich kühle, nasse Sommer in dem Kraut in einem höheren Gehalt an essenziellen Ölen niederschlagen, und bevorzugen Ware aus Nordeuropa oder Sibirien. Ein Grund, warum viele Destillerien die Botanicals für ihren Gin aus Marokko beziehen, ist die Beständigkeit des dortigen Klimas. Wir haben es also hier mit einem klassischen Beispiel dafür zu tun, dass Einheitlichkeit vor Qualität geht. Gleichzeitig beweist das wieder, dass Klima sowie Anbauregion sich im Charakter eines Botanicals niederschlagen.

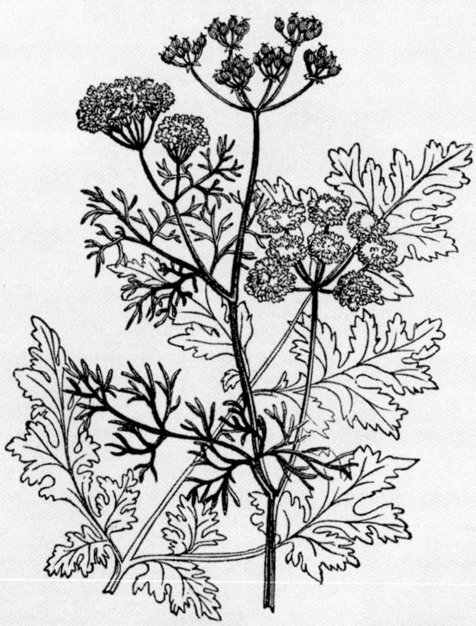

Coriandrum
54
Character Genericus
Œnanthe Pimpinelloides
Pimpinell Dropwort
Coriandrum Sativum
Common Coriander

Engelwurz

Engelwurz ist die vielleicht unbekannteste unter den wichtigen Gin-Zutaten. Viele dürften überrascht sein zu hören, dass sie fast so häufig wie Koriander zum Einsatz kommt. Im Durchschnitt enthalten fast drei Viertel aller Gins hinter der Bar dieses Botanical. Sammlern sei geraten, sich einmal die Zutatenliste ihrer Schätze zu Hause genauer anzusehen. Wie Koriander ist die Engelwurz mit Möhren (und damit auch mit Koriander) verwandt. Die Kräuter der Gattung *Angelica* wachsen fast auf der gesamten nördlichen Hemisphäre. In Gin allerdings kommt nur eine Art zum Einsatz: *Angelica archangelica.* Sie stammt aus Nordeuropa und wurde erstmals im Mittelalter von den Völkern Skandinaviens angebaut. Man nutzt sie als Gemüse und Arzneikraut, wobei heute vor allem ihre Stängel und Wurzeln Verwendung finden. Während man Erstere gern kandiert, werden Letztere in Gins verarbeitet.

Angelica archangelica, auch Arznei-Engelwurz genannt, kann eine Höhe von bis zu 2 Metern erreichen. Sie trägt gefiederte Blätter, deren Spreite bisweilen 1 Meter lang werden kann. Die buschige Pflanze treibt hohe Einzelstängel aus, an deren Spitze rundliche, »feuerwerksähnliche« Dolden aus gelben, grünen oder weißen Blüten sitzen. Sie ist weltweit verbreitet, gedeiht jedoch in kühleren Klimazonen am besten.

Die Wurzeln werden nach dem Ernten getrocknet, bevor man sie für die Gin-Erzeugung verwendet. Ihr Geschmacksprofil ist allerdings ziemlich fragil. Ganze Wurzeln bewahren ihre Aromastoffe besser als zerdrückte, die wiederum aromatischer sind als Engelwurzpulver. Je länger eine Wurzel gelagert wird, desto mehr ihrer Aromen verfliegen, weshalb sie möglichst rasch verwertet werden sollte. Um es ganz chemisch auszudrücken: Engelwurz fügt Gin Alpha-Pinen, Beta-Pinen und Limonen hinzu – das sind exakt jene Aromaverbindungen, die sich auch in Wacholder finden. Das erklärt, warum manche den Geschmack als eine bittere, stechende Kombination aus Wacholder und Sellerie beschreiben.

Engelwurz ist oft auch in Kräuterlikören wie Chartreuse und Bénédictine enthalten. Außerdem gehört sie traditionell zum Botanical-Profil von Aquavit und Absinth. Man fügt die Wurzel so unterschiedlichen Gins wie Broker's (Seite 93), Hendrick's (Seite 110), Vaiõne (Seite 177) und Green Hat (Seite 153) hinzu.

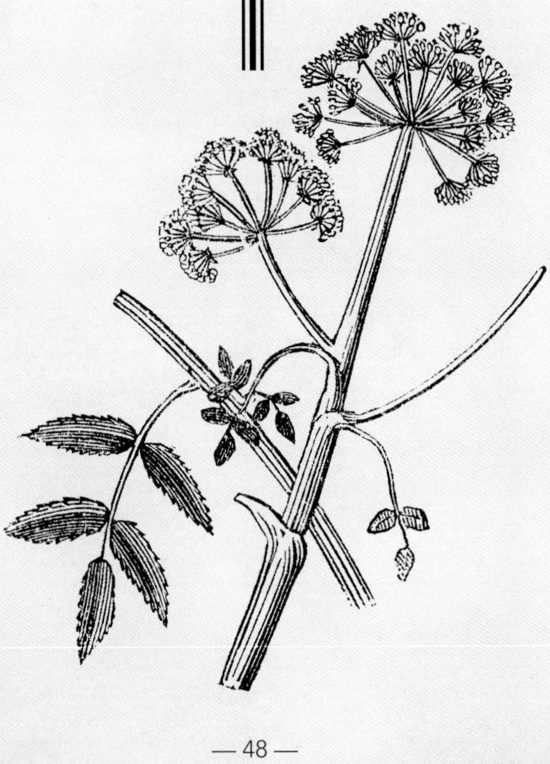

Zimtkassie

Die Zimtkassie ist das am einfachsten zu identifizierende Botanical in Gin, wird allerdings oft mit Zimt verwechselt. Gewonnen wird sie aus der Rinde eines Baums, der in China und Südostasien beheimatet ist und eine Höhe von bis zu 15 Metern erreicht. Sein wissenschaftlicher Name lautet *Cinnamomum cassia*. Die Zimtkassie ist eng mit dem »echten« oder Ceylon-Zimt verwandt und wird auch oft an seiner Stelle verwendet.

Liegt die Zimtkassie in Stangenform in den Verkaufsregalen, kann man den Unterschied zum eigentlichen Zimt an der Dicke und Beschaffenheit erkennen. Kassienstangen sind dicker und bestehen aus einem einzigen festen, eingerollten Stück; Zimt ist dünner, mehrlagig und nicht so fest. Zu Pulver gemahlen kann man die beiden ohne chemische Analyse allerdings kaum noch unterscheiden. Geschmacklich zeichnen sich beide durch eine intensiv-würzige typische Zimtnote aus, die von einem Stoff namens Zimtaldehyd stammt. Zimt enthält wesentlich mehr Eugenol, das auch der wichtigste Aromageber von Gewürznelken ist. Für den typischen Duft und Geschmack von Zimtkassie wiederum sorgt Cumarin mit eher vanilliger Note. Orientiert man sich am Volumenanteil, dominieren zwar weder Eugenol noch Cumarin, doch können Chemiker anhand dieser Stoffe Zimtkassie vom eigentlichen Zimt unterscheiden, wenn der optische Eindruck keinen Aufschluss gibt.

Der größte Unterschied zwischen beiden besteht allerdings im Preis. Zimt ist wesentlich teurer als Zimtkassie, weshalb Letztere manchmal auch »Zimt des armen Mannes« genannt wird. Weil sie zudem leichter erhältlich ist und ein ebenso charakteristisches Aroma hat, findet man sie sowohl in klassischen als auch in modernen Gins.

Ihre Aufwartung macht uns die Zimtkassie in klassischen Gins wie dem Bombay Dry Gin (Seite 92) und zeitgenössischen Ausführungen wie dem G'vine Floraison (Seite 120). Sie gehört zu den gängigsten Gin-Botanicals und mischt in fast der Hälfte der aktuell auf dem Markt befindlichen Wacholderbrände mit. Die Hersteller setzen sie zwar häufiger ein als die teurere Alternative, doch geht bei neueren Abfüllungen der Trend zu dieser. Ob es sich dabei um Zimtkassie handelt, die als Zimt verkauft wird, oder um echten Zimt, können wohl nur Chemiker herausfinden.

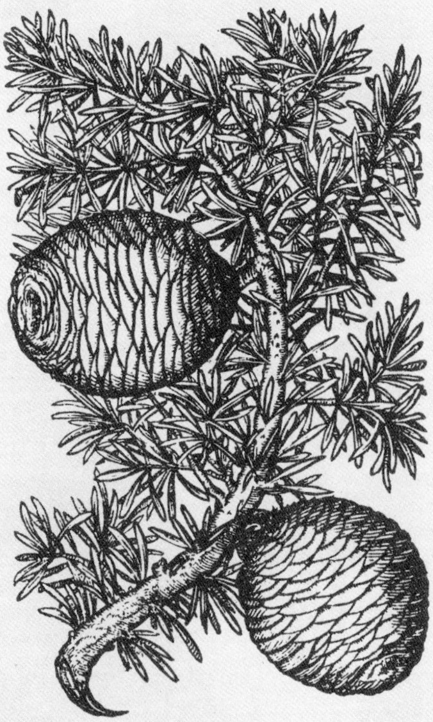

Veilchenwurzel

Veilchenwurzeln sind keineswegs die Wurzeln der Veilchen, sondern das Rhizom der Deutschen Schwertlilie (*Iris germanica*), zu der auch die Florentiner Schwertlilie gehört. Bekanntheit erlangte sie als Bestandteil von Martin Miller's Gin (Seite 99). Schwertlilien sind Stauden und werden bis zu 1 Meter hoch. Sie tragen auffallende, aromatisch duftende Blüten, die je nach Sorte verschiedene Farben haben können. Am häufigsten ist ein strahlendes Violett.

Die Wurzel der Deutschen Schwertlilie wurde schon im 15. Jahrhundert genutzt. Sie ist ein begehrter Fixateur für Parfüms, also ein Stoff, mit dessen Hilfe andere Aromen »fixiert« werden, damit sie länger und intensiver duften. Dabei wird diesen anderen Aromastoffen ein zusätzliches Atom zur Verfügung gestellt, das sie weniger flüchtig macht. Von dieser chemischen Reaktion wussten allerdings diejenigen noch nichts, die Veilchenwurzeln als Erste trockneten, um sie für Duftwässer zu nutzen. Ihr holziges Himbeer- und Veilchenaroma verdankt die Wurzel dem Molekül Iron, das ein intensiver Duftstoff ist und zugleich als Fixateur dient.

Um allerdings ihre Eigenschaften als Duftbinder zu entfalten, muss die Wurzel arbeitsintensiv geerntet und getrocknet werden. Gerade das Trocknen kann bis zu fünf Jahre dauern. Oft werden die Rhizome außerdem vor Gebrauch gemahlen, und die essenziellen Öle machen nur einen Bruchteil ihres Gesamtvolumens aus. Veilchenwurzeln gehören zu den teuersten Botanicals im Arsenal des Gin-Brenners, wenngleich man nur geringe Mengen braucht. Die meisten heute auf dem Markt erhältlichen Veilchenwurzeln stammen aus Italien, doch kann man sie auch aus anderen südeuropäischen Ländern, aus Osteuropa, Marokko und sogar aus Asien beziehen.

In Gin mischen Veilchenwurzeln meistens lediglich im Hintergrund mit oder spielen eine untergeordnete Rolle bei den Basisnoten. Sie machen sich eher durch ihre Wirkung auf andere Ingredienzen bemerkbar. Gins ohne Veilchenwurzel, etwa Abfüllungen mit nur einem Botanical, verlieren ihr Aroma häufig sehr rasch. Das liegt zwar nicht immer an der fehlenden Veilchenwurzel, aber oft ist sie der Hauptgrund.

Zitrusfrüchte

Alle Zitrusfrüchte zusammengenommen sind als Gin-Botanical fast so allgegenwärtig wie Koriander. Der Trend unter Brennern geht zur Betonung der Zitruskomponente – Bluecoat Gin und Black Button Citrus Forward Gin sind nur zwei von vielen Beispielen – und zur Ausweitung des Zitrusspektrums. Früher kamen lediglich Zitrone und Orange in den Wacholderbränden zum Einsatz, inzwischen aber stehlen ihnen Grapefruit (Glorious Gin und Tanqueray 10), Limette (Vaiōne und Tanqueray Rangpur), Yuzu (Citadelle Réserve und Japanese Gin), Bergamotte (Botanivore Gin) und Pampelmuse (Bloom Gin) die Show. Die Vielfalt dieser riesigen Familie höchst aromatischer Früchte wird von Gin-Destillen in aller Welt also gut genutzt. Am häufigsten finden Zitrone und Orange als Botanical Verwendung. Also konzentrieren wir uns hier auf ihre Gemeinsamkeiten und ihr Geschmacksprofil.

Zitronenbäume können in ihrem angestammten Lebensraum draußen eine Höhe von fast 6 Metern erreichen. Es gibt jedoch auch zahlreiche Zwergformen für die Zimmerkultur, die selten mehr als 3 Meter hoch werden. Seit Langem schätzt man die Schalen der Früchte wegen ihres Aromas. Zitronen stammen ursprünglich aus China und werden bis heute dort kultiviert. Man baut sie aber auch in Mexiko und Südamerika sowie in kleineren Mengen in Italien und Spanien an. Die Schalen von Zitronen und anderen Zitrusfrüchten enthalten große Mengen Limonen. Dieser Aromastoff ist größtenteils für den typisch frischen Zitrusduft verantwortlich. Weiter findet man in Zitronen Terpinen-4-ol und Beta-Pinen, das ihnen gegenüber anderen Zitrusfrüchten ein grüneres Geschmacksprofil verleiht.

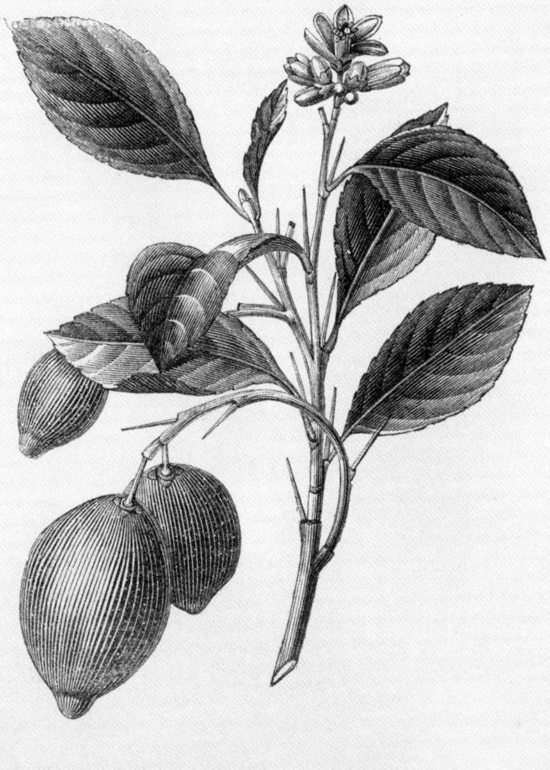

Orangen gibt es in mehr Sorten als die, die man von Abbildungen auf Saftflaschen kennt. Sie lassen sich grob in zwei Unterkategorien aufteilen: Süßorangen, also die Früchte, die wir als Saft genießen, und Bitterorangen, die wegen ihres essenziellen Öls oft von Parfümeuren verwendet, zu Marmelade verarbeitet oder in der Welt der Spirituosen zum Aromatisieren von Gins und anderen Kräuterbränden genutzt werden. In Gin findet man sowohl die süßen als auch bittere Varianten. Destillerien, die Bitterorangen verwenden, weisen sie in der Liste ihrer Botanicals entweder nur als »Orange« aus oder spezifizieren sie näher. Bitterorangen gehören zum Botanical-Repertoire von klassischen Gins wie Beefeater (Seite 91) und modernen wie Ginself (Seite 133) gleichermaßen. Man unterscheidet weltweit mehr als 50 Zitrusfruchtsorten. Deshalb treffen die Destillerien mit der Wahl der jeweiligen Sorte eine wichtige Entscheidung: Sie können ihren Gins damit eine lokale Note geben und gleichzeitig das traditionelle Botanical-Repertoire nach ihrem eigenen Gusto variieren. In den letzten Jahren experimentierte man zunehmend mit Zitrusfrüchten. 2008 hätte man nur mit viel Mühe einen Gin mit Yuzu oder Buddhas Hand auftreiben können, doch bald begegnet man vielleicht sogar einem Destillat mit Cam Sành oder Australischer Fingerlimette.

Blood Orange.
Sustain.
Tangierine.

Neue Botanicals

Zutaten der etwas anderen Art

Weil Gin weltweit auf dem Vormarsch ist und allenthalben neue Gin-Brennereien eröffnen, erscheinen auch exotische Botanicals auf der Bildfläche, die nie zuvor mit Wacholder destilliert wurden. Eines haben diese ungewöhnlichen Zutaten gemeinsam: Sie schaffen eine Verbindung zwischen dem Brennort und dem Endprodukt. Die neuen Botanicals bieten die Gelegenheit, die Esskultur der Region, in der ein Gin erzeugt wird, zu »schmecken«, liefern also eine Art Terroir.

Einheimische Beeren sind wie geschaffen für Brenner, die ihrem Gin einen lokalen Anstrich geben möchten. Unagava Gin aus dem kanadischen Québec enthält Botanicals aus den borealen Wäldern. Dazu zählen **Moltebeeren**, kleine, gelborange Beeren, die Himbeeren ähneln und seit Jahrhunderten für die Erzeugung von Bränden und Marmeladen verwendet werden. Weiter westlich in Saskatchewan arbeiten die Lucky Bastard Distillers mit den wild-süßen Früchten der **Felsenbirne**, die in Kanada Juneberry oder Saskatoon Berry genannt wird. Sie ist fester Bestandteil des kanadischen Präriestrauchwerks und liefert mit ihren Beeren den Rohstoff für Marmeladen und Bier. Der schottische Gin Caorunn wiederum enthält **Vogelbeeren**, die Früchte der Eberesche, die in den Highlands ein vertrauter Anblick ist.

Das Fruchtrepertoire der Brenner ist damit jedoch noch längst nicht erschöpft. Bulldog Gin hebt sich von der Masse durch die Verwendung von **Longans** ab, kleinen Früchten, die geschält milchig-weiß sind und mit ihrer säuerlichen Süße an Litschis erinnern. Wenn sie Saison haben, sind sie auf asiatischen Frucht- und Gemüsemärkten ein vertrauter Anblick. Während der Bulldog Gin das Ferne und Exotische heraufzubeschwören versucht, orientieren sich die Schöpfer des West Winds Gin in Australien eher am Heimischen und arbeiten mit **Buschtomaten**, die wenig mit dem bei uns kultivierten gleichnamigen Gemüse zu tun haben, wenngleich sie mit ihm verwandt sind. Vielmehr handelt es sich um süße, leicht scharfe, fruchtige, fast karamellartige Beeren, die eher Rosinen ähneln.

Die australische Gin-Szene ist eifrig am Experimentieren. Dank der unglaublich vielfältigen Flora mit einer Vielzahl nur lokal vorkommender Pflanzen steht den Destillen ein noch unerschlossenes Spektrum für innovative Gins zur Verfügung. Kangaroo Island Spirits etwa nutzt den **Coastal Daisybush**, der in Australien auch »wilder Rosmarin« genannt wird, was seinen Geschmack gut beschreibt. Der Botanis Australis Gin setzt auf **Mentha australis**, eine australische Minze-Art. Sie erinnert an Grüne Minze, ist aber schärfer.

Gemüse scheint auf den ersten Blick als Botanical nicht unbedingt geeignet, doch der spanische Blanc Ocean Gin macht's möglich: **Queller,** auch Meeresspargel genannt, reichert ihn mit einer seetangartigen Note an. Flechten in Gin? Auch das mutet seltsam an, aber die Eimverk Distillery bringt ihren Vor Gin mit **Isländisch Moos** auf Trab. Wer eher bevorzugt, was unter als was über der Erde wächst, für den dürfte der Elephant Gin interessant sein, enthält er doch die Knollen der **Teufelskralle**. Sie ist eine südafrikanische Verwandte des Sesams und wurde früher zur Behandlung von Arthritis und Verdauungsbeschwerden eingesetzt.

Eine erschöpfende Übersicht über die bei der Destillation von Gin eingesetzten Pflanzen würde hier jeden Rahmen sprengen. Vielleicht aber hat dieser kurze Abriss einiger der exotischsten Ingredienzen einen Eindruck davon vermittelt, wie groß die Bandbreite ist. Die Brenner haben unzählige Möglichkeiten, ihrem Gin einen besonderen Touch zu geben, die sie in den nächsten Jahren wohl auch weiter nutzen werden.

Von oben links im Uhrzeigersinn *Longans, Vogelbeeren, Australische Buschtomaten, Felsenbirnen, Teufelskralle und Coastal Daisybush.*

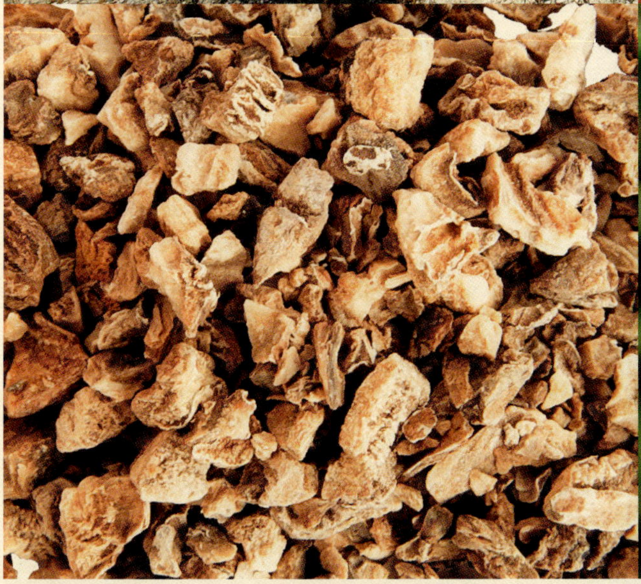

Weitere wichtige Botanicals

Helfer der zweiten Reihe

Lavendel

Lavendel hat sich zum Markenzeichen moderner Gins gemausert, so scheint es. Er kommt zwar noch nicht so häufig vor wie die großen Namen unter den Botanicals, taucht inzwischen aber mit überraschender Regelmäßigkeit in Produkten von beiden Seiten des Atlantiks auf. Der vor allem im Mittelmeergebiet beheimatete Strauch trägt weißgraue, schmale, zugespitzte Blätter und violette Blüten.

Blätter und Blüten verströmen einen krautigen, kampferartigen Duft, der zwischen Rose und Veilchen angesiedelt ist und einen Hauch Minze enthält.

Gins mit Lavendel

Berkeley Square Gin (Seite 92)
Waterloo Antique Barrel Reserve Gin (Seite 162)

Kardamom

Auch Kardamom beginnt, eine immer größere Rolle in Gins zu spielen. Er bereichert die Brände mit einem charakteristischen, exklusiven Geschmack. Kardamom ist das drittteuerste Gewürz der Welt und fester Bestandteil der Küche so unterschiedlicher Länder wie Indien und Skandinavien. Er stammt ursprünglich aus Zentralasien, das Gros wird heute jedoch in Guatemala kultiviert. Zu verdanken ist das einem geschäftstüchtigen Kaffeebauern, der es um 1910 dort einführte.

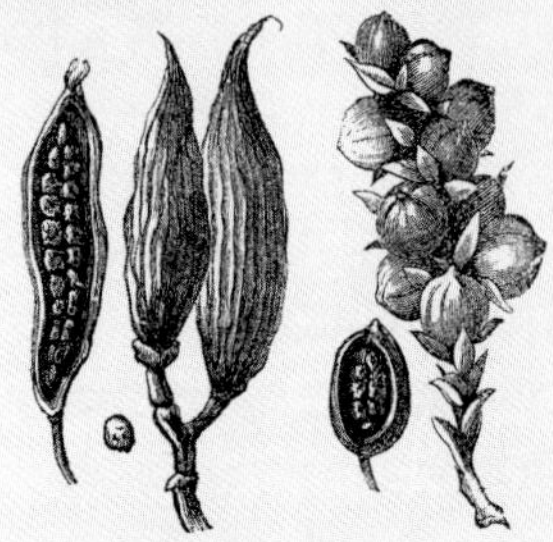

Das Gewürz wird wegen seines exotischen Aromas geschätzt, das Gerichte um eine ausdrucksvolle Note bereichert – manche denken automatisch an »Masala Chai«, da Kardamom ein wesentlicher Bestandteil dieser Teemischung ist. In großen Mengen kann es als bitter empfunden werden. Man bekommt grünen und schwarzen bzw. roten Kardamom, doch wird oft die grüne Variante wegen ihres Eukalyptusgeschmacks bevorzugt. Trotz des einnehmenden Aromas ist Kardamom eine Herausforderung, denn seine essenziellen Öle verfliegen schnell.

Gins mit Kardamom

Four Pillars (Seite 176)
Sacred Gin (Seite 102)

Süßholzwurzel

Das Interessante an diesem Botanical ist ein Inhaltsstoff, der Glycyrrhizinsäure genannt wird und als natürlicher Süßstoff dient. Obwohl er nur einen Anteil von 2 bis 10 Volumenprozent an den essenziellen Ölen in der Wurzel hat, ist er sehr deutlich zu schmecken, da er mehr als 20-mal süßer als herkömmlicher Haushaltszucker ist. Daher könnte es sein, dass Süßholzwurzeln eine wichtige Zutat in Old Tom Gins waren. Einige glauben, dass sie mit Zucker oder anderen Süßungsmitteln angereichert wurden, andere vermuten, man habe die Gins einfach nur mit Süßholz destilliert, also »botanisch gesüßt«, um ihnen ein süßes Geschmacksprofil zu geben. Ein typisches Beispiel für diesen Stil ist Jensen's Old Tom (Seite 98).

Süßholz ist zwar nicht mit Fenchel und Anis verwandt, hat mit ihnen aber einen Inhaltsstoff gemeinsam und schmeckt deshalb ähnlich. Das Anethol, das den typischen Anisgeschmack verursacht, ist für den Louche-Effekt von Absinth, auch »Ouzo-Effekt« (Seite 41) genannt, verantwortlich. Es ist nicht so gut in Wasser löslich wie in Ethanol. Verdünnt man einen Brand daher mit Wasser, trennt sich Anethol von der Lösung und trübt die Flüssigkeit ein. Viele Gin-Brenner arbeiten mit Kaltfiltrierung, um diese Trübung zu vermeiden. Wenn sie allerdings, wie zum Beispiel Letherbee Gin, eine größere Menge Süßholzwurzel als Botanical verwenden und nicht kalt filtrieren, ist ihr Erzeugnis tatsächlich wie Ouzo oder Arak leicht eingetrübt.

Gin mit Süßholzwurzel

Jensen's Old Tom (Seite 98)

2.
1 b
1 a
1 a, b, c.
1 c

Fenchel

Auf dem Markt verwechselt man frischen Fenchel gern mit Sellerie. Im Gin wiederum kann man ihn leicht für Süßholz oder Anis halten. Gin-Brenner nutzen Fenchel, um ihre Abfüllungen mit einer süßholzartigen Wärme und Würze einzufärben. Sie wird oft von einer subtilen krautigen Unternote begleitet, die sehr prägnant ist, wenn man die Samen pur isst.

Die krautige Pflanze stammt aus dem Mittelmeerraum, wird heute aber in aller Welt kultiviert. Viele nutzen die Stängel und grünen Teile als Nahrungsmittel, das essenzielle Öl allerdings findet man in den Samen, die für Brenner denn auch die größte Bedeutung haben.

Gins mit Fenchel

Spirit Hound Gin (Seite 161)
Death's Door Gin (Seite 149).

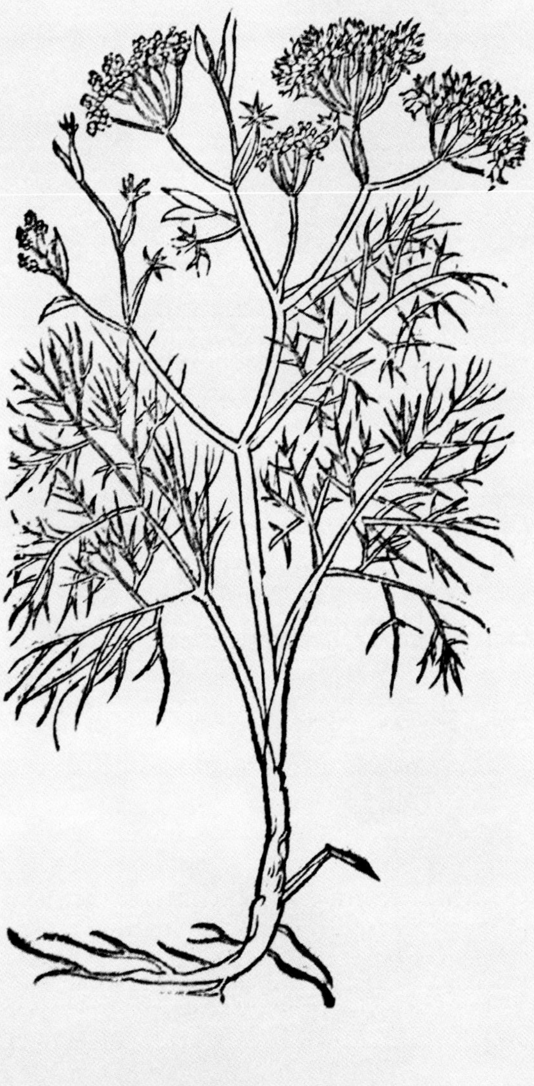

Muskatnuss

Muskatnuss stammt von den indonesischen Molukken und spielte einst eine wichtige Rolle im Gewürzhandelsmonopol der Niederländischen Ostindien-Kompanie. Obwohl der Baum zwei wichtige Gewürze liefert, hat sich nur die Muskatnuss und nicht ihre als Mazis oder Muskatblüte bekannte Schale zu einem wichtigen Botanical entwickelt.

Die Muskatnuss kommt vielfach in Parfüms zum Einsatz. Sie ist in größeren Mengen giftig, nicht jedoch in den in Gin verwendeten. Ihr holziges, zitrusfruchtiges, pfeffriges und warmes Aroma erinnert an Backgewürze. Den Löwenanteil der essenziellen Öle in Muskatnuss bildet Kampfer, das dem Gewürz seine minzig-würzigen Noten gibt. Es mischen jedoch noch weitere Aromaverbindungen mit, die man auch in anderen Gin-Botanicals findet, etwa Pinen, Geraniol, Linalool und sogar Limonen. Auch wenn wir inzwischen bei Botanicals angelangt sind, die nur noch in 15 Prozent der Gins in Erscheinung treten, scheinen zumindest die Aromageber aus der Muskatnuss fast überall präsent zu sein.

Gin mit Muskatnuss

G'vine Nouaison (Seite 120)

Kubebenpfeffer

Kubebenpfeffer ist außerhalb der Spirituosenwelt nicht gerade häufig anzutreffen. Er stammt aus Indonesien und wird bis heute vorwiegend dort angebaut. Die kleinen schwarzen Beeren werden kurz vor der Reife geerntet und anschließend getrocknet. Zuständig für den holzig-kampferigen, pikanten Geschmack des Kubebenpfeffers ist ein Molekül mit dem passenden Namen Cubebin. Das Aromaprofil der Beeren ist jedoch noch komplexer und wird auch von würzigen, pfeffrigen Noten mit krautigen und zitrusfruchtigen Hintergrundtönen getragen. Trotz des vielschichtigen Geschmacks kommt Kubebenpfeffer erstaunlich selten zum Einsatz.

Kubebenpfeffer fand während seiner kurzen Blütezeit als Modearznei im 19. Jahrhundert gegen eine ganze Reihe von Beschwerden wie Bronchitis und Gonorrhoe Anwendung. Die Gin-Häuser nutzen den Pfeffer heute ausschließlich wegen seines charakteristisch würzigen Geschmacks.

Gins mit Kubebenpfeffer

Hendrick's Gin (Seite 110)
G'vine Floraison (Seite 120)

Paradieskörner

Bevor sich die Europäer Zugang zu den Anbaugebieten für schwarzen Pfeffer in Südostasien verschafften, nutzten sie die kleinen orangegelben Samen aus den Schoten einer westafrikanischen, eng mit Kardamom verwandten Pflanze als Gewürz. Die kleinen, fast pfeffrigen Körner spielen in der regionalen Küche Westafrikas seit Jahrhunderten eine wichtige Rolle. Man verwendete sie zum Kaschieren unangenehmer Geschmacksnoten in Wein und anderen alkoholischen Getränken, aber auch als »Pfeffer des armen Mannes«.

Trotz ihres einprägsamen Namens sind Paradieskörner heute außerhalb der traditionellen afrikanischen Esskultur kaum anzutreffen. Man aromatisiert mit ihnen vor allem Aquavit und Gin, allerdings nur in geringen Mengen. Das Gewürz zeichnet sich durch einen interessant-pfeffrigen, ein bisschen an Kardamom erinnernden, würzig-scharfen und leicht stechenden Geschmack aus.

Gins mit Paradieskörnern

Ginskey (Seite 145)
Bombay Sapphire (Seite 92)

Gin verkosten

Das Verkosten von Gin unterscheidet sich nicht unwesentlich vom Verkosten anderer alkoholischer Getränke. Hier die Gründe:

Verkostungsnotizen für Wein enthalten oft Vergleiche mit *Steinfrüchten, Muskatnuss, Birnen, Aprikosen, Schokolade, Oliven, schwarzem Pfeffer* und fast jedem nur erdenklichen Obst, Mineral oder Gewürz. Wer sich mit der Weinbereitung auskennt, weiß jedoch, dass dabei lediglich ein paar Trauben, ein Fass und ein bisschen Unterstützung durch Mikroorganismen im Spiel sind. Schwarzen Pfeffer oder Oliven enthält ein Wein jedenfalls nicht.

Wenn wir uns in die Welt des Whiskys wagen, hören wir für jeden Brand recht ähnliche Beschreibungen, ganz gleich, wo in der Welt er destilliert und ausgebaut wird. Da ist die Rede von *Ingwer, Honig, Piment, Kakao-Nibs, Leder, Lebkuchen, Vanillesoße* und sogar *Herbsternte*. Für die Erzeugung von Whisky braucht man aber nur ein Fass, einen aromatischen Brand auf Getreidebasis – und Zeit.

In beiden Fällen haben die aufgespürten Nuancen nichts mit den tatsächlichen Inhaltsstoffen zu tun. Obwohl Spitzensommeliers und Whiskydegustatoren wissen, welche Noten wie entstehen, und auch Auskunft über den Werdegang des Getränks geben können, handeln sie nicht in betrügerischer Absicht, wenn sie beispielsweise schwarze Oliven erschmecken. Denn Gärung, Destillation und Ausbau können eine Vielzahl von Aromaverbindungen hervorbringen, die sich in einem komplexen Geflecht von Geschmacksnoten niederschlagen.

Sowohl Whisky- als auch Weinverkoster arbeiten sehr stark mit Vergleichen, um ein Aroma oder einen Geschmack zu beschreiben. Damit versuchen sie, etwas Fassbares mit dem Charakteristikum bzw. Aroma zu verknüpfen, den das jeweilige Getränk im Lauf seiner Entstehung entwickelt hat. Sie behaupten also keineswegs, dass tatsächlich *Kakao-Nibs* im Whisky seien, sondern nur, dass die chemischen Wechselwirkungen zu einem Geschmack geführt haben, der an Kakao-Nibs erinnert. Darin unterscheiden sich Whisky- und Weindegustationen radikal von der Kunst der Gin-Verkostung. Behauptet ein Gin-Verkoster, dass er Kakao-Nibs schmeckt, zieht er entweder einen Vergleich zur Beschreibung der entdeckten Aromen oder er will damit sagen: »Dieser Gin könnte Kakao-Nibs enthalten.« Ein guter Gin-Verkoster beherrscht also nicht nur die Methaphorik, er weiß auch, dass bestimmte Aromen oder Geschmacksnuancen tatsächlich auf das Vorhandensein eines Botanicals hindeuten. Und er kann sagen, wie groß die Wahrscheinlichkeit ist, dass der Gin es tatsächlich enthält.

Die Lehre vom Gin

Beim Verkosten eines Getränks – nicht nur von Gin, aber warum sollte man etwas anderes trinken? – spielen drei sinnliche Wahrnehmungen zusammen.

Die erste und offensichtlichste ist der Geschmack. Bei Gins und Spirituosen generell hat der Geschmackssinn herzlich wenig zu tun. Auf der Zunge befinden sich Rezeptoren für vier grundlegende Geschmacksempfindungen: sauer, bitter, süß und salzig. Gin enthält kein Salz, weshalb die letzte nicht gebraucht wird. Die meisten Abfüllungen sind auch nicht gesüßt bzw. enthalten keinen Zucker, sieht man einmal vom Old Tom und dem Sloe Gin ab (dazu später mehr). Ethanol empfinden Menschen als bitter, ein Großteil des Geschmackseindrucks beim Trinken einer Spirituose – wirklich nur das Schmecken! – wird also von der Basis der zu trinkenden Substanz geprägt. Manche behaupten, auf der Zunge fänden sich noch Rezeptoren für umami, Kalzium und Kohlensäure, doch ich glaube, dass sie eher vom Geruchssinn erkannt werden. Damit würde man aber eine weitere Sinneswahrnehmung übergehen, die ebenfalls mit aller Kraft mitarbeitet.

Unten links *Eine Illustration von John French aus dem Jahr 1653. Sie zeigt eine Destillationsanordnung mit Bain-Marie und Brennblasen.*

Adstringenz

Wenn wir von der »Schärfe« oder dem »Brennen« eines alkoholischen Getränks (oder beispielsweise einer Chilischote) sprechen, meinen wir hingegen eine ganz andere Sinnesempfindung. Das somatosensorische System schickt über den Drillingsnerv Empfindungen an unser Gehirn. Zu den wichtigsten Sinneseindrücken dieses Systems gehört besonders beim Genuss von Gin die Adstringenz. Adstringenz ist eher die Wahrnehmung einer Textur als eines Geschmacks. Das trockene Gefühl wie beim Schmecken von Tannin wird in diesem Fall aber nicht von Tannin verursacht, sondern vom Alkohol, der die Zunge dehydriert, was sich in einem etwas »austrocknenden« Eindruck niederschlägt.

Viskosität

Eine weitere häufig diskutierte Eigenschaft ist die Viskosität. Man schmeckt sie nicht direkt, sondern empfindet sie als reiche Textur, die sich auf die Schleimhäute im Mund legt und sich dicker anfühlt, als sie in Wirklichkeit ist. Beschreibt ein Autor einen Brand als »dünn«, meint er damit in der Regel den Mangel an Viskosität.

Geruch und Kopfnoten

Die dritte und letzte, aber wichtigste Sinneswahrnehmung bei der Verkostung von Spirituosen ist der Geruch. Er entscheidet über alles, was man schmeckt, sieht man einmal von den allgemeinen primären Geschmacksempfindungen bitter, süß, sauer und salzig sowie den oben beschriebenen Texturen ab.

Zum ersten Mal kommt der Geruchssinn beim »Erschnüffeln« zum Einsatz, also beim aktiven Inhalieren des Geruchs durch die Nase mit dem Ziel des Erkennens von Aromen. Dieses Riechen lässt sich am besten mit dem Erfassen eines Parfüms vergleichen – in der Tat handelt es sich um zwei identische physiologische Vorgänge. Als Erstes erkennt die Nase die zarten, flüchtigsten Aromen. Sie sind schwach und leicht und werden oft als Kopf- oder Topnoten beschrieben. Man nimmt sie am ehesten gleich nach dem Öffnen oder Eingießen einer Spirituose wahr.

Herz- und Basisnoten

Nach dem Verfliegen der Kopfnoten bemerken wir als Nächstes die Herz- oder Mittelnoten. Sie bilden den Körper der Geruchsempfindung und sind in der Regel die dominantesten Aromen. Nachdem sie sich verflüchtigt haben, bleiben nur noch die lange anhaltenden Basisnoten übrig. Dabei handelt es sich oft um die moschusartigen, erdigen Aromen, die das gesamte Duftgefüge zusammenhalten. Sie geben ihm Tiefe, erheben sich aber selten eigenständig zu einem Crescendo. Unter den Basisnoten lassen sich oft subtile Engelwurz- und Veilchenwurzelaromen oder andere schwer duftende, dunkle Gewürze ausmachen.

Riechen und Schlucken

Das aktive Riechen ist nur eine Art, auf die unser Geruchssinn beim Verkosten von Gin zum Einsatz kommt. Er spielt auch beim Schlucken und den damit verbundenen Sinneseindrücken die entscheidende Rolle. Man nennt diesen Eindruck auch »retronasale Olfaktion«. Sie kommt zum Tragen, wenn man etwa etwas zu essen in den Mund steckt und beim Schlucken über den sauren oder bitteren Geschmackseindruck hinaus noch die vollen Kakaonoten von Schokolade oder die frischen Zitrustöne einer Zitrone wahrnimmt. Dieser »zweite Geruchseindruck« ist so wichtig, dass ernsthafte Gin- und Spirituosenverkoster beim Niederschreiben ihrer Degustationsnotizen nicht spucken.

Obwohl beim Erfassen und Schmecken von Gin viele Systeme parallel laufen, müssen sich Verkoster auch der Grenzen ihrer Tätigkeit bewusst sein. Uns stehen mittlerweile hervorragende chemische Analysegeräte zur Verfügung. Sie spüren jede Aromaverbindung auf, die einen Beitrag zum Geschmack eines Getränks leistet. Jedoch ist die Technik nicht in der Lage, uns zu sagen, wie ein Getränk letztlich schmeckt und wie gut es sich mit anderen mischen lässt.

Wir Verkoster vermögen zwar Letzteres, dennoch sind unsere Möglichkeiten begrenzt. Der durchschnittliche professionelle Degustator etwa kann nur vier Geschmacksnuancen einzeln identifizieren. Je größer die Zahl der Aromaverbindungen, desto geringer die Genauigkeit. Adam Rogers nannte das Ergebnis in seinem Buch treffend »Ganzheitsaroma«. Wir werden bei der Identifizierung einzelner Aromen nie mit der Technik gleichziehen können. Dafür bieten unsere subjektiven Geschmacksempfindungen und unsere Wahrnehmung der Art, wie Aromen miteinander interagieren, den Brennern endlose Möglichkeiten kreativer Gestaltung. Das ist das Aufregende und Vielversprechende an Gin.

Verkosten – Schritt für Schritt

Nun, da wir die graue Theorie hinter uns haben, können wir uns mit der Praxis befassen und zum eigentlichen Verkosten übergehen.

Die Vorbereitungen

Schnappen Sie sich einen Gin. Er sollte möglichst Zimmertemperatur haben, denn in diesem Stadium verflüchtigen sich die Aromen besser und sind so leichter wahrzunehmen. Machen Sie sich nicht zu viele Gedanken über das Glas. Bei der Wahl der Form sind Ihre persönlichen Vorlieben entscheidender als wissenschaftliche Erkenntnisse. Wenn Sie viel Geld in bauchige Gläser stecken wollen, nur zu, doch sollten Sie sich bewusst sein, dass Sie damit eher deren Ruf nähren, als etwas zur Verkostung beizutragen.

1 Setzen Sie sich bequem hin. Gießen Sie sich den Gin ein.

2 Papier und Stift sollten bereitliegen. Halten Sie das Glas sofort 7 bis 10 Zentimeter vor Ihre Nase. Atmen Sie mit leicht geöffnetem Mund verhalten ein – durch starkes Inhalieren würden die Alkoholdämpfe in der Nase zu präsent werden. Was Sie riechen, sind die Kopfnoten – schreiben Sie sie auf. Um zwischendurch die Nase freizubekommen, riechen Sie an Ihrem Handrücken oder Ihrer Armbeuge. Schnüffeln Sie ein zweites Mal wie zuvor am Gin. Inhalieren Sie geringfügig tiefer, aber nicht so stark, dass Sie den Alkohol in der Nase spüren. Diesmal geht es um die Herz- und Basisnoten. Machen Sie sich keine Gedanken, wenn Sie einige Noten nicht erkennen. Mit der Zeit bekommen Sie Übung darin. Es gibt zwar Aroma-Kits, mit denen man seinen Geruchssinn trainieren kann, am besten aber ist es immer noch, mit vielen verschiedenen Gins zu üben. Schauen Sie ruhig auch in die Liste der Botanicals. Das kann helfen, das, was Sie riechen, richtig einzuordnen.

3 Also gut, die Aromen haben Sie nun festgehalten. Nun geht es weiter mit dem Verkosten. Nehmen Sie einen ersten kleinen Schluck und halten Sie ihn eine halbe Sekunde lang im Mund, bevor Sie ihn hinunterschlucken. Konzentrieren Sie sich auch auf die Textur: Fühlt sich der Gin dickflüssig an oder eher dünn? Haben Sie ein austrocknendes Gefühl auf der Zunge? Brennt der Gin? Schmeckt er süß? Sauer? Bitter?
Tipp Vermutlich schmecken Sie einen bitteren Ton, denn die Zunge nimmt Alkohol als bitter wahr. Sauer ist womöglich der zweite Eindruck. Süße schmeckt man nur, wenn man es mit einem Old Tom oder Cordial Gin zu tun hat.

4 Nehmen Sie einen zweiten Schluck. Atmen Sie beim Hinunterschlucken aus. Konzentrieren Sie sich auf die anfänglichen Geschmacksnoten: Ähneln Sie den Aromen, die Sie beim ersten Nosing notiert haben?
Tipp Es kann sein, dass Sie jetzt ganz andere Noten wahrnehmen. Achten Sie darauf, wie sich der Geschmack mit zunehmendem zeitlichen Abstand zum Schlucken entwickelt. Kommt

1

2

3

4

mehr Wacholder zum Vorschein? Oder Zitrus? Entdecken Sie Gewürzkuchennoten wie Ingwer und Zimt? Was spüren Sie zum Schluss in Ihrem Mund? Welche Nuancen bleiben bestehen? Welcher Eindruck bleibt am Gaumen: trocken oder säuerlich? Haben Sie Lust auf mehr? Hält der Geschmack lange an? Oder nur kurz?

5 Nehmen Sie einen dritten Schluck und atmen Sie dabei wieder aus. Vor allem wenn man die ersten Gehversuche beim Aufspüren von Aromen macht, halte ich diese dritte Erkundung des Gins für sehr nützlich. Nachdem man das erste Geschmacksprofil decodiert hat, kann man oft in tiefere Lagen vordringen oder sich auf Hintergrundnoten konzentrieren. Auch hier gilt wieder: Haben Sie keine Hemmungen, die von den Unternehmen angegebene Liste mit Botanicals in Augenschein zu nehmen. Denn manchmal schmeckt man Zitronenkuchen, weil die Vielzahl der Aromen daran erinnert, manchmal aber auch, weil Zimt, Zitrone und Ingwernoten im Spiel sind. Im Gin sind echte, konkrete Aromageber vorhanden. Nehmen Sie sich Zeit, ihre typischen Merkmale zu erkennen.

6 Angehende Gin-Kritiker dürfen sich freuen, dass die Welt des Gins Einsteigern relativ leicht zugänglich ist. Es werden nicht selten die Zutaten preisgegeben – und deren Aromen ähneln sich, ganz gleich, in welchem Gin sie sich befinden. Zwar bleibt noch viel Raum für Kreativität und eigene Interpretationen, doch wandeln wir dank der pflanzlichen Zusätze und der Art der Destillation auf etwas objektiverem Grund als bei anderen alkoholischen Getränken. Mit den Botanicals haben wir uns bereits befasst, sodass wir ein bisschen verstehen, warum sie gänzlich unterschiedlichen Gins ähnliche Aromen mitgeben.

5

Gin-Stile

Klassischer und moderner Gin

Vielleicht kennen Sie jemanden, der einen Gin beim Verkosten schon einmal hastig fortgeschoben hat, da es »kein richtiger Gin« sei. Vielleicht kennen Sie auch jemanden, der behauptet hat, Gin zu hassen, weil er »wie brennende Kiefernnadeln« schmecke, und beim Probieren eines modernen Gins plötzliche große Augen bekommen hat. Vielleicht trifft eines von beidem auf Sie selbst zu und Sie standen im Laden schon vor der Wahl: Soll ich mir einen modernen Gin greifen und das Beste hoffen oder mir eine altbewährte Marke besorgen?

Falls Sie oder einer Ihrer Freunde vor dem beschriebenen Dilemma stand, dann kennen Sie bereits den Unterschied zwischen klassischen und modernen bzw. »neuen« Gin-Stilen. Und wissen auch, warum eine klare Unterscheidung der beiden Stile notwendig ist.

Was ist im Gin von Gesetzes wegen drin?

Man bräuchte keine stilistische Unterscheidung, gäbe es nicht diese Besonderheit in der Definition von Gin, die den Brennern viel Handlungsspielraum gewährt. Im Gegensatz zu den meisten anderen Spirituosen, deren Name oft vom Basisbrand abgeleitet ist, wird Gin durch sein Geschmacksprofil definiert. Wenn Wacholderbeeren darin die Hauptrolle spielen, darf er Gin heißen. Nun ist Geschmack etwas Subjektives – und genau das ist das Alleinstellungsmerkmal dieses Brands: Solange Gin den typischen Wacholderton anschlägt, hat er fast alle geschmacklichen Freiheiten und darf sich trotzdem Gin nennen.

In den Vereinigten Staaten heißt es in der rechtlichen Definition von Gin: »Quelle seines wichtigsten Geschmackscharakteristikums müssen Wacholderbeeren sein.« Er muss erzeugt werden mit »Wacholderbeeren und weiteren Aromagebern« in Kombination mit anderen »Extrakten, die gewonnen werden durch Aufgüsse, Perkolation oder Mazeration solcher Stoffe«. Die Europäische Union definiert Gin genauer und verlangt eine bestimmte Wacholderart: Gin muss durch »Aromatisieren ... mit Wacholderbeeren (*Juniperus communis* L.)« entstehen und darf andere natürliche Botanicals enthalten, »wobei der Wacholdergeschmack vorherrschend bleiben muss«. Bei Gin denken viele direkt an »London Dry«, was in Wirklichkeit ein spezieller Stil mit einer genaueren Spezifikation ist. So darf London Dry Gin höchstens 0,1 Gramm Zucker und keine zugesetzten Farbstoffe enthalten. Sein Aroma (in dem ebenfalls Wacholder vorherrschend sein muss) »wird ausschließlich durch die erneute Destillation von Ethylalkohol in herkömmlichen Destilliergeräten unter Zusetzen aller verwendeten pflanzlichen Stoffe gewonnen«.

Wo also liegt das Problem? Geschmack und Aroma sind etwas sehr Subjektives – das ist der Knackpunkt. Selbst der Begriff »London Dry Gin« sagt kaum etwas über das Geschmacksprofil des fertigen Produkts aus. Die Bestimmungen sind so gestaltet, dass Konsumenten ein hochwertiges Getränk bekommen – und bei London Dry Gin hat man den Rahmen vielleicht am engsten gesteckt –, aber sie garantieren nicht, dass Wacholder geschmacklich dominiert.

Einer der am häufigsten wiederholten Irrtümer der Gin-Welt ist die Behauptung, der Zusatz »London Dry« biete die Gewähr, dass man ein Destillat bekomme, das nach einem großen Namen wie Tanqueray, Beefeater oder Gordon's schmecke. Man braucht nur den Bloom Gin zu nehmen. Er ist ein London Dry aus dem Hause G & J Greenall, einer der respektabelsten und ältesten Brennereien der Welt, die schon seit Mitte des 18. Jahrhunderts Gin erzeugt. Der Bloom Premium ist gemäß gesetzlicher Definition sowohl ein London Dry Gin (hochwertig, natürliche Botanicals, destilliert) als auch ein Gin (ja, mit Wacholder). Aber sein Geschmack wird nicht von Wacholder dominiert. Die meisten Verkostungsnotizen dürften mit »Kamille« oder »Heckenkirsche« anfangen. Er ist ein blumiger Gin – ein guter dazu – und ähnelt seinen Vorfahren nur noch flüchtig. Ja und?

Sehen wir uns die beiden Gin-Stile, die sich heute weltweit herauskristallisieren, einmal genauer an.

Bei Sipsmith werden die Hälse der Gin-Flaschen bisweilen in Wachs getaucht. Ursprünglich wollte man damit den Brand frisch halten und Fälschungen vermeiden.

Klassische Gins

Der klassische Gin kommt unserer Vorstellung vom archetypischen Wacholderbrand am nächsten. Charakteristisch für ihn sind schwere Wacholdernoten, ein bisschen – aber keineswegs zu viel – Zitrus, dazu Gewürze als stützendes Beiwerk und ein adstringierender, austrocknender Abgang. Brände dieser Kategorie gehören noch heute zu den meistverkauften Gins der Welt. Bei vielen handelt es sich um London Dry Gins, denn sie wurden im Verlauf ihrer langen Geschichte immer nach hohen Qualitätsmaßstäben gebrannt.

Klassische Gins zeichnen sich durch eine dominante Wacholdernote aus. Manche würden sie wohl als »kieferndunftig« oder »stechend« bezeichnen. Oft spielen außerdem weitere Botanicals wie Engelwurz, Veilchenwurzel, eine Zitrusfrucht, Gewürzrinde oder Paradieskörner mit. Aber sie haben nur Nebenrollen und bleiben als Staffage im Hintergrund. Zwar unterscheidet sich durch sie Tanqueray, von Gordon's oder Beefeater von einem Greenall. Im Mittelpunkt aber steht bei allen Wacholder.

Obwohl viele der großen Protagonisten aus London oder zumindest Großbritannien stammen, handelt es sich dabei eher um einen Zufall der Gin-Geschichte. London ist zwar seit Langem das Zentrum der Gin-Herstellung, doch eigentlich ist wenig am herkömmlichen Botanical-Repertoire typisch englisch. Wacholder wächst in aller Welt, während fast alle Botanicals der zweiten Reihe über den Gewürzhandel mit Asien in den Westen gekommen sind. Diesen Stil so eng mit einer Region zu verknüpfen, hieße, die Vielfalt der rund um den Globus erzeugten Interpretationen der althergebrachten Gin-Formel zu missachten.

Bluewater Organic Distilling im pazifischen Nordwesten der USA etwa bietet einen klassischen Gin namens Halcyon an. Mile High Distilling in Denver, Colorado, konfiguriert seinen Denver Dry Gin ebenfalls nach der alten Rezeptur. Mit anderen Worten: Europa, Großbritannien und London haben kein Monopol auf die klassische Variante. Gins werden nun einmal weltweit gebrannt. Obwohl der Begriff »London Dry« in der Geschichte einen festen Platz als Qualitätsgarant hat, ist es im Sinne aller Hersteller klassischer Gins, zu einer gemeinsamen Terminologie zu finden, damit Gordon's-Liebhaber mal etwas anderes ausprobieren können oder umgekehrt ein neuer, in den USA erzeugter klassischer Gin jemandem die Welt von Tanqueray oder Beefeater nahebringen kann.

Moderne Gins

Zu den vielleicht größten Irrtümern, die im frühen 21. Jahrhundert in der Gin-Marketingwelt kursierten, gehört die Behauptung, amerikanischer Gin sei ein Stil für sich. In einem Land von der Größe der Vereinigten Staaten mit seiner enormen Vielfalt an Klimazonen ist die Vorstellung, es könne eine einheitliche stilistische Tendenz oder ein festes Geschmacksprofil geben, völlig abstrus. Dennoch wird der Zusatz »American Gin« verwendet, um Kapital aus dem Wunsch der Käufer nach Regionalität zu schlagen. Angesichts der explosionsartigen Ausbreitung von Craft-Gins – allein in den USA gibt es Hunderte davon, und wöchentlich scheinen neue dazuzukommen – ist der Begriff heute mindestens so bedeutungslos, wie als er zum ersten Mal auf ein Etikett gedruckt wurde. American Gin ist Gin, der in den Vereinigten Staaten destilliert wird – sonst nichts. Die Angabe sagt nichts über den Geschmack aus. So wie die auf Seite 66 aufgezählten US-Gins einen Stil verkörpern, den viele für London-typisch halten, so würde sich der oben abgebildete Bloom London Dry Gin gut in die Kategorie »moderner Gins« fügen.

Zu den dominierenden Charakteristiken eines modernen Gins gehört, wie vom Gesetz gefordert, Wacholder. Trotzdem gibt es viel Spielraum. Ein bekannter Gin, der viele auf die moderne Stilrichtung aufmerksam gemacht hat, ist Hendrick's. Weil in ihm Aromen von Rose und Salatgurke mitschwingen, war er eine Sensation und kam auch bei denen an, die mit Gin normalerweise nichts am Hut haben. Hendrick's ist beileibe nicht die einzige zeitgenössische Abfüllung. Dennoch ist es gar nicht so einfach, potenziellen Liebhabern moderner Gins Vorschläge zu machen, die nach ihrem Geschmack sind. Der Dorothy Parker Gin aus Brooklyn, New York, etwa ist offensiv blumig mit Anklängen an Hibiskus und frische süße Beeren. Der spanische Port of Dragons 100 % Floral zeichnet sich durch ein einnehmendes Aroma von frischen Blüten und milden Gewürzen mit lediglich einem Hauch Wacholder aus. Moderner Gin ist weder typisch amerikanisch noch typisch spanisch – und schon gar nicht typisch für London. Er ist gemäß der auf beiden Kontinenten gültigen Definition einfach Gin. Allerdings in etwas anderer Interpretation.

Stile, die Orte sind

Natürlich findet man auch in der Gin-Welt einige Terroir-Produktionen. Bei vielen handelt es sich eher um »Ein-Gin-Stile«, also Erzeugnisse einer einzigen Brennerei, als um regionale Ausprägungen. Trotzdem haben sich einige Regionalbezeichnungen durchgesetzt und wurden später sogar als geografische Herkunftsbezeichnungen gesetzlich geschützt, wenigstens in der Europäischen Union.

Der Plymouth Gin ist der gängigste und bekannteste dieser geschützten Vertreter. Die Brennerei erzeugt seit 1793 Gin und ist vor allem deshalb bekannt geworden, weil sie im 19. Jahrhundert die Offiziere der königlichen britischen Marine belieferte. Ihr Produkt wurde viele Jahre behandelt, als verkörpere es einen eigenen ortsgebundenen Stil. Das gilt auch für den Vilnius Gin, der ab den 1980er-Jahren in Litauen gebrannt wurde. Zu guter Letzt ist da noch der Gin de Mahón von der Insel Menorca; bekanntester Hersteller ist Xoriguer. Man begann ihn während der britischen Besatzung zu erzeugen und konnte so von der Anwesenheit der Engländer profitieren. Das Besondere an ihm: Der Basisbrand wurde aus Wein destilliert und in Eichenfässern ausgebaut. Beides wird in der heutigen Gin-Welt immer häufiger, doch stehen Stil und Herkunftsbezeichnung inzwischen nicht mehr unter Schutz, obwohl auf Menorca weiter Gin gebrannt wird.

Orte, die keine Stile sind

Indem ein Gin mit einem Ortsnamen bezeichnet wird, entsteht ein falsches Terroir-Bewusstsein, da man damit ein Stilcharakteristikum automatisch einer bestimmten Region zuordnet. Solche Fehlschlüsse haben dazu geführt, dass einige Verbraucher in den Vereinigten Staaten dem American Gin abgeschworen haben, weil er nicht ihren Erwartungen von einem Gin entsprach. Dabei hatten sie nichts gegen die Herkunftsregion, wie es bei Wein vorkommt, ihnen missfiel der Charakter. Würde ihnen jemand verschiedene Gins aus einer einzigen Region präsentieren, könnte man sie vielleicht wieder zurückgewinnen.

Ein weiterer Grund, warum wir lieber auf regionale Zuordnungen verzichten: Sie untergraben den tatsächlichen Terroir-Gedanken. Denn vielleicht kristallisiert sich tatsächlich ein Gin-Stil in British Columbia heraus, der auf einheimischem Wacholder und anderen regionalen Botanicals basiert. Womöglich entwickelt der Südwesten der USA ein Gin-Profil, in dem der Salbeiduft der Wüste eine Rolle spielt. Oder es entsteht in Europa ein Alpen-Gin. Wenn wir Gin-Stile durch Ortsbezeichnungen beschreiben, verwechseln wir das, was tatsächlich aus der Region kommt, in der ein Gin destilliert wird, mit dem, was den Gin-Stil ausmacht. Das ist ein gewichtiges Argument gegen allgemeine regionale Zuordnungen, falls sie nicht schon geschützt sind. Gin im klassischen Stil ist eine internationale Spirituose, die auf beiden Seiten des Atlantiks erzeugt wird. Genauso kann moderner Gin überall auf der Welt entstehen.

Gin im 21. Jahrhundert

Würde sich die Unterscheidung zwischen »klassischen« und »modernen« Gins auf den Spirituosenregalen im Handel und in den Bars rund um den Globus etablieren, dann wäre der Gin wirklich im 21. Jahrhundert angekommen. Bartender könnten neue Produkte so einsetzen, wie es für sie am besten ist. Wer einen der beiden Stile bevorzugt, könnte seinen Horizont erweitern, ohne Gefahr zu laufen, enttäuscht zu werden. Alles klar? Im nächsten Kapitel finden Sie Verkostungsnotizen, in denen viele Gins dem einen oder anderen Lager zugeordnet werden. Zum Schluss folgt ein Kapitel mit Cocktailrezepten.

Genever

Um es klarzustellen: Genever ist kein Gin. Allerdings sind die beiden eng miteinander verwandt. Genever war der Brand, aus dem Gin hervorging, der Vorläufer des Gins. Aber Genever verschwand nicht ganz. Im Gegenteil: Als sich die Stammbäume von Gin und Genever trennten, erlebte der niederländische Wacholderbrand seine Blüte, dann seinen Niedergang und schließlich seinen Wiederaufstieg. Während eines Großteils der Gin-Geschichte – vielleicht bis in die Ära des Old Tom Gin im 19. Jahrhundert hinein, aber auf jeden Fall vor der Zeit, da Dry Gin populär wurde – hatte Gin viel mehr mit Genever gemein als heute. Das wird aus alten Cocktailbüchern deutlich, in denen ausdrücklich holländischer bzw. niederländischer Gin vorgegeben ist.

Der Genever unserer Zeit wird oft als Kreuzung zwischen Whisky und Gin bezeichnet. In Wirklichkeit ist die Sache wesentlich komplizierter. Über die Spirituose ließe sich ein ganzes Buch schreiben – es gibt tatsächlich schon eins! –, weshalb dieser kurze Abriss keineswegs vollständig sein, sondern lediglich veranschaulichen soll, wie die beiden Stile sich in den letzten 200 Jahren auseinanderentwickelt haben.

Für den Basisbrand wird Getreide verwendet. Weil die Destilliertechnik im 16. Jahrhundert, als der Stil entstand, noch unausgereift war, aromatisierte man ihn mit dem reichlich vorhandenen Wacholder und anderen Gewürzen, die dank des regen Gewürzhandels in den Niederlanden zu jener Zeit unschwer zu bekommen waren. Bei Getreide als Rohstoff ist es bis heute geblieben, doch hat sich die Brenntechnologie seither enorm verbessert, weshalb der Brand von wesentlich höherer Qualität ist. Zudem sind weitere Botanicals hinzugekommen. Im Gegensatz zu Gin, der seine wichtigsten Geschmacksnuancen von den Botanicals bekommt, gründet sich der Charakter von Genever auf dem sogenannten Malzwein, also der vergorenen Getreidemaische, aus der er gebrannt wird.

Es gibt zwar elf geschützte geografische Herkunftsbezeichnungen, doch lassen sie sich zu einigen wenigen Stilen zusammenfassen.

Der erste Stil, Korenwijn, ist auch der schwerste. Der ausgebaute Brand enthält mindestens 51 Prozent Malzwein. Er darf gesüßt werden, doch ist sein Geschmack brotiger, voller und getreidiger als der der anderen Kategorien. Vermutlich kommen seine modernen Ausprägungen den vor über 200 Jahren getrunkenen Genever-Versionen noch am nächsten.

Die nächsten beiden Geneverstile unterscheiden sich in ihren relativen Anteilen von Malzwein: Während Oude mindestens 15 Prozent enthalten muss,

Links *Moderne Geneverflaschen von Bols*

sind beim Jonge 15 Prozent die Obergrenze. Ein Jonge ist daher wesentlich leichter als ein Oude, der außerdem malziger und getreidiger schmeckt. Der Oude muss nicht gereift sein, ist es aber oft.

Genever darf nur in den Niederlanden, Belgien, Frankreich und Deutschland bzw. in bestimmten Regionen dieser Länder erzeugt werden. Das heißt aber nicht, dass nicht auch Brenner in anderen Ländern mit Genever experimentieren. So findet man in den Vereinigten Staaten durchaus Spirituosen mit der Bezeichnung »Genever-Style Gin« oder »Ginever«. Da sie nicht an die strengen Bestimmungen der EU gebunden sind, experimentieren ihre Hersteller freier mit Getreide, Malz und Botanicals, wobei sich viele mehr an der Genevertradition als an modernen Gins orientieren. Kein Zweifel: Genever lebt.

Oben *Auf vielen niederländischen Gemälden sieht man Geneverflaschen.*

Sloe Gin und Cordial Gin

Für Liköre, englisch Cordials oder Liqueurs, gibt es keine strengen Vorgaben. Sie sind im Allgemeinen dickflüssig, werden mit mindestens 2,5 Volumenprozent Zucker gesüßt und haben mit 15 bis 30 Prozent oft einen niedrigeren Alkoholgehalt als andere Spirituosen. Ein Gin-Likör besteht aus einem – meist trockenen – Gin als Basisbrand, dem durch Mazeration weitere Aromen hinzugefügt werden und der gesüßt wird. Spricht man von Gin-Likör, meint man in der Regel Sloe Gins oder ähnliche Spirituosen. Beispiele sind Greenhook Ginsmiths Beach Plum Gin Liqueur, Hayman's Sloe Gin und Sipsmith Limited Edition Sloe Gin.

Für Sloe Gin, der eigentlich ein Schlehenlikör ist, werden Schlehenfrüchte mit durchstochener Schale in Gin eingelegt. Dann lässt man das Ganze zwischen drei und sechs Monaten unter gelegentlichem Schütteln oder Umrühren ziehen. Sobald alles gut mazeriert ist, werden die Schlehen herausgefiltert. Den übrigen Likör seiht man entweder durch ein Tuch oder dekantiert ihn, um alle Schwebe- und Trübstoffe zu entfernen. Moderne Sloe Gins sind meist klar und enthalten keinerlei Rückstände aus der Mazeration mehr.

Der Sloe Gin als durch und durch britischer Likör hat seinen Ursprung in der englischen Landschaft. Im ländlichen Großbritannien waren Schlehen ein typisches Heckengewächs. Die dichten, dornigen Sträucher wuchsen fast überall und wucherten wie Unkraut. Einerseits konnte man sie gut zur Abgrenzung von Grundstücken gebrauchen, andererseits empfand man sie als lästig, wenn sie sich zu dichten, sperrigen Gebüschen auswuchsen. Ihre Beeren hatten wenig Freunde. Sie waren zäh und schmeckten roh nicht sonderlich gut. Trotzdem fand man für sie Verwendung. Zusammen mit anderen Zutaten wie Süßungsmitteln wurden sie durchaus genießbar. So entstanden Schlehenwein, Schlehenmarmelade und natürlich Schlehenlikör. Mit etwas Sorgfalt und Fingerspitzengefühl lassen sich die Beeren zu Likören oder Gins verarbeiten, die tatsächlich sehr köstlich sein können.

Frühe Rezepte, in denen empfohlen wurde, Schlehen in Wein oder Weinbrand zu mazerieren, tauchten schon im 18. Jahrhundert auf. Trotzdem kam Gin mit eingelegten Schlehen erst in der zweiten Hälfte des 19. Jahrhunderts in Mode. In den 1870er-Jahren erläuterten Haushaltsbücher für Frauen erstmals die Herstellung von Sloe Gin, und noch im selben Jahrzehnt sah man ihn in Flaschen auf Küchenregalen stehen.

Der Likör war unter mehreren Bezeichnungen in Umlauf, darunter Hips oder Snag Gin. Meist wurde er mit Schlehen angesetzt, doch kamen auch andere Früchte zur Anwendung. Manche Hersteller priesen ihn als Jagdspirituose an, etwa »des Jägers liebster Likör«, von dem der Waidmann eine große Flasche einpacken sollte, wenn er sich aufmachte, Wild zu erlegen. Sloe Gin überlebte größtenteils als traditionelle ländliche Spirituose. Viele Familien hüteten Rezepte, die von Generation zu Generation weitergereicht wurden und wärmende Brände für kalte englische Winterabende vor dem Kamin lieferten.

Heute unterscheidet man zwei Arten von Sloe Gin. Für die eine, bereits erwähnte werden Schlehen in Gin eingelegt und das fertige Mazerat dann gesüßt. Die andere war vor 2010 wohl weiter verbreitet und enthielt weder Schlehen noch Gin. Bei diesen preiswerten Erzeugnissen handelte es sich in Wirklichkeit um neutrale Brände, die künstlich aromatisiert und gesüßt wurden. Wenn man sich in den 1970er-Jahren einen Sloe Gin Fizz gönnte, standen die Chancen gut, dass man so etwas im Glas hatte.

Zum Glück feiern Sloe Gin und ähnliche Liköre aus Zwetschgen oder anderen Früchten gerade ein Comeback. Sowohl Plymouth als auch Hayman's brennen traditionelle Ausführungen unter Verwendung echter Schlehen. Viele kleinere Destillerien experimentieren mit saisonalen Sloe Gins oder bringen Eigenkreationen heraus. Obwohl Schlehenlikör noch lange nicht die gleiche Beliebtheit erlangt hat wie moderner oder aromatisierter Gin, so ist er dennoch wieder zurück. Das gilt auch für den Sloe Gin Fizz. Diesmal aber mit echten Schlehen.

Aged Gin

ES GAB EINMAL EINE ZEIT, da war jeder Gin das, was der Kenner von heute als »Reserve Gin« oder »Yellow Gin« bezeichnen würde. Der Spirituosenkonsument des 18. oder frühen 19. Jahrhunderts empfand es als völlig normal, wenn seine Marke etwas Farbe hatte. Damals wurden fast alle Gins mehr oder weniger stark ausgebaut, da man den größten Teil der Brände in Fässern transportierte. Gin-Historiker verweisen oft auf den Single Bottle Act von 1861 als Wendepunkt für Aged Gin. Dieses britische Gesetz erlaubte Destillerien und Winzern erstmals, ihre Erzeugnisse fortan in Glasflaschen statt in Fässern zu veräußern. Es galt zwar nur für Großbritannien, hatte aber Auswirkungen auf die ganze Welt, denn das Land war damals das Zentrum der Gin-Herstellung.

Gins wurden früher nicht aus geschmacklichen oder experimentellen Gründen ins Fass geschickt – die Lagerung hatte wirtschaftliche und praktische Gründe. Das Fass bot die einzige Möglichkeit, sie zu den Märkten zu verfrachten. Es handelte sich dabei nicht um hochwertige Behältnisse, wie man sie heute kennt. Erstens wurden sie immer wieder verwendet, dabei lässt ihre Wirkung auf den Inhalt nach einigen Einsätzen nach. Zweitens wurden sie nicht gekohlt, da sie ja nur als Transportbehälter dienten. Obwohl das Fass zweifellos einen gewissen Einfluss auf den Gin hatte, konnten die Brände von einst kaum mit derselben Bandbreite an Nuancen aufwarten, die der bewusste Einsatz von Fässern zur Bereicherung des Geschmacks möglich macht.

Das unterschied sie von der nächsten Welle holzgereifter Gins: Bei diesen sah man das Fass als eine wesentliche Komponente und eine Ingredienz des Gins; das Behältnis sollte die Qualität seines Inhalts positiv beeinflussen. Zu den frühesten bekannten Exponenten dieses Stils gehörte Booth's, den es inzwischen nicht mehr gibt (und der folglich nichts mit dem heute auf dem Markt befindlichen Booth's zu tun hat). Seagram's schickte seinen Gin ebenfalls in Fässer. Das Erstaunliche an dieser kaum bekannten Tatsache ist, dass man kaum Aufhebens darum machte. Auf der Flasche wurde nur dezent darauf hingewiesen; kurz nach 2010 änderte man dann die Formel. Der Seagram's hat zwar nach wie vor den hell strohgelben Ton, doch stammt er nicht mehr aus Whiskyfässern.

Auch wenn sich einige dieser Gins im Dunkel der Geschichte verloren haben, ist in den letzten Jahren eine Art Renaissance fassgereifter Gins zu beobachten. Einen nicht unerheblichen Anteil daran hat das Haus Citadelle, dessen Citadelle Réserve der erste in großem Maßstab erhältliche Aged Gin war. Der eigentliche Wachstumsmarkt für fassgereifte Vertreter aber sind die Vereinigten Staaten, wo es inzwischen fast hundert unterschiedliche Marken gibt. Meist sind sie jedoch nur regional erhältlich und andernorts daher auch kaum in größeren Posten im Handel anzutreffen.

Warum aber dieser steile Aufstieg gerade in den USA? Das könnte mit den Bedingungen in kleinen Brennereien zusammenhängen. Viele Destillerien, die während des Craft-Spirits-Booms einen Gin auf den Markt brachten, brauchten ein Produkt, das sie direkt nach der Herstellung veräußern konnten, während ihr Whisky in den Fässern reifte. Es gab tatsächlich reichlich Brennereien, die neben der Whiskyproduktion mit Gin experimentierten und daher auch entsprechende Fässer zur Verfügung hatten. Aus diesen Umständen ergab sich eine Schnittstelle, sodass es nur naheliegend war, auch Gin ins Holz zu schicken!

Die Bandbreite der Aged-Gin-Stile ist groß. Es gibt Varianten aus neuen und gebrauchten Fässern, Verschnitte aus unterschiedlichen Gins, die noch dazu unterschiedlich lange ausgebaut werden, und Gins, bei denen mit Klima und Saisonalität experimentiert wird. Kurzum: Der Sektor boomt, was zu einem Großteil dem Umstand zu verdanken ist, dass Whisky Zeit zum Reifen braucht. Gin-Genießer profitieren davon, obwohl Brenner in den USA bislang (Stand: 2015) noch keinen Gin mit Altersangabe auf den Markt bringen dürfen.

Filliers lagert seine Gins in französischen Fässern, die ursprünglich für Cognac verwendet wurden.

Das Problem mit Yellow Gin

Mit dem Begriff Yellow Gin, »gelber Gin«, ist es so eine Sache. Nicht dass die Farbcharakterisierung für fassgelagerte Versionen des Brands unzutreffend wäre. Sicher haben Aged Gins eine einnehmende strohgelbe Tönung, wobei es auch Vertreter in kräftigem Goldgelb und Bronzegelb oder noch dunklere Varianten gibt. Problematisch ist eher, dass es auch nicht gereifte Abfüllungen gibt, die gelb sind.

Man nehme als Beispiel den Ungava aus Québec in Kanada. Er strahlt kanariengelb und ist der »gelbste« aller Gins – allerdings kein Yellow Gin, denn er wird nicht fassgelagert.

Deshalb sollte man besser von Aged Gins sprechen, denn das ist ihr wahres Alleinstellungsmerkmal: der Ausbau in Holz. Das Fass interagiert mit der Spirituose in seinem Inneren, sodass etwas Neues entsteht. Dass sie zufällig gelb ist, macht sie schön anzusehen und spannt einen fantastischen Bogen zur Trinkkultur eines Hemingway. Ansonsten aber ist Yellow Gin eine Fehlbezeichnung, denn nicht alle gelben Gins sind fassgereift. Vielleicht sollten wir den Begriff ins Archiv stecken und alle ausgebauten Gins einfach »ausgebaute Gins« nennen.

Herstellung

Ganz wie beim Whisky findet der Prozess der Reifung bei Gin nach der letzten Destillation statt. Der Basisbrand kommt dabei für eine bestimmte Zeit, die in der Regel wesentlich kürzer ist als beim durchschnittlichen Whisky, in ein Fass. Einige Gins auf dem Markt bleiben weniger als drei Monate im Holz, obwohl es auch Ausnahmen von der Regel gibt: Eine Handvoll fassgelagerter Ausführungen hat zehn oder sogar 13 Jahre dort verbracht.

Welche Art von Fass verwendet werden soll, ist nicht festgelegt. Deshalb sind auch eine ganze Reihe verschiedenster Varianten in Gebrauch. Das Haus Pierre Ferrand, Hersteller des Citadelle Réserve, setzt neue gekohlte Fässer aus französischer Eiche für seinen Gin ein, wie man es von einer auf Cognac spezialisierten Brennerei erwartet. Die Southern Artisan Distillery in North Carolina arbeitet mit neuer amerikanischer Eiche, damit das Holz ohne weitere Einflüsse mit dem Gin interagieren kann. Die Corsair Distillery in den USA und die Dictador Rum Distillery in Kolumbien verwenden gebrauchte Rumfässer. New Holland Brewing schickt seinen Knickerbocker Gin in gebrauchte Whiskyfässer, während sowohl die Distillery No. 209 in Kalifornien als auch Painted Stave Distilling in Delaware je zwei Gins herausgegeben haben, von denen einer in alten Rotwein- und der andere in Weißweinfässern ausharren musste. Burrough's Reserve Gin kommt in Fässer, die zuvor den Aperitif Jean de Lillet enthielten, während Smooth Ambler Spirits in West Virginia mehrere Fasstypen einsetzt und die Ergebnisse verschneidet.

Aged Gin: die Herausforderungen

Diese immer wichtiger werdende Kategorie hat ein enormes Problem: Obwohl ich den Stil als Aged Gin, ausgebauter Gin, bezeichne, darf dieser Begriff in den Vereinigten Staaten, wo die Kategorie boomt, nicht auf einer Flasche erscheinen. Die Brenner haben sich auf die verschiedensten Taktiken verlegt, um dieses Verbot zu umgehen. Sie leihen sich Begriffe wie »reposado« aus der Tequila-Branche oder werden kreativ und erfinden Bezeichnungen wie »barrel rested« oder »barrel reserve«. Während sie sich so einer exakten Beschreibung des Charakters anzunähern versuchen, bleibt es ihnen verboten, konkrete Angaben wie »ein Jahr«, »zwei Jahre« oder »6 Monate ausgebaut« auf das Etikett zu drucken. Das erschwert den Vergleich zwischen verschiedenen Gins, sodass man oft darauf angewiesen ist, entweder die Websites zu konsultieren oder mit den Brennmeistern selbst zu sprechen. Obwohl der Stil sich nach wie vor im Aufwind befindet, sind die rechtlichen Vorgaben ein Dorn im Fleisch kreativer Geister, die ihrem Gin einen Fassaufenthalt angedeihen lassen.

Ein weiteres Problem ist: Was mache ich mit einem Aged Gin? Für Whisky-Liebhaber ist ein fassgelagerter Gin ein natürlicher nächster Schritt, der das Beste beider Welten in sich vereint. Für Gin-Liebhaber aber ist er ein Problem. Aged Gin funktioniert in der Regel in Verbindung mit einem Tonic Water nicht so gut wie Dry Gin. Und auch für einen Tom Collins (Seite 213) oder Aviation (Seite 208) ist er nicht erste Wahl. Deshalb enthält dieses Buch Cocktailrezepte speziell für Aged Gins. Pur sind sie gut, aber gemixt sind sie besser.

Der ausgebaute Gin der australischen Four Pillars Distillery unterscheidet sich farblich sichtlich von anderen Gins.

Old Tom Gin

DER NAME OLD TOM wird in Verbindung mit Gin benutzt, seit es den Brand gibt. Um seine Bedeutung ranken sich Mythen, und zwischen Falschinformationen und dem Dunkel der Geschichte werden wir wohl kaum je mit abschließender Sicherheit erfahren, wie der Old Tom, mit dem eigentlich ein *old tomcat*, also ein alter Kater, gemeint ist, und Gin zusammenfanden. Was Cocktailhistoriker nicht daran gehindert hat, einige interessante Theorien in alten britischen Zeitungen ausfindig zu machen.

Die wohl beliebteste Geschichte stammt aus einer Passage aus *The Life and Uncommon Adventures of Capt. Dudley Bradstreet* aus dem Jahr 1755. In dem Werk wird erzählt, wie ein findiger Hausbesitzer auf dem Höhepunkt der Gin-Manie in London das Alkoholverbot zu umgehen versuchte. Unter einem Schild mit einer Katze brachte er ein Rohr an. Wem nach Gin dürstete, der musste eine Münze in einen Schlitz werfen und sagen: »Kätzchen, gib mir Gin für zwei Penny.« Auf der anderen Seite der Wand stand ein Schankkellner, der etwas Gin ins Rohr goss. Der Kunde hielt seinen Mund an das Ende und ließ den Brand in sich hineinlaufen. In dem Buch wurden Katze und Gin vielleicht zum ersten Mal überhaupt miteinander in Verbindung gebracht.

Die Frage nach dem Ursprung des Namens stellte man sich schon um 1870. Mindestens seit 1873 war die oben genannte Geschichte als Erklärung in Umlauf. Der Herausgeber der englischen Literaturzeitschrift *Notes and Queries* allerdings meinte, »der alte Tom Hodges« wäre damit wohl gar nicht einverstanden. Der Ton, in dem er das schrieb, weckte den Eindruck, dass der Ursprung gar nicht so rätselhaft war, wie es schien. In einer 1881 erschienenen Ausgabe von *Notes and Queries* hieß es, »Old Tom« sei die liebevolle Bezeichnung eines gewissen Thomas Norris für seinen ehemaligen Meister Thomas Chamberlain gewesen, der den Gin erfunden habe. Wie dem auch sei, 1885 war der Begriff als Synonym für Gin bereits so verbreitet, dass er sogar als Pointe in einer Bildergeschichte diente.

1844 erschien in der Londoner Zeitung *Police Gazette* eine Bekanntmachung, die von einem Diebstahl berichtete. Zum Diebesgut gehörten, wie es hieß, »drei lackierte Flaschenverschlüsse, auf denen die Lettern ›R‹, ›B‹ und ›G‹ zu sehen waren, wobei auf dem Verschluss für die Gin-Flasche noch ›Old Tom‹ stand«. Auch wenn unklar ist, wie verbreitet das damals als Synonym für Gin schon war, ist die Nennung des Begriffs doch interessant. Die Passage gehört zu den ältesten gedruckten Beweisen für seine Verwendung im Zusammenhang mit Gin. Davor bezog sich »Old Tom« immer nur auf Personen dieses Namens. Das Adjektiv »old« als beschreibender Namenszusatz für Männer war also schon gängig. Die Verbindung zu einer Katze dagegen bleibt doch etwas zweifelhaft.

Nach 1890 war Reklame für Old Tom Gin schon recht verbreitet. Sogar in Sierra Leone und Kenia kannte man den Brand bereits unter diesem Namen. Die Bezeichnung wurde außerdem markenübergreifend benutzt. Mit anderen Worten: Sie war zum Gattungsnamen für eine ganze Bandbreite von Gins geworden.

Wie aber schmeckte Old Tom Gin damals?

James Mew und John Ashton schrieben 1892 in ihrem Werk *Drinks of the World:* »Gin hat viele beliebte Namen. Aber warum ihn die Schankwirte und untersten Schichten Londons als Old Tom bezeichnen, stellt diejenigen, die sich damit zu befassen die Mühe machen, vor ein Rätsel.« Für Mew und Ashton war »Old Tom« also ein Synonym für Gin generell. Wenn wir also versuchen, den Old Tom von einst wieder aus der Versenkung zu holen, geht es im Grunde nur darum, den damals erhältlichen normalen Gin wiederzubeleben.

Drinks of the World beziffert die Alkoholstärke von Gin auf 25 bis 54 Volumenprozent und berichtet von einem enormen Zuckergehalt von zwei bis neun Prozent. Zum Vergleich: Für den London Gin von heute hat der Gesetzgeber eine Obergrenze von 0,1 Gramm pro Liter festgelegt. Damals war Gin also noch ein wesentlich süßeres Getränk als heute. Man unterschied zwischen British Gin und dem höherklassigen Holland oder Dutch Gin. British Gin wurde mit Kuchen, Zimt, Cayennepfeffer und sogar Süßholz versetzt, wobei letztere Zutat noch heute von Brennereien eingesetzt wird, um die Gins von damals nachzuempfinden. Die Qualität des Basisbrands war zwar wesentlich besser als zu Zeiten der Gin-Manie, aber dennoch nicht untadelig. Deshalb mussten die Destillerien süßen oder – was interessanter ist – Botanicals zusetzen, um ihr Erzeugnis genießbar zu machen.

Der Old-Tom-Stil entstand vermutlich zu einer Zeit, da Gin überwiegend in Fässern transportiert, also leicht »ausgebaut« wurde. Damit wollte man zwar nicht bewusst den Geschmack verbessern, doch veränderte die Lagerung je nach Alter der Fässer zwangsläufig den Charakter des Brands.

Die Geschmacksvorlieben der Kunden veränderten sich jedoch mit der Zeit und der Old Tom wurde, obwohl er damals nur ein anderer Name für Gin generell war, durch den neuen Dry Gin verdrängt. Diese trockenen, also ungesüßten Ausfertigungen bilden bis heute die überwältigende Mehrheit aller Gins auf dem Markt. Mit dem Wandel des Geschmacks kamen alte Rezepte aus der Mode, und die rund um den Globus in Zeitungsanzeigen beworbenen Old Toms wurden zu einer nebensächlichen historischen Kuriosität in der Entwicklung von Madame Geneva.

Weil keine zuverlässige Quelle existiert, die Auskunft darüber gibt, was der Old Tom damals für ein Gin war, müssen sich Cocktailhistoriker heute durch alte Notizen, Zeitschriften und Rezepte arbeiten, um nach Anhaltspunkten zu suchen. Innerhalb dieses Feldes aus vielfältigen Informationen können Brennereien kreativ werden und auf ihre eigenen historischen Quellen sowie altes Know-how zurückgreiffen, um Gins im Geiste des Old Tom aus dem späten 19. Jahrhundert zu erzeugen.

Unten *Old Tom Gin wurde traditionell mit Zucker oder Botanicals gesüßt, um den Geschmack zu verbessern. Bathtub Gin dagegen galt als minderwertig.*

Die Bandbreite heutiger Old Toms zeigt sich vielleicht am deutlichsten in den Abfüllungen von zwei der ersten Destillerien, die dem Stil zu einer Renaissance verhalfen: Hayman's in Großbritannien und Ransom Spirits in den USA. Hayman's Old Tom ist klar wie ein Dry Gin, hat aber wegen der Aufzuckerung ein merklich süßeres Profil. Ransoms Version wird aus Mais und Gerste in Pot Stills gebrannt, enthält mit Wacholder, Zitrus, Engelwurz, Kardamom und Koriander eine recht übersichtliche Auswahl an Botanicals und reift in Weinfässern. Beide Hersteller behaupten, nach einem alten Rezept zu brennen, und dürfen ihr Produkt so als »historisch genau« bezeichnen. Dennoch sind ihre Erzeugnisse wohl weit von einem damaligen Old Tom entfernt.

Vielleicht sieht man einen Old Tom am besten durch heutige Augen. So wie die Bandbreite an Gins heute sehr groß ist, so waren vielleicht auch die Versionen von einst vielfältig und einzigartig. Das mag den Spaß beim Durchforsten von Archiven etwas trüben und kann zugleich als Warnung an Cocktailhistoriker im 23. Jahrhundert verstanden werden, sich nicht zu sehr um die Nachschöpfung eines echten Gins aus dem 21. Jahrhundert zu bemühen.

Oben *Alte Reklameplakate für Old Tom sind heute begehrte Sammlerstücke.*

Flavoured Gin

Streng genommen ist jeder Gin »flavoured«, also aromatisiert. Eigentlich sogar Flavoured Wodka. Aber wenn ich von Flavoured Gin spreche, gibt es da einen Unterschied. Gin wird durch die Beigabe von Zutaten und durch die Destillation aromatisiert, Flavoured Gin durch nachträgliches Hinzufügen von Aromen – oft zu einer Spirituose, die bereits als Gin gilt. Und da wird es ein bisschen kompliziert. Ist der Hendrick's technisch ein Flavoured Gin, weil nach dem Brennen noch Rosenblütenblätter und Gurke beigefügt werden? Eigentlich schon. In der Regel meine ich aber die Anreicherung eines bereits fertigen Produktes mit aromatisierenden Stoffen nach der Destillation. Die stilistische Unterscheidung ist nicht allzu klar. Aber Sie werden den Unterschied merken.

Flavoured Gin war früher – und insbesondere zu Beginn des 20. Jahrhunderts – recht beliebt. Er verschwand aber aus den Verkaufsregalen, bevor Wodka nach 1950 populär wurde. Inzwischen allerdings erleben wir ein Revival der traditionellen Flavoured Gins. Wer weiß, vielleicht wurden sie ja von den heute überaus populären aromatisierten Wodkas, deren Beliebtheitskurve weiter nach oben steigt, wieder zu neuem Leben erweckt.

Gordon's, dessen Flaggschiff besonders in seiner Heimat Großbritannien zu den meistverkauften Gins der Welt gehört, brachte in den Jahren nach 2010 eine Reihe aromatisierter Gins auf den Markt, darunter Gordon's Crisp Cucumber Gin und Gordon's Elderflower Gin. Im Grunde handelt es sich dabei

Oben *Holunder und Gurke sind beliebte Aromageber für Gin und in der Regel nicht so süß wie kräftige Fruchtnoten.*

lediglich um Gordon's Gin, dem am Ende des Brennvorgangs Holunder bzw. Gurke hinzugefügt wird. Das ist nichts ganz Neues. Gordon's hatte bereits in der ersten Hälfte des 20. Jahrhunderts einen Lemon Gin und einen Orange Gin im Repertoire. Sie wurden zwar 1952 vom Markt genommen, doch können Sammler auf einschlägigen Websites nach wie vor gelegentlich eine Flasche davon (mit Inhalt natürlich!) auftreiben.

In den USA stammen die vielleicht besten Flavoured Gins aus dem legendären Seagram's-Stall. Dazu gehören unter anderem Seagram's Apple Twisted Gin, Peach Twisted, Pineapple Twisted und Lime Twisted Gin. Sie sind aromatisiert und leicht gesüßt , damit sie einem breiten Publikum schmecken.

Gordon's und Seagram's gehören zu den erfolgreichsten Marken und können frei mit Flavoured Gins experimentieren, doch sind sie da nicht die Einzigen. Der Mint Flavoured von Bafferts ist das typische Beispiel eines Stils, der in den 1930er- und 1940er-Jahren beispielhaft von Piping Rock verkörpert wurde und sich bis heute erhalten hat. Warner Edwards wiederum erzeugt eine Holundervariante. Die vielleicht interessantesten Vertreter des Flavoured-Gin-Stils aber sind längst Geschichte. Zu Beginn des 20. Jahrhunderts bot ein Unternehmen in San Francisco einen Brand mit Spargelnote an, während eine Brennerei in Buffalo, New York, auf Ahorn setzte. Sie erinnern uns daran, welches Potenzial in dieser aufstrebenden Unterkategorie steckt.

Oben *Seagram's ist ein etabliertes US-Haus, das seit Kurzem in großem Maßstab gesüßte und aromatisierte Gins auf den Markt bringt.*

Gins, die keine sind

Hier geht es um Gins, die keine sind, aber ihnen ähneln. Der Erste dieser Gin-ähnlichen Brände ist der Steinhäger. Die ostwestfälische Gemeinde Steinhagen war einst Zentrum einer boomenden Wacholderschnapsindustrie. Insgesamt 20 Brennereien hatten dort im 19. Jahrhundert angeblich ihren Sitz. Manchen Experten zufolge liegen die Ursprünge dieser Spirituose sogar schon im 15. Jahrhundert oder lassen sich noch weiter, einige behaupten bis ins 12. Jahrhundert, zurückverfolgen. Inzwischen allerdings steht der Stil kurz vor dem Untergang, denn derzeit brennen nur noch zwei Firmen Steinhäger. Die Nummer eins ist Schlichte, dessen Destillerie seit 1766 ununterbrochen arbeitet und die gängigere der beiden noch heute erhältlichen Steinhägermarken produziert.

Für Steinhäger werden frische Wacholderbeeren vergoren und zu Wacholderlutter destilliert. Ihn mischt man mit einem neutralen Feindestillat und brennt ihn ein zweites Mal. Das Ergebnis kann »in geringerem Maße« mit Wacholderbeeren aromatisiert und mit Wasser verdünnt werden. Die dadurch entstehende Spirituose wird mit mindestens 38 Prozent Alkohol abgefüllt. Man bezeichnet sie meist als Wacholderschnaps, obwohl sie rein technisch gesehen auch als Gin durchgehen könnte.

Ein anderer Wacholderbrand mit geschützter Herkunftsbezeichnung ist der Karst, der aus Slowenien stammt. Dort vergärt man gereinigte Wacholderbeeren mindestens vier Wochen lang mit Hefe zu einer Maische, die anschließend in kupfernen Brennblasen zweifach destilliert wird. Dabei entsteht eine farblose Spirituose, die intensiv nach Wacholder duftet. Karst ist eine Art *brinjevec,* wie der Oberbegriff für Wacholderbrände aus Slowenien und den Nachbarländern lautet. Ein ähnliches

Oben *Der Steinhäger von Schlichte wird seit dem 19. Jahrhundert hergestellt und ist eher ein Wacholderschnaps als ein Gin. Den Karst brennt man direkt aus Wacholderbeeren.*

Destillat ist der *klekovača*, eine serbische Spezialität. Als Basis dient Pflaumenschnaps, der zusammen mit Wacholderbeeren in Eiche reift. Ebenfalls aus der Region stammt der slowakische *borovička*. Angeblich wurde er schon im 14. Jahrhundert getrunken. Obwohl in allen diesen Bränden Wacholder die Hauptgeschmacksrichtung ist, weshalb man sie im weiteren Sinne als Gins bezeichnen könnte, wird der Wacholder doch in verschiedenen Phasen des Herstellungsprozesses beigefügt, sodass sie sich geringfügig von den heutigen Gins unterscheiden. Bei vielen handelt es sich außerdem um traditionelle medizinische Wässer, die die Zeiten mit ihrer regionalen Bezeichnung überdauert haben, statt in der Oberkategorie Gin aufzugehen. Würde man sie heute erst erfinden, würden sie wohl angesichts der relativ weit gefassten rechtlichen Definition von Gin als solcher etikettiert werden.

Spirituosen mit Botanicals wie der Sage aus dem Hause Art in the Age und der Botanical Vodka von Square One werden bisweilen auch als »Garden Gins« bezeichnet. Das betont ihre Gemeinsamkeiten mit vielen Gins im eigentlichen Sinn. Im Botanical-Repertoire des Sage etwa finden sich Rose, Kubebenpfeffer, Orangenzeste, Süßholz, Salbei, Engelwurz und Lavendel. Beim Botanical Vodka von Square One wiederum mischen Kamille, Zitronenstrauch, Lavendel, Rosmarin, Koriander und Zitruszeste mit. Merken Sie, was fehlt? Wacholder. Damit sind die beiden Brände keine Gins im strikten Sinne. Botanisch und stilistisch aber orientieren sie sich sehr stark an der Gin-Tradition. Die resultierenden Erzeugnisse sind gut gelungen und funktionieren in vielen Gin-Cocktails. Es fehlt ihnen lediglich ein Quäntchen Wacholder.

Oben *Der Sage ist ein Garden Gin, der serbische Navip Klekovača eher ein Pflaumenschnaps, der mit Wacholderbeeren in der Flasche aromatisiert wird.*

Intensely Smooth
PREMIUM GIN
IMPORTED
INFUSED WITH

Das Gin Tasting

Sie mögen also Gin?

Dann hoffe ich, dass Sie eine Marke gefunden haben, die Ihnen zusagt. Nun wollen Sie Ihre Neuentdeckung womöglich auch anderen näherbringen. Sicher haben Sie Freunde, die zu einer der nachfolgend aufgelisteten Fraktionen gehören. Jeder hat eben seinen eigenen Geschmack – und das ist auch gut so. Ich will nicht alle zu Gin-Liebhabern machen (na ja, vielleicht doch), aber wenn man die Geschmacksvorlieben der anderen und das Angebot an erhältlichen Gins kennt, findet man leicht eine Sorte, die bei noch Unentschlossenen gut ankommt.

Der Whisky-Freund

Liebhaber dunkler, fassgereifter Brände finden in der Gin-Welt durchaus etwas nach ihrem Gusto, vor allem da inzwischen eine Vielzahl von Aged Gins die Bühne betreten hat. Um sie aber gänzlich für Gin gewinnen zu können, können wir eine ausgebaute Version mit einem Basisbrand auswählen, der ihnen bekannt vorkommen dürfte. Few Barrel Gin (Seite 152) besteht aus weißem Whisky als Grundstoff, dem man Botanicals hinzugefügt hat, um ihn anschließend in Eiche auszubauen. Ein perfekter Lockstoff für den Whisky-Freund also. Man serviert ihn pur oder in dem Stil, den die Zielperson bevorzugt. Hat sie erst einmal angebissen, kann man zum Few American Gin (Seite 152) übergehen.

Der Wodka-Kosak

Ihn zu überzeugen könnte schwieriger werden, denn für Wodka-Freunde ist Geschmack an sich etwas Ungewohntes. Gehören sie zu den Experimentierfreudigeren ihres Schlags, stimmt man sie zunächst mit einem charaktervollen Wodka ein, um dann zu zugänglichen, weichen Gins überzugehen. Der Audemus Spirits Pink Pepper Gin (Seite 120) mag Liebhabern klassischer Gins exotisch anmuten, ist aber weich, wohlschmeckend und liegt nicht allzu weit außerhalb der Komfortzone eines Wodka-Kosaken. Man kann es auch mit einem raffinierteren Gin versuchen, etwa dem Sunset Hills Virginia (Seite 161) oder sogar einem Plymouth (Seite 100). Fangen Sie mit Cocktails an und arbeiten Sie sich zu pureren Genüssen vor. Aber bitte behutsam in kleinen Schritten: Geschmacksvorlieben sind hartnäckig.

Der Wodka-mit-Zitrusgeschmack-oder Mezcal-Trinker

Steht sie oder er auf Wodkas mit Zitrusnote, schickt man Zitruslastiges voran, etwa den Larios 12 Botanicals, um später mit einem Bluecoat Gin (Seite 144) oder Pinckney Bend (Seite 158) wagemutiger zu werden. Ist man bis dahin vorgedrungen, kann man es mit dem Seville Orange Gin (Seite 109) probieren. Kriegt man sie oder ihn mit diesen Zitrusnoten rum, dann herzlich willkommen in der Gin-Welt.

Beim Amigo mit Mezcal-Vorliebe hat man fast schon zu leichtes Spiel. Denn es gibt einen Mezcal mit Botanicals: den 9 Botanicals Mezcal von Pierde Almas (Seite 172). Er bietet einen guten Ausgangspunkt für weitere Eroberungen. Hat man einen Fan rauchiger Noten vor sich, fährt man als Nächstes den Steampunk von Corsair (Seite 148) auf.

Der Rum-Liebhaber

Es gab nie eine bessere Zeit als jetzt, um Rum-Liebhaber für Gin zu begeistern. Der Colombian Treasure von Dictador (Seite 173) ist ein Gin aus einer Rum-Brennerei und vereint das Beste beider Welten. Der Monkey 47 (Seite 122) hat geschmacklich eine Sonderstellung in der Welt des Gins, wird aber aus französischer Melasse destilliert. Damit hat man die Aufmerksamkeit des Rum-Freundes schon einmal sicher. Der Waterloo Antique Barrel Reserve Gin (Seite 162) ist zwar nicht mal im weitesten Sinne ein Rum, erinnert aber geschmacklich an ihn.

Kurzum: Irgendwo da draußen ist für jeden Geschmack etwas dabei. Wenn Ihnen also irgendwann jemand erzählt, dass er zu Studienzeiten einmal einen Brand probiert habe, der ihn an brennende Kiefernnadeln erinnerte, und er danach nie wieder etwas Derartiges angerührt habe, sehen Sie sich seine Vorlieben an und zeigen Sie ihm mit einer strategisch klugen Entscheidung den Gin von einer Seite, die er noch nicht kannte.

Zum Wohl!

OCK ROSE
ND CRAFTED SCOTTISH GIN
SCOTTISH BOTANICALS
Flavourful and fresh, zesty yet berryful with a long smooth finish.
One of nature's little treats
MARTIN MILLER'S
GIN
SINCE 1999
ENGLAND ICELAND
DISTILLED IN ENGLAND BLENDED WITH ICELANDIC WATER
FOR
Arctic Clarity
ICELAND
ENGLAND
80 PROOF
Alc/Vol 40%
70cl e
D1
LONDON
Daringly Dry
LONDON GIN
PREMIUM CUT
A narrow cut of the purest grain spirit distilled in Great Britain with juniper berries and eight bespoke botanicals.
40%VOL 70cl e

Verkostungsnotizen

Europa

Eine sinnliche Reise durch die Welt des Gins

Großbritannien und Irland

Großbritannien ist die Geburtsstätte von »Mutters Ruin« und das Land, in dem Genever zu Gin wurde. Fast 300 Jahre lang spielte sich das Gin-Leben hier ab. Ja, man könnte fast sagen, dass Gin mehrere Jahrhunderte britischer Kultur in einen Schluck fasst.

Lange war der britische Gin-Markt von Marken dominiert, die schon unsere Urgroßväter kannten: Gordon's, Beefeater, Tanqueray und Greenall's. Sie erzeugen nach wie vor Erstklassiges. Allerdings ist es heute komplizierter geworden: Überall schießen Gin-Brennereien wie Pilze aus dem Boden – in London, Schottland, Wales, Cornwall, Nordirland ... Die Spirituose, die die Briten schon vor einer ganzen Weile perfektioniert hatten, ist wieder in ihr Visier geraten. Und sie sind willens, sie zu neuen Höhen zu führen.

UNTEN Wie filigran der Bloom Gin (siehe Seite 92) ist, versucht man schon durch das Flaschendesign zu vermitteln.

England

Adnams Copper House Distilled Gin *40%*

ADNAMS COPPER HOUSE DISTILLERY, SOUTHWOLD, ENGLAND

Moderner Gin

Im Duft offenbart sich das schwere würzige Aroma von Rosmarin. Auszumachen ist außerdem eine getreide- und insbesondere gerstenartige Cremigkeit mit Zitrus- und Blüteneinsprengseln am Rande. Der weiche, geradlinige Geschmack schlägt zum Ausklang Hibiskus- und Zitrustöne an. Ein besonderer, recht angenehmer und stimmiger Gin mit einem hochwertigen Basisbrand.

Adnams Copper House Sloe Gin
26%
Cordial Gin

Im Bukett manifestieren sich üppige Schlehentöne, außerdem Kirsch- und Steinfruchtaromen mit Anklängen von Marzipan und Mandeln. Ein ausgewogener Sloe Gin, der die Balance zwischen süß und sauer wahrt. Der Gin-artige Charakter im Hintergrund stützt die üppige Frucht, die Gewürze und die Wacholderstruktur, die diesen marmeladigen Sloe Gin so wertvoll machen. Er eignet sich vorzüglich als Mitspieler in einem Fizz.

Adnams Copper House First Rate Gin *48%*

Moderner Gin

Adnams First Rate Gin wird mit 13 Botanicals hergestellt. Er hebt in der Nase mit einer cremig reichen Getreidenote an und schickt sogleich Vanille sowie Andeutungen an nicht ausgebauten Whisky mit einem flüchtigen Wacholderhauch hinterher. Ein exzellenter Gin mit warmem, seidigem Mundgefühl. Der Wacholder, der den Gaumen aufmischt, ist harzig und kieferig zugleich. In rascher Abfolge ziehen dann Kardamom und Gewürze vorbei. Koriander, Zimt und Süßholz schlagen den Schlussakkord an.

Beckett's London Dry Gin Type 1097 *40%*

KINGSTON DISTILLERS LTD. KINGSTON UPON THAMES, ENGLAND

Klassischer Gin

Ein exquisites Erzeugnis, in London destilliert und abgefüllt. Seinem erfrischenden, schwungvollen, cremigen und doch süßen Geschmack folgt ein leicht kühler Abgang. Der Type 1097 wird mit englischen Wacholderbeeren und weiteren feinsten Botanicals mazeriert. Ihnen verdankt er eine zugleich wiesenwürzige und whiskyartige Nase, doch lassen sich auch weiche Zitrus- und Wacholderanspielungen wahrnehmen. Ein weicher Gin, der mit Minze ausklingt. Die Beeren werden auf dem Box Hill in Surrey von Hand gesammelt.

Beefeater Gin *40%*

Beefeater Distillery
London, England
Klassischer Gin

Der 1876 auf den Markt gebrachte Brand gehört zu den beliebtesten Gin-Marken der Welt. Im Duft präsentiert er sich mit einem frischen, kiefernwürzigen Wacholderakzent, doch gibt ihm Zitruszeste, die aus dem Hintergrund nach vorn drängt, etwas Farbe. Der Geschmack hebt ebenfalls mit Zitrus an, schwenkt im Mittelteil auf eine Wacholdernote um, lässt aber auch eine warme, erdige Textur und würzige Koriandersamen zu. Mittellanger Abgang mit warmem Koriandergruß.

Beefeater Burrough's Reserve *43%*

Aged Gin

Die französischen Eichenfässer, in die er geschickt wird, dienten vorher dem Ausbau von Jean de Lillet, einem Edel-Aperitif der Macher von Lillet Blanc und des inzwischen nicht mehr produzierten Kina Lillet, den James Bond in *Casino Royale* für seinen Vesper verlangte. Ein warmer, blumiger Duft stimmt ein auf den Geschmack mit Zitrone, Orange sowie Kampfer, Kiefern und Rosmarin. Zitronenzeste und ein recht traditioneller Mittelteil halten zu Vergleichen mit klassischen Gins an. Dann Vanille, Zitrus und ein warmer Eichenabgang.

Beefeater Summer *40%*

Moderner Gin

Im Duft setzt dieser saisonale Gin ganz auf Früchte. Er deutet Erdbeeren an, aber auch Hibiskus. Der reife Geschmack suggeriert Granatapfel und eine leichte Holunderkopfnote, doch nehmen auch die traditionellen, charakteristischen Beefeater-Aromen viel Raum ein. Frischer Wacholder gibt den Ton im Abgang an, der sich nur ganz leicht von den ausgetretenen Pfaden entfernt. Eine fantastische Figur macht der Summer mit Tonic Water oder Soda.

Beefeater 24 *45%*

Moderner Gin

Der Beefeater 24 ergänzt die Standardformel des Hauses um einige Teesorten. Die Bezeichnung »24« hat er bekommen, weil seine Botanicals vor dem letzten Destillationsdurchgang 24 Stunden lang eingelegt werden. Im Duft wirbt er mit Grapefruitzeste und grünem Tee, im Geschmack gibt er sich sehr weich und cremig, was er mit einem reichen Sortiment an Zitrusfrüchten, Wacholder und Kiefer sowie einer würzigen Kräuterteenuance unterstreicht. Der mittellange Ausklang überrascht mit unerwarteter Süße. Ein großartiger Gin für feine Cocktails auf Gin-Basis.

Beefeater London Market

40%

Moderner Gin

Blumige Kopfnoten mit Limette, dann Zitrone und Orange bilden den Auftakt, doch schließt der Duft mit einer kurzen Reminiszenz an den klassischen Beefeater. Im Geschmack buhlen Zitrone und Limette gleichermaßen erfolgreich um Aufmerksamkeit. Im Mittelteil macht Wacholder seine Ansprüche geltend und setzt auf seine immergrüne Komponente, bevor er mit Hinweisen auf Süßholz und Engelwurz schließt. Mit diesem warmen, lebhaften Gin kann man die Limette beim nächsten Gin Tonic getrost weglassen.

Beefeater Winter *40%*

Moderner Gin

Die Nase ist nicht so winterlich, wie man erwarten würde. Anfangs weht einem ein lebhafter Blumenduft entgegen, der jedoch einem wärmenden Gewürzrinden- und Muskatnusston weicht. Im Geschmack wird schnell klar, dass hinter dem Vorhang tatsächlich ein Beefeater steht – traditionelle Wacholdernoten, Zitrus und Koriander lassen keinen Zweifel daran. Der volle Abgang postuliert Muskatnuss und volatile Backgewürze. Er passt gut in einen Negroni, doch muss die Dosis hoch sein: Versuchen Sie es mit zwei Teilen Gin und je einem Teil Campari und süßem Wermut.

Berkeley Square Gin *40%*
G & J Distillers
Warrington, England
Klassischer Gin, empfehlenswert

Auffallend die Nase mit lebhaften Zitronen- und Wacholdernuancen sowie blumigen Anwandlungen, vor allem Veilchenwurzel und Lavendel. Der Geschmack jedoch greift direkt zurück auf das klassische Repertoire: Wacholder in Begleitung einer robusten Erdigkeit steht im Vordergrund. Der wärmende Mittelteil legt einen Hauch Schärfe offen, bevor er mit einer kräuterigen Zitrusnote abklingt. Recht erfrischend und auch pur ein Genuss. Mein Tipp: mit Eis trinken!

Bombay Dry Gin *37,5%*
Laverstoke Mill
Whitchurch, England
Klassischer Gin

Nach einem Gin-Rezept aus dem 18. Jahrhundert mit Wacholder, Zitrone, Koriander, Engelwurz, Süßholz, Gewürzrinde, Mandeln und Veilchenwurzel. Wacholderschwere Nase. Im Geschmack entwickelt er eine subtile Komplexität, wobei der Wacholder einen scharf adstringierenden Charakter beisteuert. Ebenfalls mit von der Partie: Zitronenzeste und Koriander. Ein gut gemachter klassischer Vertreter, der sich auch für Cocktails eignet. Die US-Version hat 43%.

Bombay Sapphire
[US-Version] *43%*
Klassischer Gin

Der Gin, der den Stein ins Rollen brachte. Als er 1987 auf den Markt kam, ging er an die Grenzen des Erlaubten. Die trotz flüchtiger Kopfnoten intensiv aromatische Nase lässt die Dampfextraktion in Carterhead Stills erahnen. Die Duftangelegenheit machen Zitrus, Koriander und ein Hauch Gewürze unter sich aus. Beim ersten Schluck bestimmen den Geschmack frische Wacholdernadeln, Zitrone und Koriander, bevor er dezent zu einem Ausklang mit pfeffrigem Auftrieb und einer sehr leisen blumigen Andeutung übergeht. Tut jedem Vesper oder French 75 gut. Der Sapphire ist nicht mehr so radikal wie in seinen Anfangstagen, doch dank seines charakteristischen Aromas und allen Gins, die er beeinflusst hat, gebührt ihm nach wie vor ein Platz im Gin-Olymp.

Bloom Gin *40%*
G & J Distillers
Warrington, England
Moderner Gin, empfehlenswert

Ein großartiger Einsteiger-Gin. Die Geißblatt- und Zitrusnoten in der Nase lassen anfangs gar nicht vermuten, dass man es mit Gin zu tun hat. Am Gaumen zeigt der üppige, reiche Brand ein öliges Mundgefühl. Den Auftakt und Mittelteil übernehmen Wacholder, Geißblatt, Zitrus und pfeffriger Tee. Zum Schluss klingt Kamille an. Ein langer, etwas trockener Nachhall lässt kieferigem Wacholder Raum. Die blumige Interpretation eines London Dry. Gut in einem French 75.

Bombay Sapphire
[UK-Version] *40%*
Klassischer Gin

Für den europäischen Markt wird der Bombay Sapphire mit einem etwas niedrigeren Alkoholgehalt abgefüllt als für den amerikanischen. Er schmeckt ähnlich und ist einnehmend, aber stellenweise nicht ganz so koriander- und gewürzlastig. Weil er nicht so stark ist, wirkt er weicher und weist im blumigen Abgang der Lavendelnote eine tragendere Rolle zu.

Bombay Sapphire East *42%*
Moderner Gin

Bei der Auswahl seiner Botanicals dienten die Bilder, Klänge und Gaumenfreuden Südostasiens als Inspiration. Neu sind in dieser Version Zitronengras und schwarzer Pfeffer. Zitronengras dominiert und steuert zum Duft einen kräuterigen, zitrusfruchtigen Ton bei. Am Gaumen spielt frisch gemahlener Pfeffer die Hauptrolle, während Wacholder, Zitronenzeste und frisch geschnittenes Zitronengras die Kulisse bilden. Einer der besten Gins für Basil Smash, aber auch gut in einem Gin Bloody Mary.

Brockmans Gin *40%*

G & J Distillers
Warrington, England
Moderner Gin

Lebhafte, blumige Nase mit Erdbeeren, Hibiskus und einem Tick Himbeeren. Am Gaumen etwas Ingwer zum Auftakt, bevor Himbeeren, Zitronenkuchen, reife Brombeeren und Koriander übernehmen. Wacholder zeigt sich erst zum überraschend trockenen Ausklang. Ein sehr moderner Gin, der sicher nicht nach jedermanns Geschmack ist. Gut für einen Bronx oder einen Gin Tonic, der an einen Blackberry Bramble erinnert.

Broker's Gin *47%*

Langley Distillery
Langley Green, England
Klassischer Gin, empfehlenswert

Mit seiner schicken Melone ist der Broker's Gin Anwärter auf den Titel des bestangezogenen Gins. Doch der Inhalt der Flasche übertrifft die stilvolle Kopfbedeckung noch. Das appetitanregende Aroma bekennt sich zu einem süßen, lebhaften Zitruston mit grünem, kieferigem Wacholder. Im flirrenden Geschmack zeigen sich grüner Wacholder und Orangenzeste. Der leichte Veilchenwurzelton verkompliziert das Ganze. Kieferiger Abgang mit dunklen, erdigen Gewürzen. Exquisit.

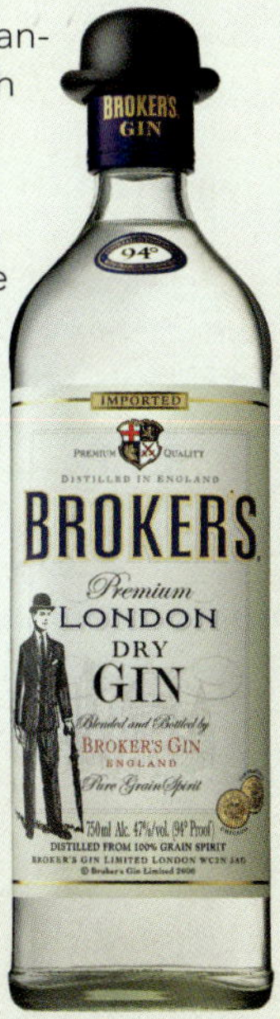

Bulldog Gin *40%*

G & J Distillers
Warrington, England
Klassischer Gin

Seine Wurzeln hat er in London, den Blick aber richtet er gen Osten auf Asiens Küche: Der Bulldog bekennt sich zu Mohn, Lotusblättern und Longans. Im Duft ist der asiatische Einfluss nicht gleich zu erkennen, da Wacholder und Limette nach vorn drängen, während Zimtkuchen mit leichter Schärfe im Hintergrund agiert. Eine Wacholdernote mit erdigen Gewürztönen dominiert im Mund. Das Asiatische ist gut in den ausgewogenen Geschmack eingebunden. Weich genug, um als Alltags-Gin zu dienen.

Butler's Lemongrass and Cardamom Gin *40%*

Butler's Gin
London, England
Flavoured Gin

Der Butler's Gin ist zunächst ein einfacher destillierter Gin mit nur dem einen vorgeschriebenen Botanical. Weitere Noten werden durch Mazeration hinzugefügt. Im Duft outet er sich als lebhafter, blumiger Vertreter mit Kardamom-Neigungen. Der Geschmack schickt ein Botanical nach dem anderen ins Feld: zuerst Anis, dann Zimt und Kardamom, bevor Wacholder schließlich den Mittelteil in Beschlag nimmt. Im Nachhall zeigt sich eine cremige Fülle, in der Vanille, Orange, Zitronengras und Fenchel in einer reichhaltig vanillesoßeartigen Melange fusionieren, bevor der Gin leicht und trocken mit grünen Noten einen Schlusspunkt setzt.

Chilgrove Dry Gin *44%*

Thames Distillers Ltd.
London, England
Moderner Gin, empfehlenswert

Destilliert wird dieser Dry aus Trauben und verdünnt mit Wasser aus den Kreidehügeln von Chilgrove in West Sussex. Elf Botanicals kommen zum Einsatz, darunter Wasserminze, die beim Zerreiben zitronig duftet. Die reife, fruchtige, blumige Nase verweist auf die Traubenherkunft des Basisbrands und macht einem weichen, sauberen Geschmack mit Wacholder, Koriander und Engelwurz, ferner Zitrus- und Minzenoten Platz. Lang anhaltender Abgang mit Minze und Kiefer. Ausgewogen.

Cotswolds Dry Gin *46%*

Cotswolds Distillery
Stourton, England
Moderner Gin

Er ist das Ergebnis einer Kombination von Mazeration und Dampfextraktion. Die Brennerei beschäftigt einen Botaniker, der das Optimum aus den pflanzlichen Mitspielern herausholt. In der Nase Mentholkräuter, Grapefruitschale und Orangenblüten. Am Gaumen Kiefernzapfen und holziger, harziger Wacholder, Zitrus und Sellerie, schließlich Lorbeer, Lavendel, der Duft frischer Laken. Kühler, minziger Abgang mit einem Hauch von Pfefferkörnern. Als würde man einen Kandinsky trinken: lebhaft und unkonventionell.

D1 Daringly Dry Gin *40%*
D.J. Limbrey Distilling Co.
London, England
Moderner Gin

Der D1 bietet ein relativ klassisches Repertoire an Botanicals (Wacholder, Koriander, Zitruszeste, Engelwurz, Gewürzrinde, Mandel, Süßholz), gibt ihm aber mit Nesseln Pep. Das aromatische Duftgefüge ist subtil durchwirkt von Wacholder und lässt Zitrus- und Engelwurznuancen erkennen. Ein seidiges, weiches Mundgefühl und ein Koriander-Kiefern-Duett leiten den Geschmack ein, während der Mittelteil Kräuter und Pfeffer sowie Menthol suggeriert. Gut in einem Martini oder trockenen Negroni.

Durham Gin *40%*
Durham Distillery
Durham, England
Moderner Gin

Der blumige, einnehmende Duft greift Holunderblüten und rosa Pfefferkörner auf, hat aber auch einen Fenchelunterton, den er mit harzigem Wacholder bekräftigt. Ingwer, Anis und Kardamom stehen anfangs im Geschmack im Vordergrund, gefolgt von Wacholder und Koriander. Hinzu kommen Andeutungen von Chai und Paradieskörnern. Es folgt ein mittellanger, wärmender, pfeffriger Abgang mit pflanzlichem Hintergrundrauschen. Ein Brücken-Gin zwischen Klassik und Moderne.

Gilpin's Westmoreland Gin
40%
Thames Distillers Ltd.
London, England
Klassischer Gin

Die klassische Nase geizt nicht mit Wacholder, bietet aber darüber hinaus Zitrone und würzigen Koriander. Auch der Geschmack wird von Wacholder dominiert, doch die bittere Zitruszeste tariert ihn harmonisch aus. Das Wacholderthema setzt sich im erdigen, adstringierenden Abgang mit Engelwurzakzenten fort. Der saubere, frische Gin eignet sich hervorragend für Cocktails, insbesondere für einen Martini, einen trockenen Negroni oder einen sauberen Aviation mit Wacholderneigung.

Dorset Dry Gin *40%*
Conker Spirit
Christchurch, England
Moderner Gin

Die Macher des ersten in Dorset gebrannten Gins lassen uns an ihrer heimischen Flora teilhaben – mit Holunderbeeren, Meerfenchel und Ginsterblüten. Beim Schnuppern weht einem ein sanftes Waldaroma mit einem Hauch Minze und Zitronenöl entgegen. Der weiche Geschmack lässt sich eine Weile bitten, zeichnet aber dann ein harziges Wacholderbild, umrandet von Koriander und Engelwurz. Reich, wärmend, mit leichter Mentholnote. Dichte Minze- und Pflanzennoten zum Schluss.

Fifty Pounds Gin *43,5%*
Thames Distillers Ltd.
London, England
Klassischer Gin

Mit dem Gin Act von 1736 versuchte die britische Obrigkeit, Gin durch eine jährliche Wucherlizenz von 50 Pfund Sterling den Todesstoß zu versetzen. Der danach benannte Fifty Pounds ist eine neue Produktion in klassischer Manier. Weiche, zitronige Nase mit Limetten und Wacholder. Im Mund Wacholder auf der Zungenspitze, Zitrone im Mittelteil und Anisplätzchen als Dénouement. Der lange Abgang reinigt den Gaumen. Erfrischend mit einem Tonic oder in einem 20th Century.

Greenall's Gin *40%*
G & J Distillers
Warrington, England
Klassischer Gin

Das 1761 gegründete Haus ist der weltweit älteste Erzeuger, der durchgehend London Dry Gin produzierte. Die milde, klassische Nase mit lebhafter Wacholdernote grüßt schon aus der Flasche. Später garnieren Zwischentöne das Bukett: würzig-zitrusfruchtiger Koriander und ätherische Zitronenschalennoten. Der mittellange Ausklang ist nicht so adstringierend bzw. trocken wie der anderer klassischer Gins. Greenall's eignet sich gut zum Mixen, kann aber aufgrund seiner Milde in Cocktails ins Hintertreffen geraten.

Greenall's Wild Berry Gin
37,5 %
Flavoured Gin

Dieser Gin ist eher das Resultat einer Aromatisierung nach der Destillation als einer langen Mazeration davor. Wacholder ist im Duft dennoch präsent – ebenso wie Heidelbeeren. Anfangs schlägt der Gin merklich durch, bevor der Brombeer- und der Himbeergeschmack die Oberhand gewinnt. Eine schöne Zitrusnote und ein leichter Fichtenhintergrund machen ihn wieder als Gin kenntlich. Er lässt sich gut mit Tonic mixen. Ein guter Einsteiger-Gin für Freunde von aromatisiertem Wodka, wenngleich er vielen etwas zu heidelbeerlastig sein könnte.

Hammer & Son Old English Gin *44 %*
Langley Distillery
Langley Green, England
Old Tom

Hammer & Son orientiert sich an einem Rezept aus dem 18. Jahrhundert. Der Gin wird in Pot Stills gebrannt, gesüßt und in champagnerartige Flaschen gefüllt, die alten Old-Tom-Flaschen ähneln. Er grüßt mit einer scharfen Moschusnase, die an verregnete Herbsttage und Wacholder erinnert. Im cremigen Geschmack drängen Wacholder und Zitrusschalen nach vorn, dann stoßen Muskatnuss, Gewürznelke und Veilchen dazu. Langer, pfeffriger Abgang. Für einen Tom Collins oder Martinez.

Hayman's Family Reserve
41,3 %
Klassischer Gin

Eine modernisierte Variante des Hayman's 1850. Der Family Reserve wird ein paar Wochen lang in schottische Whiskyfässer geschickt. Trotzdem dreht sich bei ihm nicht alles um Holz: Sowohl im Duft als auch am Gaumen schlägt es kaum durch und bleibt eine Fußnote. Dafür drängen sich in Nase wie Geschmack Koriander und Wacholder in den Vordergrund. Der Abgang wird durch einen Touch Zitrone, Orange und Pfeffer akzentuiert.

Greenall's Sloe Gin *26 %*
Cordial Gin

Das satte Violettrot des Gins verweist optisch bereits auf den intensiven Duft nach frischen Schlehen in Zucker. Beim ersten Schluck drängen sich herbe reife Schlehen mit Himbeernote auf, ferner ein Hauch von Zimt, dann Wacholder, Zitronenzeste und eine leichte Würze im Rachen. Ein ausgewogener, angenehm süßer Schlehenlikör, der wie geschaffen ist für einen Blackthorne-Cocktail, aber auch pur getrunken werden kann.

Hayman's London Dry Gin
40 %
Hayman Distillers
Whitham, England
Klassischer Gin

Ein aromatischer Gin klassischer Prägung. Viel Wacholder im Vordergrund mit einer erdigen, warmen Kulisse aus Engelwurz, Koriander und etwas Zitrusfrucht im Duft. Der Geschmack gebärdet sich zunächst etwas pfeffrig und deutet Paradieskörner sowie Pfefferbeeren an. Die frische Wacholdernote wird von einer blumigen Zitrusnachhut verdrängt. Langes, dichtes kieferwürziges Finish. Gut in einem Bronx, aber auch klassisch genug für einen Martini.

Hayman's Old Tom *40 %*
Old Tom

Als Grundlage dient ein altes Familienrezept aus den 1870er-Jahren. Somit dürfte dieser Hayman's eine originalgetreue Nachschöpfung eines damals getrunkenen Gins sein. Er ist sehr Botanicals-lastig und nur leicht gesüßt. Im kraftvollen Duft buhlen Wacholder, Zitrus, Koriander und Engelwurz um Aufmerksamkeit. Nicht minder lebendig der Geschmack: Eine würzige Süße mit leichten blumigen Anwandlungen im Vordergrund vereint sich mit Zitrusnoten zu einem ausgewogenen, stimmigen Geschmack. Lang und trocken der Abgang mit kieferigen Wacholdernoten.

Bermondsey Distillery

Manchmal sagt schon allein ihr Standort viel über eine Brennerei aus. Die Bermondsey Distillery befindet sich in einem Bahnbogen wenige Meter südlich der London und der Tower Bridge in der britischen Hauptstadt, an einem Ort, an dem man sich ein Jahrhundert zurückversetzt fühlt. So ist es vielleicht kein Zufall, dass das Haus mit dem Jensen's Bermondsey Dry Gin und dem Jensen's London Distilled Old Tom Gin genau diese Zeit heraufbeschwört.

Bermondsey Distillery
55 Stanworth Street
London SE1 3NY

www.bermondseygin.com

Besonders empfehlenswert:

Jensen's Dry Gin
43 %

Jensen's Old Tom Gin
43 %

Im Inneren befindet sich eine moderne Destillerie mit einem Labor, in dem Neues ausprobiert wird. Die Brennmeisterinnen Hannah Lanfear und Dr. Anne Brock führen mich an einem verregneten Nachmittag durch ihr Reich.

Dr. Brock kam auf etwas ungewöhnliche Weise zum Brennen. Sie studierte synthetische organische Chemie und hat in Oxford promoviert. Auch bei der Destillation geht es im Wesentlichen um Chemie: Man muss den idealen Siedepunkt finden, den richtigen Druck einstellen und sehr vorsichtig mit den Molekülen umgehen, die dem Gin seinen Charakter geben. Die tägliche Arbeit in der Brennerei ist, so Dr. Brock, allerdings mehr als nur Chemie. »Da ist auch eine praktische Seite. Man muss Flüssigkeiten hin- und herpumpen, Maschinen bedienen und Drucksysteme regeln.« Nachdem sie jahrelang in einem Labor für organische Chemie gearbeitet hatte, war das Destillieren für sie ein ganz natürlicher nächster Schritt.

Die Bermondsey Distillery erzeugt zwei Gins, die beide historische Wurzeln haben.

Einer heißt Jensen's London Distilled Bermondsey Dry Gin. Er basiert auf einem Rezept, auf das Christian Jensen, von Beruf Informatiker, bei seiner Suche nach einem vergessenen Gin gestoßen war. Mit seinen Nachforschungen hatte er begonnen, weil er einmal einen längst nicht mehr produzierten Gin als Teil eines Martinis getrunken hatte. Er fing an, alte Flaschen und Rezeptbücher zu sammeln und hielt ständig Ausschau nach dem Rezept, bis er es 2004 schließlich fand. Das bedeutet, dass Jensen's Dry Gin inzwischen schon eine Art Veteran aus den Anfangstagen des modernen britischen Gin-Booms ist. Eigentlich war die Destillerie nie als ein auf Gewinn ausgerichteter Betrieb gedacht gewesen, aber der »vergriffene Gin« sprach für sich und überzeugte Bartender in ganz Europa. 2013 zog das Unternehmen nach Bermondsey im Londoner Bezirk Southwark, wo es im Bogen unter einer Bahnüberführung ein Zuhause fand.

Dr. Brock erklärt mir, wie sich ihre Leidenschaft für »vergessene Gins« entwickelte. »Christian versuchte, einen Old Tom nach einem in einem alten Destilleriehandbuch entdeckten Rezept von 1840 zu brennen. Der unterscheidet sich stilistisch von vielen anderen Old Toms auf dem Markt, weil er ›botanisch‹, also mit Süßholz anstelle von Zucker oder Honig, gesüßt wird. Der Gin wurde dem Erzeugnis einer ganz bestimmten Brennerei von damals rezeptgetreu nachempfunden und ist damit so historisch exakt, wie ein moderner Old Tom nur sein kann.«

Es kann eigentlich kein Zufall sein, dass das Bauwerk, in dem die Brennerei ihre Betriebsräume hat, dieselbe Geschichte erzählt wie ihr Gin. An einem Ort und mit einem Rezept, die beide über hundert Jahre alt sind, entsteht hier Gin in einem modernen Destillerielabor. Die Experimentierfreude seiner Macher ist groß. Christian und Dr. Brock haben etwas geschaffen, das die besten Brände von gestern und heute verbindet.

GEGENÜBER Brennerin Dr. Anne Brock prüft den glänzenden Brennapparat in einer laborartigen Umgebung in Bermondsey.

Hayman's Royal Dock of Deptford *57 %*

Klassischer Gin, Navy Strength

Das Royal Dock an der Themse unweit von London gehörte zu den wichtigsten Werften der königlichen Marine und wurde von 1513 bis zu seiner Schließung 1961 genutzt. Die Nase des nach ihm benannten Gins könnte einfacher nicht sein: Mehr als kieferiger Wacholder ist da nicht. Runder und süßer, als der Duft erwarten lässt, ist dagegen der Geschmack, der in erster Linie mit Orangen, Engelwurz und Veilchenwurzel wirbt. Im langen, warmen Nachhall weißer Pfeffer und Wacholder. Ein exquisiter Gin zum Mixen. Ab in einen Bramble mit ihm!

Japanese Gin *42 %*

Cambridge Distillery
Cambridge, England

Klassischer Gin

Die japanischen Botanicals Shiso, Sesam und Yuzu prägen diesen Gin. Sie werden einzeln bei niedrigen Temperaturen vakuumdestilliert und anschließend verschnitten. Das milde Bukett mit Wacholder und einer leichten Würzigkeit leitet über zu einer aromatischen Eruption am Gaumen, bei der harziger, krautiger Wacholder, rosa Pfefferkörner und süße Gurke eine Rolle spielen. Langes Nachspiel mit geröstetem Sesam und Wacholder. Ausgezeichnet in einem Negroni, gibt aber auch einem Aviation eine besondere Note.

The Lakes Gin *43,7 %*

Lakes Distillery
Cockermouth, England

Klassischer Gin

Wacholder, Koriander, Engelwurz und Zitrus mit einem Tick Kräutern im Hintergrund bilden den Duftfundus des Lakes Gin. Das reiche, volle Mundgefühl stützt den sauberen, frischen Geschmack, der viele der üblichen Duftgeschütze eines klassischen Gins auffährt. Das gut integrierte Geschmacksprofil hat etwas Besonderes: Obwohl Wacholder die Führung übernimmt, wirkt es frisch und lebhaft – etwas, das Gins mit harzigem, saftigem Wacholdercharakter oft fehlt. Ein bemerkenswert zugänglicher und erfreulich gut ausbalancierter Brand.

Hayman's Sloe Gin *26 %*

Cordial Gin

Ein traditioneller Sloe Gin aus wild gewachsenen Schlehen, die erst nach dem ersten Frost gesammelt und mehrere Monate in Hayman's Gin eingelegt werden. Die Süße kommt zum Schluss dazu. Angenehm rotbraune Farbe. Aromatisch definiert der Likör sich über Erdbeeren, Orangen und andere reife Früchte sowie Gewürze im Hintergrund. Der Geschmack wird bestimmt von Pflaumen, heißen Kirschen und rosa Grapefruit. Er intensiviert sich und schließt auf einer komplexen Zitrus- und Muskatnussnote. Ausgezeichnet in einem Sloe Gin Fizz oder mit Eis.

Jensen's Dry Gin *43 %*

Bermondsey Distillery
London, England

Klassischer Gin, empfehlenswert

Dieser London Dry setzt zwar auf ein eher herkömmliches Botanical-Arrangement, es gelingt ihm aber, blumig zu sein, ohne mit der Tradition zu brechen. Er rückt Koriander in den Mittelpunkt, doch geben ihm Veilchenwurzel und kieferiger Wacholder Tiefe. Der weiche, komplexe Geschmack hält mit der Betonung auf Wacholder, Lavendel, Veilchen und gedämpften Koriandertönen, was der Duft verspricht. Jensen's London Dry steht Martinis gut zu Gesicht, der Old Tom des Hauses empfiehlt sich für einen Martinez.

Lord Astor London Dry Gin *40 %*

Langley Distillery
Langley Green, England

Klassischer Gin

Der kieferige, lebendig-frische Duft verschreibt sich unmissverständlich kristallklarem Wacholder. Am Gaumen formiert sich eine geradlinige, saubere Geschmackskoalition: zwei Drittel Wacholder und im letzten Drittel ein klassischer Zusammenschluss von Koriander, Engelwurz und Zitrus. Der Abgang ist kernig, hält aber die erforderlichen Wacholder- und Kiefernnuancen parat, die jeder gute klassische Gin haben sollte.

Martin Miller's Gin *40%*
Langley Distillery
Langley Green, England
Moderner Gin

Er wird in England gebrannt, beschwört aber den mystischen Nimbus Islands herauf. Das betrifft nicht nur den Brand selbst bzw. die Botanicals, sondern auch das Wasser, über dessen Herkunft auf der Flasche Auskunft gegeben wird. In der Nase Orangenzeste mit Wacholderbeeren und etwas Süßholz zur Unterstützung. Im Geschmack Orangenzeste und Gurke, die kieferigem Wacholder weichen. Mittellanger, trockener Abgang mit Pfefferkörnern, Veilchenwurzel und vegetabiler Nachhut.

Martin Miller's Westbourne Strength Gin *45,2%*
Moderner Gin, empfehlenswert

Wie das Original, aber mit etwas mehr Alkohol. Meiner Ansicht nach ist er vorzuziehen, weil er sich besser für Cocktails eignet. Die Orangen- und Gurkennoten, die in der regulären Version die Führungsposition beanspruchen, wirken besser eingebunden, während der Wacholder etwas kraftvoller ist. Dennoch ist der Westbourne Strength beeindruckend weich und profiliert sich mit einem langen, knackig frischen Finish. Man kann ihn mit Tonic Water zu einem sehr frischen Gin Tonic kombinieren oder in einem French 75 genießen.

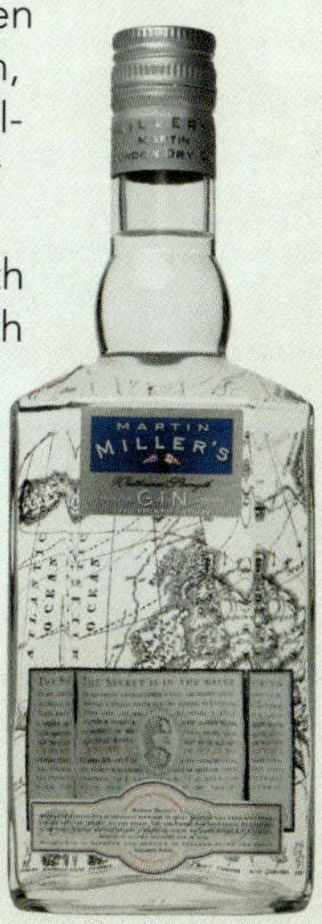

Mayfair Dry Gin *40%*
Thames Distillers Ltd.
London, England
Klassischer Gin

Die klassische Nase hofiert die Duftrezeptoren mit holzigem Wacholder und Zitrone sowie Koriander im Hintergrund. Beim ersten Schluck erobert grüner Wacholder die Geschmacksbühne – später schickt er noch harzige und erdige Töne hinterher. Im Mittelteil macht bitterer Zimt einem kräuterigen Zug Platz, auf den Estragon und schließlich Wacholder folgen. Langer Abgang mit dezenter, erdiger Engelwurz. Ideal in einem Tom Collins oder Gimlet.

Mombasa Club Gin *41,5%*
Thames Distillers Ltd.
London, England
Klassischer Gin

Kenia war im 19. und 20. Jahrhundert britisches Protektorat. Dieser Gin ist nach einem berühmten Klub in Mombasa benannt, dessen Mitglieder Gin von weither importierten. Er ist quasi von einer »wahren Geschichte« inspiriert. In der Nase beschwört er Laubwälder mit Rinden- und Erdnoten, Veilchenwurzel und Zitrone herauf. Der komplexe Geschmack bietet Limette, grünen Wacholder, Gewürzbrot und Muskatnuss. Langer kieferiger Abgang. Ein überraschender, komplexer Gin.

Opihr Oriental Spiced Gin
40%
G & J Distillers
Warrington, England
Moderner Gin

Der Opihr versucht, einen Bogen zwischen der Moderne und jener untergegangenen Ära zu spannen, in der exotische Spezereien über kontinentale und maritime Handelsstraßen ihren Weg nach Europa fanden. Sein Bukett ist dann auch geschnürt aus pikanten Gewürzen, einige davon einheimisch (Kümmel), andere von weither (Kardamom, Kreuzkümmel, Gewürzrinde). Der weiche Geschmack ergänzt das würzige Profil mit trockenem Wacholder und Koriander. Ein gutes Beispiel für einen gewürzlastigen modernen Gin.

Oxley Gin *47%*
Laverstoke Mill
Whitchurch, England
Klassischer Gin

Einer der ersten mittels Vakuumdestillation hergestellten Gins auf dem Markt. Mit niedrigen Temperaturen versucht man dabei, einige der zarteren Aromageber unter den Botanicals zu bewahren. In der lebhaften Nase geben Orange und Wacholder den Ton an. Am Gaumen entfaltet der Gin ausdrucksvolle Kiefernnoten mit Zitronen- und Grapefruit-Einsprengseln. Gut in einem Martini, Gin Tonic oder – ganz großes Cocktail-Kino! – einem Corpse Reviver.

Plymouth Gin

Lange Zeit war »Plymouth Gin« eine geschützte EU-Herkunftsbezeichnung, als würde er einen eigenen Stil darstellen. Er schmeckte leichter als die meisten London Dry Gins, bevor immer mehr Vertreter des modernen Stils auftauchten. Viele glaubten daher, dass er eine Kategorie für sich war.

Plymouth Gin
Black Friars Distillery
60 Southside Street
The Barbican
Plymouth, Devon PL1 2LQ

www.plymouthdistillery.com

Besonders empfehlenswert:

Plymouth Gin
41,2%
Plymouth Navy Strength Gin
57%
Plymouth Sloe Gin
26%

2014 aber entschied das Haus Pernod Ricard, dem die Marke gehörte, dass ein Schutz keinerlei Vorteile mehr bringt. Der Name bleibt zwar geschützt, ansonsten aber sind die Tage des Plymouth Gin (wie die des Vilnius Gin aus Litauen und des Gin de Mahón von der spanischen Insel Menorca) als eigenständiger Stil vorbei. Was die Bedeutung des Plymouth und der Black Friars Distillery für die Gin-Tradition keineswegs schmälert.

Die Brennerei in Plymouth gibt es seit über fünf Jahrhunderten. Wie aus alten Urkunden hervorgeht, wurden Gin und andere Brände dort möglicherweise schon 1697 destilliert.

Die Geburtsstunde des Plymouth Gin selbst schlug 1793. Dass sich um ihn im Lauf der Jahrhunderte Legenden bildeten, hängt auch damit zusammen, dass von dieser Stadt aus die Pilgerväter 1620 mit der *Mayflower* in die Neue Welt aufbrachen. Die Brennerei von Fox und Williamson begann mit der Herstellung des besagten Gins, als ein gewisser Mr Coates in das Geschäft einstieg. Bald trug das Unternehmen seinen Namen – Coates & Co. Das blieb so bis 2004.

OBEN Die Brennerei versteckt sich im Hafenviertel Barbican von Plymouth und ist zum Mekka für Gin-Touristen geworden.

Berühmtheit erlangte der Plymouth vor allem im 19. Jahrhundert, als die Brennerei die Royal Navy mit Gin belieferte. Aus der Verbindung entstand die Navy-Strength-Version mit 57 % Alkohol. Das Haus versorgte die Marine, die das Produkt im Gegenzug in alle Welt verschiffte. Damals gehörte der Plymouth zu den meistgetrunkenen Gin-Marken der Welt. In vielen Cocktailbüchern des frühen 20. Jahrhunderts wurde er namentlich genannt.

Heute stellt man nicht nur den Haupt-Gin und die Navy-Strength-Version her, sondern hat auch einen Sloe Gin im Sortiment. Eine ganze Weile war die Brennerei sogar die einzige, die einen authentischen Schlehenlikör produzierte. Er basiert auf einem Rezept aus dem Jahr 1883 und war um 2010 die Marke erster Wahl unter Bartendern, die Wert auf authentische Sloe-Gin-Cocktails legten. Für viele ist er das bis heute geblieben.

Obwohl der Plymouth nicht mehr unter Schutz steht, ist die Destillerie eine der ältesten der Gin-Welt und legt Zeugnis ab vom bleibenden Einfluss der Marke und des Gins an sich.

UNTEN Ein Brennmeister des Hauses bietet Führungen an, bei denen man seinen eigenen Gin kreieren kann.

Die Brennerei erzeugt seit 1793 Gin.

Plymouth Gin *41,2%*

Black Friars Distillery
Plymouth, England
Klassischer Gin, empfehlenswert, Top 10

Der Plymouth ist ein fantastischer Gin. Seine milde Nase bietet kieferigem Wacholder, Koriander und Orangenöl eine Bühne. Der überragende Geschmack verbindet Wacholder und Zitrustöne. Im mild-süßen Abgang wird ein klarer Korianderton mit aromatischen Highlights und einem Touch Anis angeschlagen. Ein exquisiter Brand, der sich zum Mixen ebenso eignet wie als Solist.

Sacred Gin *40%*

Sacred Spirits Company
London, England
Klassischer Gin

Die milde Nase definiert sich vorwiegend über frischen Wacholder und Kiefernaromen, die wie vom Wind aus der Ferne herangetragen wirken. Im Geschmack melden Wacholder und Koriander Herrschaftsansprüche an, während Süßholz und eine subtile Anissüße für die Mittelnoten zuständig sind und Veilchen und Pfeffer den Schlusspunkt setzen. Der lange, trockene Abgang thematisiert Pfeffer und ölig-harzigen Wacholder.

Sacred Gin (Coriander)

43,8%
Klassischer Gin, empfehlenswert

Von allen Botanicals bekommt Koriander meiner Meinung nach verglichen mit seiner Wirkung auf den Gin am wenigsten Wertschätzung. Die Nase des Sacred Coriander veranschaulicht perfekt, welche exotischen Aromen er einem Gin bescheren kann. Auch im Geschmack zeigt sich, wie Koriander den Gin mit einer lebhaften, zitrusfruchtigen Würze färbt, die nur er mitbringt. Hier zeigt sich das komplexe, missverstandene Botanical in seiner ganzen, unverstellten Pracht. Ich empfehle den Sacred für einen Gin and Jam oder einen Bronx.

Plymouth Navy Strength Gin

57%
Klassischer Gin, Navy Strength, empfehlenswert

Der Navy Strength Gin schlechthin. Er wurde früher regelmäßig von Offizieren der königlichen britischen Marine getrunken. Auch wenn das Original schwer zu schlagen ist, so empfiehlt sich diese alkoholverstärkte Turboversion als die bessere Wahl für Cocktails. Aromatisch und geschmacklich entspricht sie dem regulären Plymouth, doch hat sie etwas mehr Power. Die Zitrusnoten strahlen heller, der Wacholder ist stechender.

Sacred Gin (Cardamom)

43,8%
Klassischer Gin, empfehlenswert

Irgendjemand hat mal gesagt, dass Kardamom in fast jedem modernen Gin mitmischen würde. In Wirklichkeit liegt der Anteil eher bei 25%, aber wenn es wahr wäre, wäre das gar nicht schlecht. Das herrlich würzige, blumige Aroma dieses Gins mit seinen holzigen, kampferigen und exotischen Anwandlungen bereitet einem Geschmack den Weg, in dem sich Holz und Blüten mit Wacholder und Kiefern verbünden. Probieren Sie den Gin in einem Alexander oder Ramos Gin Fizz, und Sie werden merken, wozu Kardamom fähig ist.

Sacred Gin (Grapefruit)

43,8%
Klassischer Gin, empfehlenswert

In den Gin Tonic kommt oft Limette, während Zitrone und Orange in fast drei Vierteln aller Gins mitmischen. Und Grapefruit? Diese Frucht rückt der Sacred in den Mittelpunkt und man fragt sich, warum sie nicht öfter mitspielt. In den Kopfnoten lässt sich eine leichte Zitrustönung mit etwas Wacholder als Basis ausmachen. Im Geschmack bildet krautiger Wacholder die Vorhut, bis frische weiße Grapefruit das Terrain erobert. Den langen, frischen, zitrusfruchtigen Abgang dagegen prägen geschmacklich eher die Varianten mit rötlichem Fruchtfleisch. In einem Tom Collins ist dieser Gin bestens aufgehoben.

Sipsmith London Dry Gin
41,6%
Sipsmith Distillery
London, England
Klassischer Gin

Mit seinen zehn Botanicals in Weizenbrand und Londoner Wasser ist dieser Gin eher im milden Lager zu verorten, wirkt aber dennoch selbstbewusst. Den Duft beherrschen eine robuste, leicht kieferige Wacholdernote und ein Hauch Zitrone. Im Geschmack bündeln trockener Wacholder, bittere Orangenschale und zitronige Süße ihre Kräfte. Knackig und trocken der Abgang. Ein ausgewogener Gin mit hochwertigem Basisbrand und guter Botanical-Formel. Für einen French 75 oder Gimlet.

Sipsmith VJOP *57,7%*
Klassischer Gin, Navy Strength, empfehlenswert, Top 10

VJOP steht für Very Junipery Over Proof, »sehr wacholderig und Overproof«, also mit mehr als 57 % Alkohol. Wacholder wird in drei Phasen zugegeben: durch Mazeration, in der Brennblase und schließlich durch Dampfextraktion. Fazit: ein wacholderlastiger Duft mit Andeutungen an Kiefer und Holz. Der Geschmack bietet den reinsten Wacholdercharakter, der mir je untergekommen ist, und zeigt deutlich seine Kiefern-, Holz-, Kräuter- und öligen Nuancen. Langer Abgang mit erdigeren Tönen zum Abrunden. Sehr schön!

Tarquin's Dry Gin *42%*
Southwestern Distillery
St Ervan, England
Moderner Gin

Einnehmende Nase, in deren Duftpass Zitronensorbet und Birnendrops, gefolgt von Wacholder und frischen Zitrusnoten, als unverwechselbare Merkmale stehen. Im Geschmack weicht trockener Wacholder einem lebhaften Zitruston, der wiederum zu einem Strauß blumiger Aromen überleitet. Ein leicht pikanter Abgang mit salzigem Einschlag beschwört Impressionen von der Küste Cornwalls herauf. Tarquin's Dry Gin ist an der Grenze zwischen klassisch und modern angesiedelt.

Sipsmith Sloe Gin 2013
29%
Cordial Gin

Reiches Bukett mit dunklen Kirschen, frisch gepflückten Beeren und einem Hauch von Wacholder, Zitrus und Zimt. Schöne Gewürzanwandlungen; recht einladend. Im robusten, marmeladigen Geschmack behaupten sich die Schlehen, und erst viel später stoßen verhalten Backgewürze dazu. Im Abgang kommen weitere beerenartige Noten zum Tragen. Hervorragend für einen Sloe Gin Fizz, aber ehrlich gesagt auch gut solo. Ein frischer, ehrlicher Sloe der Spitzenklasse.

South Bank London Dry Gin *37,5%*
Thames Distillers Ltd.
London, England
Klassischer Gin

Begrüßt wird man mit einem verhaltenen Duft, der nur leise von Wacholder, Zitrus und süßen Gewürzen flüstert. Auch von Gewürzrinde und Veilchenwurzel ist nur ein Hauch zu spüren. Alle Aromen scheinen so weit heruntergeregelt wie nur möglich, aber sind trotzdem noch zu erkennen. Am Gaumen vermählen sich Andeutungen an gewürzte Orangen mit kieferigem, grünem Wacholder. Der Wacholderton verklingt rasch und geht in ein leicht wärmendes, aber kurzes Nachspiel über. Der South Bank empfiehlt sich als guter Cocktail-Gin mit sauberem, klassischem Profil.

Two Birds Gin *40%*
Union Distillers Ltd.
Market Harborough, England
Klassischer Gin, empfehlenswert

Ein ausgewogener, traditioneller Brand mit frischen, grünen Wacholdernoten. Im Duft bleibt er mit Wacholder, Zitrus, Koriander und Veilchenwurzel beim Bekannten. Am Gaumen ist eine Zitrusnote präsent, wobei Zitrone und Koriander Würze beisteuern. Wacholder sorgt im Mittelteil für Tiefe, während Engelwurz, Vanillecreme und kandierte Veilchen den Schlusspart bestreiten und zu einem langen, warmen Abgang überleiten. Gut in einem Martini, kann in komplexeren Drinks aber ins Hintertreffen geraten.

Sacred

Wenn man Ian Harts Sacred Microdistillery in Highgate, London, betritt, könnte man meinen, in das Labor eines verrückten Wissenschaftlers geraten zu sein. Oder vielleicht auch in die Kulissen einer Wissenschaftssendung für Kinder. Denn überall stehen Kondensatoren, Glasflaschen und verschlungene Röhren herum, außerdem jede Menge Apparate mit farbigen Flüssigkeiten und abstrusen Reglern.

Sacred Spirits Company
47 Chester Road, Highgate
London N19 5DF

www.sacredspiritscompany.com

Empfehlenswerte Gins:

Sacred Gin
40%
Sacred Gin (Cardamom)
43,8%
Sacred Gin (Coriander)
43,8%
Sacred Gin (Grapefruit)
43,8%

Auf den ersten Blick sieht Sacred ganz anders aus als alle Brennereien, die man bisher vielleicht gesehen hat. Aber das passt auch, denn der Sacred Gin ist auch ganz anders als jeder Gin, den man bisher getrunken hat. Doch Ian Hart ist kein irrer Wissenschaftler, selbst wenn er Naturwissenschaften studiert hat. Als es mit den Finanzmärkten abwärts ging, gab ihm das den Anstoß, die Welt des Destillierens zu erkunden und ins Brenngeschäft einzusteigen. Seine ersten Versuche machte er mit Wein, genauer gesagt mit einer Sammlung alter Weine, die er zusammengetragen hatte. Kann man ihnen Wasser entziehen und sie so reichhaltiger machen? Ja. Reichhaltiger und besser verkäuflich? Eher nicht. Also stieg Ian bald auf Gin um.

Aber zurück zu seinem Labor. Es ist beileibe kein Showroom. Hier brennt er den Sacred tatsächlich in einem Niederdrucksystem, in dem unter vakuumähnlichen Bedingungen der Siedepunkt gesenkt wird, sodass eine Destillation unter geringerer Hitzezufuhr möglich wird. Das wiederum verhindert, dass die Botanicals »zerkochen« und flüchtigere Aromastoffe verschwinden.

Nur in wenigen Bränden finden einzelne Botanicals zu so einem reinen Ausdruck wie in Ians Gins. In jedem von ihnen trifft man auf die unzähligen Ausprägungen, in denen diese Pflanzen sich in anderen Gins zeigen – aber selten so klar und unverfälscht wie hier. Man erkennt den Koriander im Coriander Gin und kann ihn identifizieren, aber er schmeckt so reintönig, dass er etwas Besonderes ist.

Jedes Botanical in Sacred Gin wird auf der Basis von Weizenbrand einzeln gebrannt und dann zum endgültigen Gin verschnitten. In der Liste der Botanicals finden sich Wacholder, besagter Koriander, Engelwurz, Muskatnuss, Zimt, Kardamom, Limette, Orange, Zitrone und Weihrauch (daher auch der Name Sacred, also »heilig«). Dabei geht es gar nicht um die Mengenverhältnisse. Der Vorteil der separaten Destillation jeder Zutat besteht darin, dass die Geschmacks- und Aromanuancen verschiedener Botanicals normalerweise interagieren und sich dabei manchmal absorbieren oder das Ergebnis anderweitig verändern. Das separate Verarbeiten ist also eine bewusste Entscheidung, die sich letzten Endes auszahlt: Im Sacred erlebt man die Botanicals mit beispielloser Klarheit und Präzision. Sie kommen so unverfälscht zum Ausdruck wie nur möglich.

Sacreds Angebot an Gins fordert förmlich zu Experimenten heraus. Man kann einen Satz einzelner Destillate ordern und selbst zum Master Blender werden. Oder Ian Harts Rolle übernehmen und eigenhändig einen Gin kreieren, der die eigenen Ansprüche voll erfüllt. Wer die Wirkung bestimmter Botanicals in einem weniger analytischen Umfeld (etwa in einem Gin Tonic) austesten möchte, dem stehen der Pink Grapefruit Gin, der Juniper Gin, der Cardamom Gin und der Coriander Gin zur Verfügung. Jeder steht ganz im Zeichen eines einzigen Botanicals. Gerade der Coriander ist unverzichtbar für alle, die tiefer ins Gin-Verkosten einsteigen und ein Gefühl für diese gängige Note bekommen möchten.

Sacred erzeugt auch einen Rosehip Cup Liqueur, verschiedene Wermuts und eine Wodka-Linie, zu der ein mit sieben Botanicals (aber ohne Wacholder) zweifach destillierter London Dry Vodka gehört.

GEGENÜBER Ian Harts Destille sieht ein bisschen aus wie die Kulisse einer Wissenschaftssendung. Sein Gin beweist jedoch, dass das Ganze wesentlich mehr als nur Show ist.

LIQUID NITROGEN CONTAINER
CAUTION

Sipsmith

»Der Traum begann – wir tranken Gin«, erinnert sich Sipsmith-Mitgründer Sam Galsworthy daran, wie er und Fairfax Hall beschlossen, die Brennerei zu eröffnen, die später als Sipsmith Independent Spirits berühmt wurde.

Sipsmith
The Distillery
83 Cranbrook Road
Chiswick
London W4 2LJ

www.sipsmith.com

Empfehlenswerte Gins:

Sipsmith London Dry Gin
41,6%
Sipsmith VJOP
57,7%
Sipsmith Sloe Gin
29%
Sipsmith Summer Cup Cordial
29%

Eigentlich beginnt die Geschichte schon ein bisschen früher. »Der Gin meiner Eltern war Plymouth«, erinnert sich Sam an seine ersten Begegnungen mit dem Brand. »Man gab uns klar vor, was zu tun war: Bringt etwas über euer Getränk in Erfahrung. Respektiert und schätzt, was ihr trinkt.« Damit war die Saat für die Grundsätze, nach denen Sipsmith heute in seiner Destillerie arbeitet, früh gesät. Aber spulen wir ein bisschen nach vorn.

Sam und Fairfax machten sich auf und erkundeten fünf Jahre lang die Spirits-Szene in den Vereinigten Staaten. Sie statteten zwei Brennern dort einen Besuch ab und saugten alles Wissen auf, das sie kriegen konnten. Sam arbeitete damals für die Fuller's Brewery und lernte dabei nach eigenem Bekunden noch eine Sache: »Die Kleinen forderten die Großen heraus.« Aber dabei ging es gar nicht so sehr um Wettbewerb oder Verdrängung. »Wir verdanken den Großen viel«, erklärt er und bekräftigt, dass man sich respektiert.

Die beiden kündigten ihre Jobs und gründeten 2007 Sipsmith. Aber erst Ende 2008 bekamen sie die Lizenz zum Brennen. Sie trafen Jared Brown und Anastasia Miller, zwei geschätzte Cocktailhistoriker, im Londoner Negroni Club. Die schicksalhafte Begegnung führte dazu, dass sich Jared Brown ihnen anschloss und heute als Master Distiller für sie arbeitet. Bei ihren Testläufen orientierten sie sich an der Arbeitsweise der Großen. Mit der Zeit lernten sie ihre Brennblase, eine Prudence, kennen und begannen, das Rezept auszuarbeiten, das später den Sipsmith Gins zugrunde lag.

»Bei Sipsmith dreht sich alles um klassische Gins«, erklärt Sam. Man fing mit einem London Dry an und nahm ihn als Ausgangspunkt für weitere Schöpfungen. Überraschendes ist in der Liste der Botanicals eher nicht enthalten. Da finden sich Wacholder, Veilchenwurzel, Süßholz, Engelwurz, Zimt, Gewürzrinde, Mandeln, Koriander und zwei Zitrusfrüchte. Die vielleicht verblüffendste Kreation des Hauses aber ist der VJOP, eine Liebeserklärung an den klassischen Gin, in der man das Wacholderelement bis zum Anschlag hochgeregelt hat. »Er entsteht in drei Stufen. Als Erstes wird Wacholder in den Brand eingelegt. Eine weitere Wacholderdosis kommt dazu, wenn er in die Brennblase läuft. Und schließlich speisen wir ihn noch über eine Carterhead ein.« Sam nennt den VJOP ihr »Meisterwerk«. Indem alle drei Möglichkeiten, Gin mit Wacholder anzureichern, ausgeschöpft werden, kommt jede Nuance seines Geschmacksspektrums im Endprodukt zum Tragen. Man bewahrt die zarten Noten aus der Dampfextraktion und den robusten Körper, den die Beeren in der Brennblase entfalten.

Zum explosionsartigen Anstieg der Zahl von Kleindestillerien in Großbritannien meint Sam nur: »Ist doch eine super Sache, wenn die Brennereien immer mehr werden!« Sipsmith gehörte zu den ersten, und es werden sicher noch viele folgen. »Für die Neulinge ist es ganz wichtig, dass sie ihre Geschichte erzählen«, rät ihnen Sam. »Das hat den Markt verändert. So entsteht eine emotionale Beziehung zu den Kunden. Und so bekommt man sie dazu, an der Bar einen Namen zu nennen: ›Habt ihr den und den Gin?‹«

Leidenschaft, Achtung vor der Tradition und Umsicht prägen die Geschichte von Sipsmith. Als Sam und Fairfax 2007 ihren alten Beruf aufgaben, hätten sie nie gedacht, dass es so lange dauern würde, bis sie ihren Traum leben könnten. Jetzt tun sie es. Und aus der Sicht der Gin-Welt hat sich das Warten gelohnt. Sipsmith erzeugt neben dem London Dry und dem VJOP auch einen Sloe Gin, einen Summer Cup Cordial, einen reinen Wodka und eine Variante mit Zwetschgennote.

GEGENÜBER Jared Brown, Fairfax Hall und Sam Galsworthy waren Pioniere der Craft-Destillerie-Bewegung in London. Ihr Gin avancierte rasch zum Vorbild einer neuen Generation handwerklich arbeitender Gin-Brenner.

SIPSMITH
14TH
MARCH
2009
PRUDENCE

Two Birds Speciality Cocktail Gin *40%*

Union Distillers Ltd.
Market Harborough, England

Klassischer Gin

In der speziell für Cocktails konfigurierten Version des Two Birds Gin hat der Wacholder noch mehr Power bekommen. Er dominiert die angenehme klassische Nase und lässt lediglich Koriander als Rückendeckung zu. Auch in dem von Botanicals belebten Geschmack schlägt Wacholder in trockener Frische den lautesten Ton an, muss aber Koriander, Zitrone und Engelwurz neben sich dulden. Auf jeden Fall einer der besten Cocktail-Gins. Ich empfehle ihn für – nun, Cocktails eben.

Warner Edwards Elderflower Infused Gin

40%

Flavoured Gin, empfehlenswert

Das Brennereiteam nimmt seinen ausgezeichneten Harrington Dry Gin, auf dessen Botanical-Liste bereits Holunderblüten stehen, mazeriert ihn mit Holunderblüten von Bauernhöfen der Region und süßt ihn leicht. Aromatisch setzt er auf Vanille, Holunderblüte und Backgewürz. Der Geschmack ist ein Streifzug durch eine Konditorei mit warmen Gewürzen und Crème brûlée im Vordergrund und einem blumigen Nachhall mit Holunder und Rosen. In einen Gimlet einfließen lassen oder mit Soda mixen.

Warner Edwards Victoria's Rhubarb Gin

40%

Flavoured Gin

Rhabarber wird tatsächlich gelegentlich als Gin-Botanical eingesetzt, aber nur selten als Hauptdarsteller wie in dieser Abfüllung. Die Nase durchweht das sommerliche Aroma von gekochtem Rhabarber mit einem Assortiment passender Gewürze wie Muskatnuss und Zimt, die für Tiefe sorgen. Auch im Geschmack taucht unverkennbar Rhabarber mit seinem typisch säuerlichen Pfiff auf. Vanillesüße und eine Mischung von Gewürzen (Kardamom, Gewürzrinde, Muskatnuss) verleihen ihm die Komplexität eines echten Gins.

Warner Edwards Harrington Dry Gin *44%*

Warner Edwards Distillery
Harrington, England

Moderner Gin

Wenn zwei Gin-Liebhaber sich beim Landwirtschaftsstudium begegnen, ist das Ergebnis der Stoff, aus dem Gin-Märchen gewoben werden. Viele der elf Botanicals im Gerstenbrand stammen von den eigenen Höfen der Gründer. Das Duftpaket des Gins ist aus Orangenzeste, Backgewürzen, Lavendel und etwas Cola geschnürt. Der komplexe Geschmack bringt warmes Getreide, Wacholder, Koriander, Kardamom und Garam Masala in Stellung. Zitrusgetönt, lebhaft und trocken der Abgang.

Warner Edwards Harrington Sloe Gin *30%*

Cordial Gin

Die Leute von Warner Edwards nehmen ihren Gin als Basis und fügen heimische, von Hand gesammelte Schlehen aus der britischen Landschaft hinzu. Dabei entsteht ein marmeladiger, aufgeweckter Likör mit Anklängen an frische Schlehen, reife Pflaumen und dickes Kirschkompott. Gar nicht einmal schlecht. In einem Savoy Tango ist er bestens aufgehoben.

Williams Chase Elegant Crisp Gin *48%*

Williams Chase Distillery
Hereford, England

Moderner Gin, empfehlenswert

Williams Chase erzeugt aus Äpfeln Apfelwein, den er zu Apfelwein-Wodka brennt. Aus diesem Wodka wird dann der Elegant Crisp Gin gemacht. Der zeichnet sich durch eine elegante Würze und ein leicht fruchtiges, süßes Aroma aus. Blumiger Wacholder leitet über zu einem köstlichen Mittelteil mit Walnusskrokant, Toffees und in Honig getauchten Bonbons. Ein langer, trockener Abgang mit Wacholder und Hopfen, dazu eine trocken-frische, adstringierende Textur mit einem Hauch Orange. Schön! Ideal für einen Martini.

Williams Chase
Seville Orange Gin *40%*
Flavoured Gin, empfehlenswert

Die Nase setzt sich aus Mandarine, Bergamotte und Zitronenöl zusammen, ist also intensiv und unbeirrbar zitruslastig. Der Geschmack hebt robust an und gibt das Musterbild eines Gins mit Koriander, Wacholder und Veilchenwurzel, bevor er frisch und überschwänglich Zitrus und Bitterorange mitsamt Schale aufbietet. Er verabschiedet sich mit einem präzisen Schlussakkord aus Orange und einem Hauch von Gin-Würze. Ein vorzüglicher Stoff, perfekt für einen Martini, mit Tonic oder in einem Fizz oder Collins. Einer der besten Flavoured Gins auf dem Markt.

UNTEN Der Sacred (Seite 104) zeigt auf der Kapsel diverse Destilliergerätschaften – als Hommage an die Wissenschaft der Gin-Erzeugung.

Schottland

Blackwood's Vintage
Dry Gin (2012) *40%*
Blackwood's Distil Company
Shetland, Schottland
Klassischer Gin

»Von Hand gesammelte Botanicals aus Shetland« bedeutet, dass das Setting sich je nach Klima bzw. Terroir von Jahr zu Jahr verändert. 2012 waren Wacholder, süße Orangen und Mädesüß im Duft auszumachen. Am Gaumen Vanille und Mädesüß mit beerenartigem Ton, der mit krautigem Wacholder verschmilzt. Leicht süßer, mittellanger Abgang. Gibt einen guten Gin and Jam oder French 75 ab.

The Botanist Gin *46%*
Bruichladdich Distillery
Islay, Schottland
Moderner Gin

Der Name der Brennerei fällt sogleich ins Auge, ist er doch in der Scotch-Welt überaus bekannt. Als Nächstes lässt einen die enorme Zahl von 22 Botanicals – die Boten der Inselflora – staunen. Blumige Nase mit Koriander, Zitronenstrauch, Mädesüß und Minze. Der Geschmack bietet trotz der Vielfalt an Botanicals keine großen Überraschungen: Wacholder, süße Kräuter und Minze geben den Ton an. Nachhall mit grünem Charakter. Angenehm lebhafter Auftrieb, Früchte, trockener Wermut.

Gordon's Gin *40%*
Cameronbridge Gin Distillery
Windygates, Schottland
Klassischer Gin

Gordon's gibt es seit 1769 – er ist eine Art Elder Statesman der Dry-Gin-Szene. Es ist weithin bekannt, dass die Marke über ein Jahrhundert lang die Nummer eins in Großbritannien war, wo sie heute mit 37,5% Alkohol und damit merklich schwächer und wässriger als in den USA angeboten wird.
Der Duft bekennt sich zu strahlendem Wacholder und frischer Zitronenzeste, der Geschmack knüpft mit kiefernfrischem Wacholder, begleitet von Gewürzrinde und Orangen, daran an. Relativ dichter, durch und durch klassischer Nachhall.

Gordon's Crisp Cucumber Gin
37,5%
Flavoured Gin

Eine der beiden Gordon's-Schöpfungen, die nach 2010 auf den Markt kamen. Gordon's ist kein Neuling im Bereich der Flavoured Gins. Sammler haben sich schon einige der verbliebenen Flaschen des Gordon's Orange Gin aus dem frühen 20. Jahrhundert unter den Nagel gerissen. Aber ich schweife ab. Der hier wirbt in der Nase mit Gurke und Zitrone. Sein Geschmacksprofil ist schwächer als das des klassischen Gordon's und legt leicht süße pflanzliche Noten offen. Ein einladender, weicher, süffiger Gin, den man am besten nur mit Tonic Water genießt.

Gordon's Elderflower Gin

37,5%

Flavoured Gin

Holunderblüten liegen seit Jahren im Geschmackstrend. Deshalb ist das Aroma mittlerweile Bestandteil vieler Spirituosen und Cocktails. Dieser Gordon's überzeugt mit einer blumigen, wacholderbetonten Nase, die zudem Veilchen und Kamille süß andeutet. Am Gaumen schmeckt man Wacholder und Kiefernzweige, die von Zitrusschalen abgelöst werden. Erst zum Schluss drängen Holunderblüten kraftvoll nach vorn. Sie machen sich auch bemerkbar, wenn man nach einem Schluck leicht einatmet. Zugänglich; gut in einem Martini, wenngleich Traditionalisten widersprechen würden.

Indian Summer Saffron Infused Gin *46%*

Duncan Taylor Ltd.

Huntly, Schottland

Moderner Gin

Safran ist das teuerste Gewürz der Welt, doch zum Glück braucht man nur wenig davon. Diesem Gin verleiht es eine kaum merkliche Goldtönung, beschert ihm aber auch einen vollen Duft, in dem das Exotische, Ledrige und die Wärme des Gewürzes zum Ausdruck kommen. Zum Auftakt wird man mit Orangenzeste, Zimt und kieferigem Wacholder konfrontiert, während sich im langen aromatischen Abgang Zimt und schwarze Pfefferkörner zeigen und auch die Orangenzeste noch einmal auftaucht.

NB Gin *42%*

NB Distillery Ltd.

North Berwick, Schottland

Klassischer Gin, empfehlenswert

Der NB wird nur in Kleinmengen, aber mit Liebe zum Detail abgefüllt. Allzu verrückte Ideen sind den Machern fremd. Sie arbeiten mit gängigen Botanicals und setzen auf einen hochwertigen Herstellungsprozess. Kiefer, Rosmarin und Zitrone offenbaren sich zuerst in der Nase, die später jedoch noch mit Basilikum sowie einer Gemüsebrühenote aufwartet. Traditioneller ist der Geschmack mit Wacholder und Zitrone. Letztere verblasst allmählich, während der Wacholder bleibt und noch Gewürznoten dazuholt. Warmer Abgang.

Hendrick's Gin *41,4%*

Girvan Distillery

Girvan, Schottland

Moderner Gin

Bei der auffälligen Flasche denkt vielleicht der eine oder andere an einen typischen britischen Dandy. Das Haus Hendrick's zeichnet sich durch geschicktes, umfassendes Marketing aus, verdient aber auch viel Lob dafür, dass es Gin-Freunden den Geschmack moderner Abfüllungen nahebringt. In der frischen, unverkennbar »ginnigen« Nase lässt sich ein blumiger, rosenduftiger Unterton ausmachen. Der runde Geschmack verweist auf Wacholder und Koriander mit einer Nachhut aus Mädesüß und Rosen. Ausgezeichnet in einem Gin Tonic.

Makar Glasgow Gin *43%*

Glasgow Distillery Company

Glasgow, Schottland

Klassischer Gin

Auf dem Etikett steht »überragender Gin mit dominanter Wacholdernote«. Dafür verdient der Makar eine lobende Erwähnung für ehrliche Werbung. Schon in der lebendigen, anregenden Nase zeichnet sich eine saftige Wacholdernote mit frischer Fichte ab, die von Zitrus und Rosmarin gestützt wird. Im Mund geht es ähnlich weiter: Der Gin birst förmlich vor grünem, harzigem Wacholder. Unterstützung bekommt er durch Koriander, Engelwurz, Zitrus und Rosmarin. Wer meint, die Gins von heute setzten zu wenig auf Wacholder, wird hier eines Besseren belehrt.

Pickering's Gin *42%*

Summerhall Distillery

Edinburgh, Schottland

Klassischer Gin, empfehlenswert

Ein Gin aus einer Kupferbrennblase, gefertigt nach einem Familienrezept aus dem Jahr 1947. Den Basisbrand aus Getreide reichert man mit neun Botanicals an – neben Wacholder sind dies Koriander, Gewürznelken, Anis, Kardamom, Engelwurz, Fenchel, Zitrone und Limette. Die Nase verrät Wacholder und Koriander, während im Geschmack Kiefern und Zitronenzeste den Hauptpart übernehmen, gestützt von Veilchen, schwarzen Pfefferkörnern sowie Fenchelsamen. Langer, warmer Abgang mit Fenchel und Gewürznelkenöl. Gut im Corpse Reviver No. 2 oder Last Word.

Rock Rose Gin *41,5%*

Dunnet Bay Distillery
Dunnet, Schottland
Klassischer Gin

Hier werden traditionelle Gin-Botanicals mit einer Reihe lokaler Pflänzchen wie Kreuzdorn, Vogelbeeren und Rosenwurz kombiniert, die die schottischen Highlands heraufbeschwören. Die Nase durchweht ein Duft nach Kiefernzweigen, unterlegt von würzigem Kardamom und Koriander. Der krautige grüne Wacholder gibt dem Gaumen, was dieser verlangt. Zum Ende hin bemerkt man erdige Rose, Koriander und weiße Pfefferkörner. Ein verhaltener, aber eleganter Gin – ideal für Ihren nächsten Martini.

Tanqueray 10

47% (Großbritannien) 47,3% (USA)
Klassischer Gin

Wundern Sie sich nicht, wenn Sie in eine gehobene Bar gehen und feststellen, dass die Nummer eins dort der Tanqueray 10 ist. Es gibt ihn seit 2000 und er zeichnet sich durch seine Wacholder-aber-das-ist-noch-nicht-alles-da-sind-noch-Grapefruit-und-Jasmin-Nase aus. Im Geschmack bleibt er traditionell, bekommt dank Vanille, Zitrone und Koriander aber auch ein merklich reicheres, buttriges, kuchenartiges Profil. Ein großartiger Cocktail-Gin für Martinis, Aviations oder Pegu Club Cocktails.

Tanqueray Old Tom *47,3%*

Old Tom, empfehlenswert

Der warme Duft lockt mit cremigem Wacholder, Zitrone und einem eng gewirkten Geflecht aus Veilchenwurzel und Kamille. Im angenehm weichen, geschmeidigen Geschmack lässt milder Wacholder allmählich eine Mentholnote zu. Sie kündigt den Abgang mit seinem scharfen, fruchtigen und blumigen Charakter an. Die Süße bleibt dezent. Ein sehr angenehmer Old Tom, perfekt für Ihren nächsten Martinez.

Tanqueray

43,1% (Großbritannien) 47% (USA)
Cameronbridge Gin Distillery
Windygates, Schottland
Klassischer Gin

Das 1830 gegründete Haus gehört zu den Großen der Gin-Welt. Sein Flaggschiff kommt mit ganzen vier Botanicals aus: Wacholder, Koriander, Engelwurz und Süßholz. Sie werden so geschickt kombiniert, dass man sicher ist, da müssten mehr sein. Im Duft dominiert Wacholder, der nur einen Hauch Zitrus neben sich zulässt. Im durch und durch klassischen Geschmack wird Wacholder mit Backgewürzen unterstrichen. Zimt? Schwarzer Pfeffer? Wird nicht gebraucht. In einem Aviation probieren.

Tanqueray Malacca Gin *47,3%*

Moderner Gin

Der Lazarus unter den Gins, eine Edition in limitierter Auflage. Er debütierte 1997, wurde aber kurz nach der Einführung des Tanqueray 10 wieder vom Markt genommen. Trotzdem hatte er Anhänger und galt als eine Art Kult-Gin. Er war seiner Zeit weit voraus, denn als man ihn 2012 wiederbelebte, lag er voll im Trend. Sein Duft suggeriert Zitrusnoten, vor allem Grapefruit. Zitrus ist auch im Geschmack führend, lässt aber noch Raum für Backgewürze und Englische Creme. Ein guter Solist, aber wenn es etwas Besonderes sein soll, nimmt man ihn für einen Clover Club oder Ramos Gin Fizz.

Tanqueray Rangpur Distilled Gin *41%*

Moderner Gin

Man kann die Rangpur-Limette gelegentlich in Obstläden finden. Die kleine orange bis grüne Zitrusfrucht ist eine Kreuzung aus Mandarine und Zitrone. Sie sieht wie eine Orange aus, ähnelt geschmacklich aber einer Limette. So richtig bekannt geworden ist sie durch den Rangpur Distilled Gin von Tanqueray. Der ist erwartungsgemäß in Duft und Geschmack von einer säuerlichen, frischen Limettennote geprägt. Am Gaumen schlägt das traditionelle Tanqueray-Profil durch. Gut aufgehoben ist der Rangpur in einem Gin Tonic.

Wales

Seaweed Farmhouse Botanical Gin *42 %*

Dà Mhìle Distillery
Llandysul, Wales
Moderner Gin

Er passt gut zu Meeresfrüchten, denn unter seinen Botanicals findet sich Seetang. Der Duft beschwört einen sommerlichen Kräutergarten mit Zitronenstrauch, Grüner Minze, Salbei, Fenchel und fernen Blumen herauf. Im frischen Geschmack zeigen sich Grüne Minze und Eukalyptus. Für einen Southside oder Basil Smash ist dieser kraftvolle Gin wie gemacht.

UNTEN Diese Flasche Seaweed Farmhouse Botanical Gin hat der Autor mit Wachs versiegelt, da sie eine Reise über den Atlantik überstehen musste.

Irland

Dingle *42,6 %*

Dingle Whisky Distillery
Dingle, County Kerry, Irland
Klassischer Gin

Mit Dampfextraktion werden hier mehreren heimischen Botanicals ihre Aromen entlockt. Der Dingle ist nicht einfach ein Gin aus einer irischen Brennerei, sondern ein Gin mit veritablem irischem Gepräge. Unter den Botanicals finden sich Vogelbeeren, Gagelstrauch und Heidekraut. Leicht marmeladige Nase mit menthol- und kräuterwürzigem Unterton. Wacholder im Abgang.

Knockeen Hills Elderflower Gin *43 %*

Thames Distillers Ltd.
London, England
Moderner Gin, Flavoured Gin

Knockeen Hills erzeugt seinen Basisbrand nicht aus Getreide, sondern aus Molke, die auch für die preisgekrönte Poteen-Linie verwendet wird. Der Gin überzeugt durch ein krautiges Aroma mit leichtem Jasminton im Hintergrund. Warm und voll das Mundgefühl. Holunderblüten treffen im Geschmack auf Zitrone und Laub. Grüner Wacholder im Mittelteil und ein gedämpfter Abgang auf einer Holundernote.

Shortcross Gin *46 %*

Rademon Estate Distillery
Downpatrick, County Down
Nordirland
Moderner Gin

Einmal kurz schnüffeln, und schon wird man davongetragen in eine irische Frühlingslandschaft mit blühenden Hecken. Beeren, Blätter, Kräuter und Blumen verschmelzen zu einer frischen Brise. Etwas verhaltener sind die Vanillecreme- und Zitronenkeksnoten.
Der Gin füllt den Mund mit einer reichen, öligen Textur und einer beeindruckenden Geschmeidigkeit für einen Gin dieser Stärke.
Im Geschmack fährt er Koriander, Zitrus, Beerensüße, Wacholder und Klee auf. Langer, trockener Abgang.

GEGENÜBER Das Flaschendesign von Martin Miller's Gin (Seite 99) nimmt Bezug auf die Herkunft des verwendeten Wassers.

MARTIN
MILLER'S
Westbourne Strength
ENGLAND - GIN - ICELAND
SMALL BATCH POT DISTILLED
ATLANTIC OCEAN
THE SECRET IS IN THE WATER
In my great grandfather's day, abundant local springs supplied water for gin making in London. These days, one has to travel a little further in search of good quality water. In pursuit of the very best gin, the best water had to be sought; I found it in Iceland.
Martin Miller's Gin is pot distilled using the finest botanicals and aromatics, then shipped to Iceland where it is blended with the
on earth.
Distilled in the United Kingdom
Martin Miller's
WestbourneStrength Gin is lovingly distilled in small batches like good malt whisky and uses only the 'heart' of the spirit. The still used for producing Miller's Gin is the Rolls Royce of pot stills - manufactured by John Dore & Co. in 1903, making it exactly 100 years old in 2003.
Miller's Gin is blended and bottled in Iceland using the purest Icelandic Water.
Blended in Iceland

Belgien

Belgien ist neben den Niederlanden das Ursprungsland des Genevers, aus dem später der Gin hervorging. Ähnlich wie in den Niederlanden präsentiert sich die Gin-Landschaft dort als eine Mischung aus Produkten etablierter Brennereien wie Filliers und Neueinsteigern wie Cockney's.

Genever ist eine geschützte Herkunftsbezeichnung. Echter Genever darf nur in Belgien, den Niederlanden sowie einigen Gegenden Frankreichs und Deutschlands hergestellt werden. Vor allem in den Niederlanden haben ihn viele Destillerien noch im Repertoire.

Was aber nicht heißt, dass die holländischen Erzeuger sich auf ihren Lorbeeren ausruhen. Renommierte Häuser wie Nolet produzieren seit Längerem hochwertigen Gin, während neue Erzeugnisse wie der Goodmans mittlerweile sogar schon auf Supermarktregalen zu finden sind. In Belgien und den Niederlanden blühen die Genever- und die Gin-Szene. Daher gibt es dort viele beachtliche Marken zu entdecken.

UNTEN Filliers-Flaschen haben einen traditionellen Verschluss aus Holz und Kork.

Cockney's Gin *44,2%*
Van der Schueren
Aalst, Belgien
Moderner Gin

Der Cockney's behauptet von sich, der älteste Gin belgischen Ursprungs zu sein. Sein Rezept stammt aus dem Jahr 1838. 2013 wurde es wieder aus der Versenkung geholt und dieser Gin auf den Markt gebracht. Er enthält 15 Botanicals und beschwört in der Nase ein Duftmantra aus Pralinen mit Orangennote, während der Geschmack von Kakao erzählt, der mit Zitrustönen und einem blumigen Korianderhauch ergänzt wird. Sobald die dunkle Schokolade im Mittelteil verblasst, klingt der Geschmack trocken und spröde aus. Ein kraftvoller Gin für Sommercocktails.

Filliers Dry Gin 28 *46%*
Filliers Graanstokerij
Deinze, Belgien
Klassischer Gin, empfehlenswert

Insgesamt 28 Botanicals hat Filliers neben Wacholder in diesen Gin geschickt. Zitrone und Orange mildern die Nase ab, die mit einer Dosis Koriander, mentholartigem Wacholder und einem kräuterwürzigen Finale daherkommt. Im nächsten Akt treten Orange und Limette sowie bissfeste Wacholderbeeren auf. Hinzu kommen cremige Noten mit pfeffrigem Schwung. Reich und mundfüllend. Mittellanger Abgang mit warmer Würze für den geduldigen Genießer.

Filliers Dry Gin 28
Barrel Aged *43,7%*
Aged Gin

Die Brenner von Filliers haben ihren Dry Gin 28 gedreht und gewendet, verändert und in etliche Richtungen geschickt. Ist die Ausgangsbasis gut, gelingen viele Experimente. Im Bukett zeigen sich milde Gewürze und Zitrus, während der Geschmack eine reiche, gewürzbetonte Seite hervorkehrt. Ich habe den wahren Wert dieses Gins erst erkannt, als ich ihn ausgebaut probiert habe: Muskatnuss, Vanille und Zitronenkuchen überzeugten mich. Am besten schmeckt der komplexe Gin, wenn man ihn langsam trinkt oder in einem Old Fashioned genießt.

Filliers Dry Gin 28
Pine Blossom *43,7%*
Flavoured Gin, empfehlenswert

Die Blüten in diesem Gin stammen von der Waldkiefer, die in ganz Nordeuropa bis Sibirien vorkommt. Sie wurden früher als Arzneikraut verwendet und verleihen dem Brand einen cremigen, kieferigen Charakter, der sich am Gaumen als Kombination von Vanille und frisch geschnittenem Kiefernholz bemerkbar macht. Ein langer immergrüner Ausklang auf einer leichten Mentholnote beendet die Vorstellung. Auffallend gutes Zeug, das mit Tonic harmoniert, aber am besten in einem jener Martinis brilliert, die Churchill gern trank: ohne alles – nur mit Gin.

Filliers Dry Gin 28
Sloe Gin *26%*
Cordial Gin

Pflaumen, Tomatensalsa, Gewürznelken, Muskatnuss und pflanzliche Kopfnoten lassen Raum für traditionellere Schlehen- und Kirschuntertöne. Durch seine pflanzliche Komplexität hebt sich dieser Sloe von anderen Vertretern seiner Art ab, was aber vielleicht nicht jedermanns Sache ist. Am Gaumen dominiert Pflaumensaft, der für süßen Zimt im Abgang Platz macht. Mit seiner Schärfe und leichten Süße bietet er sich für einen Sloe Gin Fizz an.

Filliers Dry Gin 28
Tangerine *43,7%*
Flavoured Gin, empfehlenswert

Was bekommt man, wenn man das vielfältige Aroma eines komplexen Gins nimmt und um eine weitere Komponente bereichert? Im Falle des Filliers Dry Gin Tangerine ergibt sich eine Nase mit Limette als Hauptton, ferner Mandarinen und Zitronenbaisertorte. Der Geschmack baut sich langsam mit klaren Tangerinen im Mittelteil auf. Wacholder tritt hinzu, außerdem ein Hauch Koriander und Muskatnuss. Fantastisch mit Tonic oder in einem French 75.

Niederlande

Goodmans Gin *44%*
Den Haag, Niederlande
Moderner Gin

Er wird zwar in Den Haag gebrannt, bezieht seine Inspiration aber von weither, genauer gesagt von den Florida Keys in den USA. Orangen- und Grapefruitschale geben in der Nase den Ton an; Gewürzrinde, Wacholder und Paradieskörner treten in Nebenrollen auf.
Am Gaumen dominieren Wacholder und Zitronenschale. Mit einigen Spritzern kaltem Wasser erweckt man Lavendel- und Veilchennoten zum Leben.

No. 3 London Dry Gin *46%*
De Kuyper Royal Distillers
Schiedam, Niederlande
Klassischer Gin

Wichtig ist nicht, für wen ein Gin gebrannt wird (in diesem Falle für Berry Bros. & Rudd in London), sondern wo. Also ist der No. 3 ein Niederländer. Sein Duft ist klassisch mit Wacholder im Vordergrund, gestützt von Zitrone und Engelwurz. Geschmacklich wirkt er anfangs verhalten, bis Wacholder die Herznoten anschlägt. Im Mittelteil klingen Süß- und Bitterorange an, hinzu kommt ein angenehmer Korianderschwung. Warmer Wacholder im anhaltenden Abgang.

Nolet's Reserve Dry Gin (Bottle: 007/998) *52%*
Nolet Distillery
Schiedam, Niederlande
Moderner Gin

Eigentlich soll es in Verkostungsnotizen um den Charakter und nicht um den Preis gehen, aber bei diesem Produkt ist er erwähnenswert, handelt es sich doch um den teuersten Gin der Welt. Er kostet 600 Euro und sollte pur getrunken werden. Die Nase setzt auf Rose, Geißblatt und Kiefer, im Geschmack zeigen sich Himbeere, Eiche, Safran und Pfirsich. Sie leiten über zu einem warmen Nachhall mit Zitronencreme, Iris und Wacholder.

Nolet's Silver Dry Gin
47,6%
Moderner Gin

Nolet's Silver steht seit Langem im Ruf, zu den modernsten unter den modernen Gins zu gehören. Tatsächlich thematisiert er im Duft temperamentvoll Aromen, denen man in einem Gin selten begegnet, etwa Rose, Pfirsich und Himbeere. Der Geschmack ist dann etwas bodenständiger und bleibt bei kieferigen Douglasiennoten und pfeffriger Würze. Man sollte diesen Gin nicht in allzu komplexe Kombinationen schicken, sondern pur, auf Eis oder in einem Martini trinken.

Filliers

Die Filliers Distillery befindet sich im belgischen Deinze in Ostflandern. Die Provinz ist die Geburtstätte des Genevers, der als Vorläufer des Gins in seiner heutigen Form gilt.

Filliers Graanstokerij
Leernsesteenweg 3
B-9800 Deinze
Belgien

www.filliers.be

Die Geschichte der Brennerei beginnt im späten 18. Jahrhundert. Die Filliers waren Bauern, die im Sommer Getreide anbauten und es in der kalten Jahreszeit einlagerten. Bis ins frühe 19. Jahrhundert gehörte der Hof Karel Lodewijk Filliers, Jahrgang 1792, und er beschloss, im Winter, wenn es ansonsten wenig zu tun gab, die Zeit zu nutzen, um aus dem überschüssigen Getreide Genever zu destillieren. Karel war der erste Brenner der Familie und stieß eine Tradition an, die über fünf Generationen bis heute fortbestehen sollte.

Als offizielles Gründungsjahr des Hauses gilt 1880, obwohl die Familie da schon lange im Geschäft war. Karels Nachfolger Kamiel Filliers kaufte in diesem Jahr eine Dampflokomotive und verwandelte damit den kleinen Bauernhof mit Brennblase über Nacht in eine ausgewachsene Destillerie.

In den 1920ern schuf ein weiterer Filliers mit Vornamen Firmin einen Gin für einen englischen Freund, der in Belgien zu Besuch war. Das Rezept wurde zu einem festen Bestandteil der Familientradition, aber erst im 21. Jahrhundert für einen gewerblich abgefüllten Gin, den Filliers Dry Gin 28, verwendet. Heute führt Bernard Filliers das renommierte Haus in fünfter Generation. Unter seiner Ägide wurde das 1928 entstandene Originalrezept aus der Versenkung geholt und zur Grundlage einer Reihe ausgezeichneter Abfüllungen gemacht.

GROSSES BILD Filliers wurde 1880 von Kamiel Filliers gegründet. Er richtete seine Brennerei auf dem Bauernhof seiner Familie ein.

UNTEN Die Familie Filliers destilliert bereits in fünfter Generation Gin und Genever in traditionellen Kupferbrennblasen.

Die Rezeptur sieht 28 unterschiedliche Botanicals vor. Sie werden mazeriert und in vier separaten Posten destilliert, die man später verschneidet. Weil die Filliers ursprünglich Getreidebauern waren, dient bis heute Getreidebrand als Basis. Destilliert wird in kupfernen Brennblasen.

Das Repertoire an Botanicals ist stilübergreifend: Unter den 28 Inhaltsstoffen findet sich Piment aus der Karibik ebenso wie Zimt und Ingwer aus Südostasien. Mit von der Partie sind außerdem unter anderem Lavendelblüten, Engelwurz, Hopfen, Koriander, Enzian sowie drei Arten von Zitrusfrüchten.

Obwohl Filliers eine beeindruckende Reihe handgefertigter Gins im Angebot hat, darunter Flavoured-Varianten mit Mandarinen- und Kiefernnote, ausgebaute Versionen und Sloe Gins, ist das Haus nach wie vor in erster Linie für seine Genever-Abfüllungen bekannt. Es brennt außerdem einen Wortegemsen (einen Genever mit dem Fruchtfleisch frischer Zitronen), Obst-Genever, Wodka und eine Whisky-Linie namens Goldlys.

Empfehlenswerte Gins:

Filliers Dry Gin 28
46 %

Filliers Dry Gin 28 Barrel Aged
43,7 %

Filliers Dry Gin 28 Pine Blossom
43,7 %

Filliers Dry Gin 28 Sloe Gin
26 %

Filliers Dry Gin 28 Tangerine
43,7 %

UNTEN Der Brennvorgang im Hause Filliers ist ein streng gehütetes Familiengeheimnis, das über die Generationen hinweg von Brennmeister zu Brennmeister weitergegeben wird.

Oliver Cromwell 1599 Gin

40%

UNBEKANNT, HERGESTELLT FÜR ALDI IN DEN NIEDERLANDEN

Klassischer Gin

Gin-Hausmarken von Supermarktketten gelten selten als Qualitätsware. Der in den Niederlanden destillierte und in Großbritannien verkaufte 1599 Small Batch Gin allerdings überzeugt vom Gegenteil. Er stellt sich ganz in den Dienst von Wacholder, doch ist dahinter eine beachtliche Komplexität mit Koriander- und Gewürztönen zu erkennen. Der 1599 ist nicht nur ein akzeptabler, sondern ein ziemlich guter Gin für Cocktails. Untadeliger Geschmack.

Three Corner Dry Gin *42%*

A. VAN WEES DISTILLEERDERIJ DE OOIEVAAR, AMSTERDAM, NIEDERLANDE

Klassischer Gin, empfehlenswert

Ist das wirklich alles? Dieser Dry Gin kommt mit zwei Botanicals aus: Zitrone und Wacholder. In der Nase zeichnet sich eine ausgewogene Kombination aus Zitrus und Wacholder ab, doch entdeckt man auch einen interessanten blumigen Unterton, der an Veilchenwurzel und Koriander erinnert. Der lebhafte Geschmack zeichnet sich durch Zitronenöl aus, ergänzt durch kieferige Zitrusnuancen. Man schwört, dass in dem cremigen, reichen Gin noch mehr ist. Vorzüglich zum Mixen, etwa für Gin and Jam.

Zuidam Dutch Courage

44,5%

ZUIDAM DISTILLERS BAARLE-NASSAU, NIEDERLANDE

Klassischer Gin

»Holländischer Mut« nannten die britischen Soldaten angeblich den Brand, den die Niederländer tranken, bevor sie sich in die Schlacht warfen. Heute kämpfen englische und holländische Tradition Seite an Seite – dieser Gin bringt den Stil, der in London populär gemacht wurde, auf den Punkt: Wacholder und exotische Koriandertöne locken im Duft, Zitronenzeste, kieferiger Wacholder und ein paar wärmende Gewürznoten im Geschmack. Moderat, sehr sauber und trocken das Finale.

Sylvius Gin *45%*

DISTILLEERDERIJ ONDER DE BOOMPJES SCHIEDAM, NIEDERLANDE

Moderner Gin

Von einer Brennerei in Schiedam erwartet man naturgemäß, dass sie sich auf Genever spezialisiert. Onder de Boompjes erzeugt Genever, hat aber auch den Sylvius Gin im Programm. Verwendet werden dafür ein Basisbrand aus Getreide und neben Wacholder eine ganze Reihe von Kräutern. Im Bukett entfalten sich Kümmel, Zimt und Zitrus. Kümmel findet sich neben Wacholder auch im Geschmack wieder, der mit Fenchelnoten abschließt. Modern, gewürzbetont und gut für einen Martini oder Negroni.

Van Gogh Gin *47%*

ROYAL DIRKZWAGER DISTILLERIES SCHIEDAM, NIEDERLANDE

Moderner Gin

Der Van Gogh Gin gehört zu den alten Herren der Gin-Renaissance. Er entstand bereits 1999, und auch wenn er inzwischen nicht mehr unbedingt als Abweichler durchgehen würde, so war er damals doch ein echter Revoluzzer. Der Duft grüßt mit Zitrone, Koriander und Süßholz, die gut miteinander verwoben sind, während der Geschmack ein zitroniges Konglomerat aus Wacholder, Gewürzrinde und Kubebenpfeffer mit würzig-komplexem Mittelteil ist. Warmer, erdiger und langer Ausklang. Ein super Cocktail-Gin.

UNTEN Der unverwechselbare, elegant lange Flaschenhals des Three Corner Dry Gin.

Frankreich

Wein und Cognac bilden den Schlüssel zur französischen Trinkkultur und spielen beide auch in der modernen Gin-Tradition des Landes eine wichtige Rolle. Zwei der bekanntesten Gin-Marken verwenden Traubenbrand als Basis und schicken Traubenblüten in ihren Gin; Brennereien im Cognac-Gebiet wiederum lasten ihre Brennblasen mit Gin aus, wenn sie keinen Cognac destillieren dürfen. Insgesamt kann man sagen, dass französische Gins charakterlich unglaublich vielfältig sind. Die Palette reicht von traditionellen Ausfertigungen bis hin zu jungen Wilden, die die Grenzen neu ausloten.

UNTEN Auf dem mattierten Flaschenhals des Citadelle Réserve ist das Gründungsjahr der Brennerei Pierre Ferrand zu sehen.

Citadelle Gin *44%*

Pierre Ferrand
Cognac, Frankreich
Klassischer Gin

Cognac darf per Gesetz nur zwischen November und März erzeugt werden. In den übrigen Monaten nutzt Pierre Ferrand die Pot Stills zum Brennen eines exquisiten klassischen Gins von großer Strahlkraft. Von den 19 Botanicals zeigen sich Veilchen, Orange und Koriander in der Nase. Im Geschmack entdeckt man Kardamom, Backgewürze und Wacholder, zum Ausklang außerdem Süßholz und Fenchel. Gut in einem Aviation oder Pegu Club.

Citadelle Réserve Gin (2013) *44%*

Aged Gin, empfehlenswert, Top 10

Der erste im Solera-Verfahren ausgebaute Gin. Dabei werden mehrere Fassreihen übereinandergestapelt. Neuer Gin kommt in die oberste Reihe und »sickert« allmählich in die unteren Fässer mit den älteren Posten bzw. wird in diese umgefüllt. So entsteht ein einheitliches Endprodukt. In der Nase manifestieren sich Koriander und Kardamom, im robusten Geschmack ein lebhaftes Joint Venture aus Fassnoten wie Vanille und Zeder sowie Kräutertönen. Trockener Wacholderabgang.

Diplôme Dry Gin *44%*

Erzeugt und abgefüllt für
Bebo Drinks
Dijon, Frankreich
Klassischer Gin

Das Rezept stammt aus dem Jahr 1945 und wurde für einen Gin verwendet, den man an die in Frankreich stationierten US-Soldaten ausschenkte. Die Auswahl der Botanicals ist recht traditionell. Die meisten waren damals in der Region gut verfügbar. Mit dabei: Wacholder, Koriander, Zitronen, Engelwurz, Safran, Veilchenwurzel und Fenchel. Volles, weiches Mundgefühl. Spröder, krautiger Wacholder im Mund, ferner ein Touch Fenchelsamen und Zitrus. In jedem Cocktail gut aufgehoben.

Gabriel Boudier Rare London Dry Gin *37,5%*

Gabriel Boudier, Dijon, Frankreich
Klassischer Gin

Dieser Gin macht sich gut in einem Gin Tonic und kommt wesentlich traditioneller daher als die Safranvariante (siehe Seite 120). Wärmende Gewürze mit einigen lebhaften Fenchelandeutungen ergänzen kiefernwürzigen Wacholder vor einer Zitruskulisse. Wenngleich man einige Gewürznoten aufspürt, so ist das Gesamtprofil doch durch und durch klassisch.

Gabriel Boudier Saffron Gin *40%*
Moderner Gin, Flavoured Gin

Die lebhafte Farbe der Flüssigkeit in der Flasche lässt einen sofort an das teuerste Gewürz der Welt denken. Der Safran kommt nach dem Brennen durch Mazeration zum Brand. In der Nase gibt sich der Gin mit Wacholder und Koriander überraschend traditionell. Safran macht sich hier nur als leichter Hauch bemerkbar. Am Gaumen hingegen wird der Gin seiner Farbe gerecht, allerdings mit einem weichen, ausgefeilten Geschmacksprofil, das lange warm auf der Zunge liegt. Gut solo, aber auch mit Tonic oder Soda.

G'vine Nouaison *43,9%*
Moderner Gin

Er ist traditioneller als der Floraison und basiert zwar auf derselben Formel, wird aber etwas alkoholhaltiger abgefüllt und mit mehr Wacholder aromatisiert. Er duftet nach Blüten und Kardamom, aber auch nach Ingwer und Wacholder. Im Geschmack kommt Wacholder dann lebhafter zur Geltung. Koriander übernimmt die Herznoten und duldet eine breite Palette dezenter Gewürze neben sich: Man erkennt Zimt, Ingwer, Muskatnuss und eine geringe Anis-Süßholz-Süße. Ein Gin, der in einen Martini oder Gimlet gehört.

Magellan Iris Flavoured Gin
44%
Angeac Distillery
Angeac-Charente, Frankreich
Klassischer Gin

Optisch sticht der Magellan aus der Masse klar hervor. Sein lebhaftes Tiffany-Blau – es entsteht durch die Mazeration von Irisblüten – mag Puristen alarmieren, doch ist das Bukett mit seinem klassischen, sauberen Wacholderaroma wesentlich konventioneller als die Farbe. Am Gaumen gebärdet sich der Gin zitrusfruchtig. Orangenzeste macht einem wärmenden Körper aus Koriander, Paradieskörnern und Kardamom sowie einem Touch Veilchenwurzel Platz. Der Schwerpunkt aber liegt überraschenderweise auf Wacholder.

G'vine Floraison *40%*
EuroWineGate Spirits and Wine
Merpins, Frankreich
Moderner Gin

Die Gins von G'vine unterscheiden sich von anderen durch die Art, wie Trauben – ein wichtiger Bestandteil der französischen Trinktradition – ihren Geschmack bestimmen. Zum einen wird aus ihnen der Basisbrand destilliert, zum anderen liefern sie mit ihren Blüten ein Botanical. So ergibt sich eine sehr blumige und lebendige Nase mit Kardamomnuancen. Den Gaumen prägen Limettenzeste, Koriander und Süßholz.

Le Gin 1 & 9 *40%*
Distillerie des terres Rouges
Turenne, Frankreich
Moderner Gin

Die leicht exotische Nase schmeichelt sich mit Süßholz, Anis und einer süßen Würze ein. Der Geschmack greift diese Vorgaben auf und formt sie zu einem extrovertierten, lebendigen Charakter. Grüner Wacholder bildet das Rückgrat, das von Kardamom, Engelwurz und Koriander gestützt wird. Im Schlussteil machen sich Süßholz, Fenchel und Selleriesalz bemerkbar. Der trockene, pfeffrige Abgang offenbart einen komplexen, würzigen Charakter. Wie gemacht für einen French 75 oder Negroni.

Pink Pepper Gin *44%*
Audemus Spirits
Cognac, Frankreich
Moderner Gin, empfehlenswert, Top 10

Es ist toll, wie dieser Gin einen Gin Tonic aufwertet oder einen Negroni mit pfeffriger Süße aufmischt. Aber am liebsten mag ich ihn als Solisten. Er macht seinem Namen alle Ehre und rückt rosa Pfefferkörner in den Mittelpunkt. Im Duft gibt er sich trocken und frisch, geschmacklich reich und cremig. Man schmeckt Pfefferkörner, Vanille und butterbestrichenen Zimtkuchen, immer mit der optimalen Wacholderdosis im Hintergrund. Ein Gin, an dem sich die Geister scheiden, aber wer das Moderne nicht scheut, wird ihn mögen.

Deutschland

Wacholder ist in ganz Deutschland verbreitet, und die deutsche Küche macht auch ausgiebig Gebrauch von den Beeren, wie Sauerbraten und Sauerkraut bezeugen. Zwei Bundesländer mit historischen Banden zu Belgien dürfen gemäß EU-Verordnung zudem echten Genever erzeugen. Trotzdem hat Gin in Deutschland bislang nicht den gleichen Stellenwert wie bei den Nachbarn. Doch das ändert sich gerade.

Seit etwa 2005 wurden zahlreiche neue Brennereien eröffnet. Viele von ihnen erzeugen Gin-Interpretationen mit regionalem Geschmacksprofil. Als Inspiration für den Monkey 47 etwa diente der Schwarzwald, während Ferdinand's Saar Dry Gin eng mit der Weinbautradition seiner Heimat verbunden ist.

OBEN Dactari ist bekannt für die ungewöhnliche Darstellung einer Insektenfrau auf den Flaschen.

Berlin Dry Gin *43,3%*

BERLINER BRANDSTIFTER GMBH
BERLIN, DEUTSCHLAND
Moderner Gin

Jede Abfüllung des Berlin Dry Gin ist auf eine Auflage von 9999 Flaschen limitiert, da der Vorrat der verwendeten Botanicals – Holunderblüten, Gurke, Malve und Waldmeister – begrenzt ist. Sie vereinen sich in der Nase zu einem fruchtigen Mix aus frischen Beeren und Limette. Im Mund leiten reiche Beerennoten über zu harzigem Wacholder, Zitrusnoten und Koriander sowie einem modernen, blumigen Nachhall.

The Bitter Truth Pink Gin *40%*

THE BITTER TRUTH GMBH
PULLACH, DEUTSCHLAND
Moderner Gin, Flavoured Gin

Der Gin macht mit seiner Tönung seinem Namen alle Ehre. In der Nase bilden fruchtige und blumige Noten mit Wacholder, Granatapfel und Rosen eine aromatische Koalition. Der Geschmack lässt neben kieferigem Wacholder noch Kirschen und Äpfel zu. Er klingt in einem adstringierenden, trockenen Schlussteil aus, der zunächst Wermut und Enzian, dann eine überraschend süße Süßholz- und Fenchelnote offenbart. Ausgewogen und ideal für einen Negroni.

Dactari Gin *40%*

DAC | DESIGN AM CHIEMSEE
PRIEN AM CHIEMSEE, DEUTSCHLAND
Moderner Gin

Für einen Tom Collins oder einen Gin Tonic ist der Dactari ideal. Im Duft zeigen sich Zitrone, Orangenblüten, Geißblatt und frische Kräuter, viele strahlende Kopfnoten, aber wenig anderes. Der weiche Geschmack brandet in drei Wellen heran: Zunächst erschmeckt man Zitrone und Lavendel, im Mittelteil treiben Wacholder und Zeder vorbei, während zum Schluss kandierte Orangenschalen und Pekannüsse anlanden. Zitrusbetonter, mittellanger Nachhall, sauber und trocken.

Elephant Gin *45%*

SCHWECHOWER OBSTBRENNEREI
SCHWECHOW, DEUTSCHLAND
Moderner Gin

Er wird zwar in Deutschland gebrannt, bezieht seine Inspiration aber aus der afrikanischen Savanne. Mit Baobab, Afrikanischem Wermut und Buchu verweist das Botanical-Spektrum auf den weit entfernten Kontinent. Trotz der exotischen Zutaten schmeckt der Brand angenehm vertraut: In der Nase werden Kräuter, Zitrusblüten und -zeste mit einem Hauch Lavendel erkennbar, der Geschmack ist komplex und vielschichtig mit Gewürzen, Kräutern, kieferigem Wacholder und frisch gemahlenem Pfeffer.

Ferdinand's Saar Dry Gin *44%*

Avadis Distillery
Wincheringen, Deutschland
Moderner Gin

Ein komplexer Gin mit einigen Trümpfen im Ärmel. 30 handgesammelte Botanicals sind schon genug, möchte man meinen. Aber zu etwas Besonderen machen den Brand die ihm hinzugefügten Rieslingtrauben. Das Bukett ist geschnürt aus blumigen Bestandteilen (Lavendel und Rose) und Zitrus (Mandarine und Zitrone) mit einem Beiwerk aus grasigen und kräuterigen Nuancen. Der Geschmack beginnt mit Zitronenschale, schwenkt im Mittelteil aber um auf Mädesüß. Langer Wacholder- und Zitronenabgang. Gut für einen French 75.

Lebensstern Pink Gin *43%*

Bar im Einstein
Berlin, Deutschland
Moderner Gin, Flavoured Gin

Technisch kann man den Lebensstern auch als vorgemixten Cocktail sehen. Er kann jedoch gut wie ein eigenständiger Gin verwendet werden, wenn man ihn als Flavoured behandelt. Sein Duft erzählt von Fenchel, Pfefferminzöl mit einem überraschenden Zuckerwatteton. Im kräuterlastigen Geschmack geben sich Fenchel, Süßholz und nasser Wacholder die Ehre. Der Nachhall erinnert an Angosturabitter. Gut solo oder als bitterer Touch in einem Martini oder Negroni.

Monkey 47 Schwarzwald Dry Gin *47%*

Black Forest Distillers GmbH
Lossburg, Deutschland
Moderner Gin

Ein Basisbrand aus Melasse und 47 Botanicals sind an seiner Entstehung beteiligt. Im lebhaften Duft erkennt man Limettenzeste, Wacholder, Zitronenöl, Zitronengras und einen Tick Koriander. Unglaublich komplex mutet er an wie ein Rundumschlag, mit dem man alles abdecken wollte. Ähnlich vielschichtig präsentiert sich der Geschmack, obwohl hier Zitrus den Ton angibt. Im warmen, langen Abgang Zitrone, Grapefruitschale, Zimt und Froot Loops.

Granit Bavarian Gin *42%*

Alte Hausbrennerei
Penninger GmbH
Hauzenberg, Deutschland
Klassischer Gin

Der Gin einer Hausbrennerei, die sich auf bayerische Spirituosen spezialisiert hat. Im Granit Gin kommen bayerische Kräuter und Wurzeln zu ihrem Recht: Zitronenmelisse, Bärwurz und Enzian. Der Brand wird in irdenen Behältern gelagert und schließlich durch Granit gefiltert. Das Ergebnis: Fenchel und Kümmel in der Nase, außerdem Koriander und Kiefer. Krautige Kiefernnoten im Geschmack. Anhaltender Abgang.

Lyonel Dry Gin *50%*

Wiegand Manufactur
Weimar, Deutschland
Moderner Gin

Der mit heftigen 50% abgefüllte Gin enthält 13 handgesammelte Botanicals und wird in kupfernen Stills über offener Flamme gebrannt. Das Flaschendesign erinnert an Werke von Piet Mondrian. Einnehmende Nase mit Wacholder und Koriander sowie Andeutungen von Minze. Der forsche Geschmack schwenkt von Rosen- und Koriandertönen auf Wacholder und Kreuzkümmel um. Trocken und mittellang der Abgang. Weich und gut gemacht. Für einen Last Word oder Alaska gut geeignet.

Simon's Bavarian Pure Pott Still – Harvest Gin *47%*

Feinbrennerei Simon's
Alzenau, Deutschland
Moderner Gin

Er grüßt mit einer ganz und gar einzigartigen Nase. Zunächst bekommt man Pilze und dunkle Noten vorgestellt, doch wenn man sich geduldet und das Duftgebäude etwas genauer ergründet, tun sich intensive Süßholz- und Marmeladennuancen mit Kirschen und Vanille auf. Der verhangene Geschmack setzt an mit Zitrus, gibt dann aber nasses Laub, Süßholz und Fenchel preis. Im langen Abgang trifft er doch noch den Wacholderton, aber als Cocktailzutat empfiehlt sich der Gin trotzdem nicht.

Simon's Bavarian Pure Pott Still – Summer Gin *42,5 %*
Moderner Gin

Der Duft bietet zunächst ein vegetabiles, fruchtiges Vorprogramm, um anschließend zu Gurke, Lorbeerblättern, Thymian und etwas krautigem Wacholder überzuleiten. Im Geschmack entwickelt sich eine robuste, frische Wacholderlinie mit einem schönen Beiwerk aus Kräutern der Provence, bevor Menthol und Eukalyptus übernehmen. Rosmarin und Salbei dominieren den mittellangen Nachhall. Sommer und blühende Kräutergärten – das passt gut zusammen. Ideal mit Soda und Zitrone.

Vallendar Pure Gin *40 %*
Brennerei Hubertus Vallendar
Kail, Deutschland
Moderner Gin

Als Erstes entsendet der Pure Gin einen kieferigen Wacholderduft mit Süßholz im Hintergrund. Es folgen schwache Malznoten mit Gerste und vergorenen Äpfeln. Der intensive Geschmack prescht mit Wacholder und Orangen-Gewürzkuchen voran, lässt aber auch noch Kampfer- und Fenchelsamen sowie Getreide als Untertöne zu. Es folgt ein langer, scharfer Ausklang mit reichlich harzigem Kiefernsaft und Wacholder.

rechts Jedes Etikett des Elephant Gin ist mit dem Namen eines bekannten Dickhäuters handbeschriftet. Die Brennerei arbeitet mit Organisationen zum Schutz von Elefanten zusammen.

Skandinavien

In Skandinavien trinkt man seit Jahrhunderten Spirituosen wie Gin. Statt sie aber mit Wacholder zu aromatisieren, griffen die Nordeuropäer zu Kümmel und Dill. Der so entstandene Brand ist besser bekannt als Akvavit oder Aquavit. Aquavit ähnelt Gin, da er aus einem neutralen Getreide- oder Kartoffelbrand besteht, den die Schweden *brännvin* nennen und der mit Kräutern und Gewürzen mazeriert wird. Man trinkt ihn gern pur aus Schnapsgläsern.

Die Verwendung heimischer Kräuter ist eine Tradition, die auch Gin-Brenner übernahmen. Hernö in Schweden oder Kyrö in Finnland bieten hochwertige regionale Gin-Interpretationen an, die man traditionell trinken oder mixen kann. Viele Brennereien verpassen ihren Gins durch heimische Früchte wie Moltebeeren oder Preiselbeeren Lokalkolorit. Skål!

UNTEN Eimverk weist diskret, aber nicht ohne Stolz auf die Herkunft seines Vor Gin hin.

Dänemark

Mikkeller Botanical and Hoppy Gin *44%*
BRAUNSTEIN DISTILLERY
KØGE, DÄNEMARK
Klassischer Gin

Das Bukett duftet wie ein Kiefernwald. Wacholder dominiert, wird aber begleitet von einem erdigen Hauch und dem Aroma frischer Blätter. Ähnlich der Geschmack, der auf Kiefernwald, Kardamom und Engelwurz verweist und dabei Hopfen und bittere Orangenzeste streift. Der lange, trockene Abgang thematisiert Orangen und Hopfen. Ein ausgewogener Cocktail-Gin.

Nordisk Gin *44,8%*
NORDISK BRÆNDERI
FJERRITSLEV, DÄNEMARK
Moderner Gin

Nordisk bedeutet »nordisch«, womit das Thema dieses Gins hinreichend beschrieben wäre. Er bedient sich heimischer Botanicals wie Moltebeeren und *qajaasat*, gibt aber auch noch einen Schuss Apfelbrand dazu. Im Duft beschwört er frisch und süß Äpfel und Erdbeeren herauf. Der Geschmack ist mit Blütenstängeln und Rosen sowie einem kieferigen Mittelteil grüner eingefärbt. Minze bereitet einen langen Abgang mit Apfelkuchen und Grünkohl vor. Ein fantasievoller, recht moderner Gin.

Finnland

Koskue Gin *42,6%*
KYRÖ DISTILLERY COMPANY
ISOKYRÖ, FINNLAND
Aged Gin

Schickt man den roggenbasierten Napue Gin in Holz, kommt dieser goldgelbe Koskue mit hehrem Aroma dabei heraus. Seinem warmen Zitronengrasbukett lässt er Fichten-, Holz- und Eukalyptusnoten am Gaumen folgen. Hinter dem frischen Mentholvorhang entdeckt man Getreide, Kümmel, Anis und Wacholder. Den leicht süßen Abgang reichert er mit Karamell, Zitronenpfeffer und Fichte. Gut in einem Old Fashioned oder Negroni.

Napue Gin *46,3%*
Moderner Gin

Lange war Roggen-Gin völlig von der Bildfläche verschwunden. Lediglich Reklameanzeigen aus dem 19. Jahrhundert erinnerten daran, dass es ihn einmal gab. Inzwischen aber haben ihn mehrere Brennereien in aller Welt wieder aus der Versenkung geholt. Was für eine Überraschung! In der Nase verführt er mit Zitrone und Mädesüß, während der Geschmack mit warmem, getreidigem Charakter lockt. Man schmeckt Minze, Süßholz sowie im Abgang einen Hauch von Fenchel. Warm und lang gezogen sein Schlusswort. Ein Gin, der roggt!

Grönland

Isfjord Premium Arctic Gin
44%
Isfjord, Grönland
Klassischer Gin

Erzeugt wird der Isfjord mit dem Wasser geschmolzener grönländischer Eisberge. Er ist ganz Wacholder, den er in der Nase mit salzig-pikanten Noten und einem Tick Macadamia, Haselnuss, Zitrone und Vanille unterlegt. Ein weicher, reicher, trockener Brand, der sich schon früh auf Koriander festlegt und einen trockenen Eindruck hinterlässt. Langer Wacholderabgang.

Island

Vor Gin *47%*
Eimverk Distillery
Garðabær, Island
Moderner Gin, empfehlenswert, Top 10

Die Gerste, der Wacholder und die übrigen Botanicals, darunter Exoten wie Krähenbeeren und Islandmoos, sind alle isländischen Ursprungs. Ein erstaunlich komplexer Gin: Sein Duft ist gewirkt aus Getreide- und Kräutertönen sowie Süßholz. Am Gaumen Wacholder, Rhabarber, Thymian, Oregano und Minze. Lang und warm der Abgang. Gut mit Tonic und in einem Negroni.

Norwegen

Hammer London Dry Gin
40%
Arcus Beverage
Oslo, Norwegen
Klassischer Gin

Dass er ein klassischer London Dry ist, macht er schon im Duft klar, indem er Wacholder voranschickt. Dahinter aber erkennt man Erdiges, Gewürze wie Koriander und Rosen. Doch lassen Sie sich nicht von Feinheiten ablenken: Nase und Geschmack gehören Wacholder. Immerhin haben im Abgang Koriander, Zitrus und ein Quäntchen Kümmel ein Wörtchen mitzureden. Ausgezeichnet in einem Bronx oder Clover Club.

UNTEN Auf der Flasche des Isfjord wird man dezent daran erinnert, dass der Gin aus einem eher schneereichen Teil der Welt stammt.

Nordisk Brænderi

Anders Bilgram ist ein Abenteurer. Zehn Jahre seines Lebens verbrachte er damit, die Gegend nördlich des Polarkreises in einem offenen Boot zu erkunden und Menschen zu treffen, die in Nordpolnähe leben. Seine Reisen dienten ihm als Inspiration für diesen Gin. Aber eins nach dem anderen ...

Nordisk Brænderi
Hjortdalveg 227
9690 Fjerritslev
Dänemark

www.nordiskbraenderi.dk

Empfehlenswert:

Nordisk Gin
44,8 %

Vor etwas mehr als zehn Jahren war Dänemark wie viele andere Länder nicht unbedingt ein Ort, an dem man sich leichtfertig dazu entschloss, eine Brennerei zu eröffnen. »Auf einer Bootsreise entlang der arktischen Küste«, erzählt Anders, »kam mir die Idee, von den dänischen Behörden die Erlaubnis zur Erzeugung eines hochwertigen Brands einzuholen, um die Gläser meiner Frau damit zu füllen. [Anders' Frau ist Glasbläserin.] Man beschied mir, dass das zwar möglich, aber nicht einfach sei.« Anders beendete seine Expedition 2008 und machte sich nach seiner Rückkehr in die Heimat sogleich ans Werk. So entstand die Nordisk Brænderi.

Zunächst brannte er Grappa, Whisky, Rum, Obstbrände und Schnäpse. »Nach einigen Jahren dachte ich mir, ich könnte es ja auch einmal mit einem Gin probieren. Das sollte dann allerdings einer sein, dessen Botanicals aus nordischen Ländern stammen.« Er entschied sich für *qajaasat* oder *Grönländischen Porst*, ein niedriges Kraut mit weißen Blüten, das in Grönland wächst. Seine Blätter werden in der Küche oft zum Würzen deftiger Fleischspeisen verwendet. Außerdem fügte Anders seinem Gin Moltebeeren hinzu. Die lachsfarbenen Früchte stammen von einer kleinen Waldpflanze und ähneln Himbeeren oder Brombeeren. Man kocht aus ihnen oft Marmelade, doch lassen sie sich nur schwer gewerblich anbauen. Aus Dänemark kommen Sanddorn, Wildrosen und Holunderblüten. »Mein ganzes Leben dreht sich um den Norden«, so Anders. »Diese heimischen Botanicals haben ein sehr schönes Aroma. Deshalb habe ich sie ausgewählt.«

Als Basisbrand verwendet er eine Mischung aus Melasse- und Apfelbrand aus dänischen Äpfeln. Die Destillation erfolgt in Müller-Brennblasen. Die Botanicals werden über ein Sieb ähnlich einem Geistkorb hinzugefügt, durch das der Dampf hindurchzieht. »Ich erzeuge drei unterschiedliche Destillate und verschneide sie anschließend nach meinem Geschmack.«

»Gin ist nicht nur eine flüchtige Mode – ihm steht eine große Zukunft bevor«, ist Anders überzeugt. »Er bietet so viele faszinierende Möglichkeiten. Ich finde es großartig, dass man ihn so vielseitig einsetzen kann, zum Beispiel in neuen Cocktails.« Er schlägt vor, seine Version als Gin Tonic zu probieren, aber anstelle des Zitronenschnitzes einige Beeren und Kräuter hinzuzufügen, um ihm noch mehr dänisches Lokalkolorit zu geben.

OBEN In der Müller-Brennblase von Nordisk wird der Gin dreifach gebrannt.

LINKS In die Brennblase kommen Wildrosenblüten. Sie zeichnen für die Blütenaromen verantwortlich.

GROSSES BILD UNTEN *Qajaasat* ist eine Pflanze, die in Grönland wild vorkommt. Aus ihren Blüten bereitet man Tee, doch Nordisk nutzt sie als Botanical für seinen Gin.

Schweden

Hernö Swedish Excellence Gin (Batch 11) *40,5%*

Hernö Gin, Härnösand, Schweden

Moderner Gin

Das Flaggschiff des Hauses wird mit acht Botanicals gebrannt. Einen landestypischen Anstrich geben ihm die Preiselbeeren, die, obwohl sie fast schon zu klischeehaft schwedisch sind, hier genau richtig wirken. Wacholder und adstringierende Beeren leiten über zu Marmelade und Vanille, gefolgt von einem langen Abgang. Ausgezeichnet mit Fever Tree Tonic Water.

Hernö Juniper Cask Gin (Batch 5) *47%*

Aged Gin, empfehlenswert, Top 10

Wacholder spielt in der skandinavischen Tradition eine wichtige Rolle. Es werden daraus kleine Gefäße gefertigt und beim Bierbrauen wird es als Filtermaterial verwendet. Aber nie hat man Gin in einem Wacholderfass ausgebaut, bis Hernö es 2013 wagte. Allein das verdient Lob, doch der Brand übertrifft alle Erwartungen. Seiner wärmenden Nase schließt sich ein intensiver Geschmack mit Wacholder, Zitrus, Blüten und Gewürzen an. Er wird am besten pur vor dem Kamin getrunken.

Nils Oscar Tärnö Gin *41,5%*

Nils Oscar Brewery

Nyköping, Schweden

Moderner Gin

»Sag's mit Blumen« ist das Motto seines Dufts, den der Tärnö noch mit Beeren, Koriander und Kardamom angereichert, allerdings ohne Wacholder gänzlich zu vernachlässigen. Der Geschmack schlägt in dieselbe Kerbe, setzt aber mit Zitrone, Zimt und Holunderbeeren zum Ausklang noch einen drauf. Ein ausgewogener moderner Gin, der mit Tonic Water oder Soda gut funktioniert. Lebhaft und süffig.

Hernö Navy Strength Gin *57%*

Moderner Gin

Er geht im Grunde als Turboversion des Hernö Swedish Excellence Gin durch. Auffallend ist jedoch, wie viel stärker sein Charakter bei dem höheren Alkoholgehalt in Cocktails durchschlägt. Er hat die Kraft, einen Negroni mit einem Preiselbeerton zu veredeln und einen Aviation mit Wacholder und Vanille anzureichern. Er baut sich rascher auf als sein schwächerer Bruder, doch tritt der Wacholder im hinteren Teil zugunsten einer buttrigen Schwere mit Zitrusnote beiseite. Einer der besten modernen Gins in Navy Strength.

Hernö Old Tom Gin (Batch 5) *43%*

Old Tom

Man nehme die Standardabfüllung, gebe etwas mehr Mädesüß dazu und süße mit Honig und Zucker. Der Duft ist mit Wacholder und Koriander klassisch, doch am Gaumen präsentiert sich der Brand strahlend und blumig. Zu Beginn schmeckt man Wacholder, den Mittelteil übernehmen Mädesüß und Jasminblüten, das Finale Preiselbeeren und Vanille. Zum Schluss sorgt dezente Süße für eine milde cremige Note. Ergibt einen ordentlichen Tom Collins und Martinez.

Spirit of Hven Organic Gin *40%*

Spirit of Hven

Backafallsbyn, Schweden

Moderner Gin

Das Besondere an diesem Gin ist, dass er noch vor dem letzten Lauf in Eichenfässer geschickt wird. Die lebendige Nase präsentiert sich mit Zitronenzeste und frischem Orangenöl. Am Gaumen hebt er weich und cremig an, um sich crescendoartig zu steigern. Dabei zeigt er im Mittelteil ein lautes Repertoire aus Kubebenpfeffer und Paradieskörnern. Sie werden gemildert von Wacholder sowie einem Hauch Vanille und Kardamom, die zu einem trockenen, pfeffrigen Finish hinführen.

Strane London Dry Gin (Merchant Strength) *47,4 %*
SMÖGEN DISTILLERY
HUNNEBOSTRAND, SCHWEDEN
Klassischer Gin

Die Smögen Distillery verschneidet ihre Gins aus drei Destillaten mit Zitrus-, Wacholder- und Kräuterausrichtung. Es werden drei Versionen mit unterschiedlichem Alkoholgehalt abgefüllt. Der Merchant Strength hat ein lebendiges Bukett mit Mandel, Zitrone und Zimt. Sein voller Geschmack schickt Wacholder voraus, Zitronenschale, Kamillentee und Minze folgen. In einem Gin Fizz oder Gimlet testen.

Strane London Dry Gin (Navy Strength) *57,1 %*
Klassischer Gin, empfehlenswert

Er wird höherprozentig als der Merchant Strength abgefüllt und eignet sich für nahezu jeden Cocktail hervorragend. Bestens aufgehoben ist er etwa in einem Corpse Reviver No. 2, einem Aviation oder einem Last Word. Koriander und Wacholder im Aroma werden flankiert von Zitronenzeste, die einen Hauch Farbe beisteuert. Im Geschmack hält sich der Gin überwiegend an die klassische Formel mit Zitronenzeste, harzigem Wacholder und Kräutern der Provence im trockenen, kurzen Abgang. Ein hochklassiger Vertreter der Muskelmänner unter den Cocktail-Gins.

RECHTS Die Flasche des Spirit of Hven erinnert an ein Laborgefäß.

Hernö Gin

Hernö, Schwedens erste ausschließliche Gin-Brennerei, versteckt sich im Dorf Dala bei Härnösand nur knapp südlich der Höga Kusten. Dieser faszinierende, zum Weltnaturerbe erklärte Küstenstrich wurde einst von Gletschern geformt.

Hernö Gin
Dala 152
871 93 Härnösand
Schweden

www.hernogin.com

Empfehlenswerte Gins:

Hernö Navy Strength Gin
57%
Hernö Swedish Excellence Gin (Batch 1) *47%*
Hernö Juniper Cask (Batch 5) *47%*
Hernö Old Tom Gin (Batch 5) *43%*
Hernö Blackcurrant Gin
28%

»Ich habe 1999 angefangen, mich für Gin zu interessieren. Damals habe ich als Bartender in London gearbeitet«, erinnert sich der Hernö-Gründer und Brennmeister Jon Hillgren. »Im Lauf der Jahre wurde mein Interesse immer größer.« 2005 begann er, sich ernsthaft mit dem Wacholderbrand zu befassen. Etlichen Destillerien stattete er einen Besuch ab. 2011 gründete er die Hernö Gin Distillery. Sein erster Gin kam am 1. Dezember 2012 auf den Markt.

Jon vermisste unter den erhältlichen Gins eine ganz bestimmte Geschmacksrichtung. Als er seine Hernö-Linie konzipierte, strebte er einen frischen, blumigen Gin mit klaren Zitrusnoten an. Fast vier Monate dauerte es, bis er nicht nur den passenden Botanical-Mix, sondern auch die richtige Temperatur und den optimalen Druck gefunden hatte. Jedes Detail musste stimmen, damit exakt der Gin entstehen konnte, der ihm vorschwebte.

Die Basis seiner Brände ist Bioweizen. Beim ersten Lauf entsteht eine Art Wodka. »Danach säubere ich die Still und fülle ihn noch mal hinein.« Jon verwendet eine Holstein-Kupferbrennblase mit Säule und 250 Litern Fassungsvermögen. 2015 besorgte er sich ein zweites, größeres Exemplar, das 1000 Liter fasst.

Zunächst fügt Jon Wacholder und Koriander hinzu. Sie lässt er 18 Stunden lang mazerieren, bevor er die übrigen Botanicals ins Spiel bringt. »Die Zitronen schäle ich selbst«, verrät er. Mit dabei sind außerdem Preiselbeeren, Mädesüß, schwarzer Pfeffer, Gewürzrinde und Vanille.

»Ich denke, die Zahl der Brennereien wird in den nächsten Jahren noch weiter explodieren«, vermutet er. Dabei würden die Kunden vor allem auf Prädika-

te wie »regional«, »aus handwerklicher Herstellung« und »biologisch« achten. »Der Markt ist riesig, und es ist immer noch Platz für viele kleine Brennereien und sogar einige mittelgroße, ohne dass die großen gefährdet wären.«

Jon produziert seine Gins mit zertifiziert biologischen Botanicals. Aus handwerklicher Erzeugung? Sicher. Biologisch? Natürlich. Neben dem normalen Hernö Gin gibt es eine Ausführung in Navy Strength, also mit 57 %. 2014 nahm Jon zudem einen Old Tom und einen Blackcurrant Gin – Schwedens Antwort auf die britischen Cordial Gins mit Rohstoffen aus der heimischen Heckenlandschaft – in sein Programm auf. Und dann ist da noch der Brand, der wie kein anderer von der skandinavischen Kultur durchdrungen ist: der Juniper Cask. Er wird in einem Fass aus Wacholderholz ausgebaut und ist sozusagen eine von nordeuropäischen Traditionen beeinflusste Weiterentwicklung der Aged Gins. Früher wurde dieser Holztyp von Webereien in der Region verwendet und kam sogar bei der Erzeugung anderer traditioneller Getränke wie dem finnischen Sahti-Bier zum Einsatz.

Obwohl die Brennerei fest in der schwedischen Tradition verwurzelt ist, konzentriert sie sich ausschließlich auf Gin. Eigentlich kann man mit keiner Abfüllung des Sortiments etwas falsch machen. Man sollte sie pur und bei Zimmertemperatur trinken, rät Jon. »Aber an heißen Sommertagen ist auch ein Gin Tonic oder Tom Collins ideal.«

DOPPELSEITE UND RECHTS Schwedens nördlichste reine Gin-Brennerei einmal im Winter und einmal im Frühjahr, umgeben von Mädesüß, einem wichtigen Botanical für die Gins von Hernö.

Spanien

Für viele ist der Gin Tonica Spaniens Beitrag zur Gin-Welt. Das Land scheint fasziniert, ja besessen von dem Cocktail. Für ihn wurden Gins, Aromastoffe, Garnierungen und Serviertraditionen so ausgiebig studiert, dass das simple Mixgetränk Eingang in die Welt der gehobenen Barkunst fand.

Aber das ist nicht alles. Als wir uns mit mutigen Bränden, die von Wacholder abrückten, befasst und einen neuen Namen – New American, New Western – für sie gesucht haben, hätten wir nur nach Süden schauen müssen. Dorthin, wo man Gin kreativ angeht. Die Bandbreite spanischer Gins reicht von typischen Vertretern bis hin zu den fantasievollsten, überraschendsten Schöpfungen der Welt. Weltweit tobt man sich in modernen Gin-Kreationen aus, und Spanien hatte da vielleicht von Anfang an die Nase vorn.

UNTEN Der NUT ist so komplex, dass man ihn sogar beim profanen Verkosten genießen sollte.

69 Brosses Desig Gin Destilado *37,5%*
69 Brosses
Valencia, Spanien
Moderner Gin

»Mit Vorsicht zu behandeln« sollte man bei diesem Gin warnen, denn die Verwendung in Cocktails würde ihm nicht guttun. Man trinkt ihn am besten pur mit Eis. Seine weiche, süße Nase schmeichelt den Sinnen mit Talkum, Lederseife, Veilchenbonbons und hellen Himbeeren. Der duftige Geschmack ist ein blumiges Medley mit fruchtiger Süße. Im langen, trockenen Schlussteil bleibt Wacholder im Hintergrund. Sehr kurzer Abgang.

69 Brosses Clàssica Triple Distilled *37,5%*
Moderner Gin

Zu seinem sauberen Bukett im klassischen Stil gehören Wacholder, Engelwurz, Koriander und eine fruchtig-süße Note im Hintergrund. Der Brand selbst zeichnet sich durch eine weiche, wässrige Textur aus und ist mit seiner milden Art der ideale Partner in einem Drink, der die Spirituose in den Vordergrund rückt, also etwa in einem Martini. Er hat alles, was ein Gin braucht, wenngleich er es – bei einer zarten Veilchensüße – nur flüsternd vorträgt.

69 Brosses Mora Silvestre *37,5%*
Moderner Gin

Im intensiv duftenden Bukett rollt eine wahre Aromawoge aus blumigem Koriander, Rosen und Zitrusblüten heran. Der Geschmack bläst unglaublich blumig ins selbe Horn und setzt mit Potpourri, Veilchenbonbons und etwas Brombeeren noch eins drauf. Das Zartduftig-Blumige scheint den eigentlichen Gin-Charakter, so er denn vorhanden ist, völlig in den Hintergrund zu drängen.

69 Brosses Naranja Navelina *37,5%*
Moderner Gin, empfehlenswert

Der lebendige Duft reizt mit seiner Energie die Duftrezeptoren in der Nase bis zum Äußersten und stimuliert sie schon beim Eingießen. Der Geschmack wird von Orangennoten beherrscht, doch bekommen auch einige traditionellere Töne ihre Chance. Sein strahlender Zitruscharakter ist so unverwechselbar wie gefällig. Darf's ein Hot Toddy sein? Ein Gin Tonic – oder auch ein spanischer Gin Tonica? Er funktioniert in vielen Drinks. Ziemlich gut.

Cool Gin *42,5%*

Benevento Global SL
Granada, Spanien
Moderner Gin

Ein Blickfang ist der violette Brand auf jeden Fall. Er sieht fast aus, als habe jemand Veilchenbonbons in ihn eingelegt. Was vielleicht sogar stimmt. Denn auch den Duft beherrschen intensive künstliche Veilchenaromen. Am Gaumen dagegen macht sich eine überraschend robuste Gin-Textur bemerkbar, die von Wacholder, Zitrus und Koriander gestützt wird. Den Schlussteil bestimmen zuckriger Zimt und Veilchen. Kann in einem Aviation die Crème de Violette ersetzen.

NUT Gin *45%*

Arbenig
L'Empordà, Spanien
Moderner Gin

Im Duft lassen sich leicht holzige, herzhafte Gewürze mit süßen Untertönen wahrnehmen. Im üppigen Geschmack zeigen sich Vanille, Zimt, Muskatnuss und Ingwer. Der Schlussteil wirkt recht alkoholisch mit einer trockenen Prise Engelwurz. Lang und warm empfiehlt sich der Gin im Abgang. Man hat fast das Gefühl, als sei der NUT speziell für einen Alexander gebrannt worden.

Xoriguer *41%*

M. Pons Justo
Mahón, Menorca, Spanien
Klassischer Gin

Der Gin de Mahón, dessen Herkunftsbezeichnung lange geschützt war, wird aus Trauben gebrannt und reift vor der Abfüllung im Eichenfass. Er entstand, als heimische Brenner die britischen Besatzer auf Menorca zu versorgen suchten. Den Duft bestimmen Harz und Wacholder, doch der Geschmack verweist deutlich darauf, dass man es nicht mit einem herkömmlichen Getreidebrand zu tun hat. Im Abgang kräuterwürziger Wacholder und Thymian, Pfeffer und Mädesüß. Ideal für einen Martini oder Negroni.

Ginself *40%*

Carmelitano Bodegas y Destilerías
Benicasim, Spanien
Moderner Gin

Der Duft geht mit Zitrus in allen Facetten – Zeste, Schale, Öl und Blüten – sofort in die Vollen. Trotzdem ist hinter der Zitrusfassade eine Komplexität zu erkennen, die sogar nussigen Keksnoten Raum lässt. Der volle, reiche Geschmack bietet Orangenkekse und Marmelade an und endet mit einem Quäntchen Wacholder und Engelwurz. Relativ lang gerät der Nachhall, in dem bittere Zitrusnoten nicht weichen wollen.

Santamanía Reserva *41%*

Destilería Urbana
Madrid, Spanien
Aged Gin

Der aus Trauben gebrannte Gin mit der hellgelben Farbe wurde in einer limitierten Auflage von fünf Fässern aus französischer Eiche produziert, in denen er in einem über 500 Jahre alten Felsenkeller reifte. Die zitronige, bonbonartige Nase zeigt in der Tiefe holzige, erdige Töne. Der Geschmack hebt weich mit Wacholder, Eiche und Engelwurz an. Nach hinten wird er süßlich mit Süßholz, Wacholderrinde und frisch gemahlenem Pfeffer. Trocken das wärmende Profil. Ideal für einen Negroni.

UNTEN Kaum sichtbar sind auf der mattierten Flasche des 69 Brosses Mora Silvestre die vielen Botanicals aufgelistet, die für den einzigartigen Geschmack verantwortlich zeichnen.

Schweiz

Diesem Land hat die Welt den Absinth zu verdanken – genauer gesagt einem französischen Arzt, der in Couvet lebte. Das Land in Europas Mitte scheint ein geeigneter Ort, um nun auch eine andere Kräuterspirituose neu zu erfinden. Die Schweizer Brennereien kombinieren in ihren Gins heimische Zutaten wie Bergwasser und Edelweiß mit anderen Kräutern. Dabei entstehen sehr klassische, aber auch zukunftsweisende Interpretationen.

UNTEN Für den Xellent Gin aus Willisau werden Roggen und Botanicals der Region verwendet.

Nutmeg Gin *44 %*

OLIVER MATTER
KALLNACH, SCHWEIZ
Moderner Gin

Muskatnuss, engl. *nutmeg*, ist erwartungsgemäß eines der ersten Aromen, von denen man begrüßt wird. Im Hintergrund halten sich Kaffee, Pfeifentabak, Holz und Leder. Hat man den Gin einmal im Mund, stellen sich Zitrus und Koriander in den Mittelpunkt. Mit zunehmender Geschmacksentwicklung streicheln dann wärmere Noten den Gaumen. Holzige Gewürze, Leder und Tabak leiten zu einem Abgang mit vegetabilen und salzigen Tönen über. Komplex, ausgewogen und ein Unikat unter den modernen Gins.

Studer Original Swiss Gin *40 %*

STUDER & CO. AG
FREIHEIM, ESCHOLZMATT, SCHWEIZ
Klassischer Gin

Engelwurz und Veilchen stehen in der Nase im Vordergrund, während der Geschmack mit ausgeprägt trockenem Charakter anhebt. Als Kulisse fungieren süßer Zimt und Veilchenwurzel; sie fügen dem traditionelleren Charakter eine gewisse Süße hinzu. Im Gesamteindruck wirkt er fast wie Likör, doch ist die Süße nicht aufdringlich. Zitrus und eine warme Würze beschließen die Vorstellung. Ein klassischer Gin in interessanter Neuinterpretation.

Studer Swiss Gold Gin *40 %*

Moderner Gin

Wer genauer hinschaut, sieht winzige Goldflocken in der Flüssigkeit schwimmen. Gin-Liebhaber werden sich davon wohl nicht blenden lassen, sondern eher am einmaligen Duft und Geschmack interessiert sein. In der Nase haben Kräutertöne das Sagen, darunter auch Dill und Petersilie; hinzu kommt eine leicht salzige Note. Im Geschmack finden sich dann reichlich Zitronengrasnuancen, denen Zitrusschalen und Koriander eine gewisse Tiefe geben. Die duftigen, blumigen Anwandlungen werden durch eine wärmende Würze etwas gedämpft.

Studer Swiss Classic Gin *40 %*

Moderner Gin, empfehlenswert

Im harzigen Duft dieses Gins sind grüne, laubige Kräuternoten wie etwa das Aroma frischen Basilikums erkennbar. Im Geschmack schlägt einem gleich zu Anfang feuriger Ingwer entgegen, zu dem sich Zitronengras gesellt. Als Nachzügler stellen sich frische grüne, laubige Noten ein, wie man sie schon in der Nase kennengelernt hat. Begleitet werden sie von Zitrusnuancen und dezent kiefernaromatischem Wacholder. Ein ausgezeichneter Gin voller Harmonie.

Xellent Gin *40%*
Diwisa Distillerie
Willisau, Schweiz
Klassischer Gin

Einheimische Zutaten wirken an der Gin-Werdung dieses Brands mit. Das beginnt mit der Basis aus Roggen und hört auf mit Waldmeister und Zitronenstrauch unter den Botanicals. Das Bukett durchweht ein Duft aus warmem Heu, doch lassen sich auch Anis und Wacholder erschnuppern. Im cremigen, ausgewogenen Geschmack ist weniger bemerkenswert, was sich darin abzeichnet, sondern wie gut sich alles zusammenfügt. Verhaltene blumige Andeutungen und Wacholder. In einem Rickey oder Pink Lady probieren.

UNTEN Studer erzeugt in der Schweiz seit mehr als 130 Jahren Gin.

Österreich

Hiebl Destillerie Gin No. 1
40%
Destillerie Hiebl
Reichhub, Haag, Österreich
Moderner Gin

Reichlich kieferiger Wacholder bringt die Nase auf Trab, unterstützt durch cremige Zitrusnoten. Die Basisnoten erzeugen ein Bild von Bergwaldböden und suggerieren so eine Art Terroir. Allenthalben begegnen einem erdige Kräuter und Blüten. Den Geschmack beherrscht Koriander, doch auch hier schlagen dieselben Blütennoten sowie eine zitrusfruchtige Bitterkeit und ein krautiger, erdiger Charakter durch. Mit Menthol sagt der Gin Adieu.

Hiebl Destillerie Gin No. 2
40%
Moderner Gin

Die duftige Nase definiert sich über lebendige, blumig angehauchte Koriandersamen, die aber auch Himbeeren, Heidelbeeren und Veilchen noch Raum lassen. Selbst eine zitrusfruchtige Kiefernnote und frisches, saftiges Holz gehören noch zum aromatischen Profil dieses Gins. Geschmacklich greift der Brand das Blumige des Buketts auf und ergänzt es durch Talkum, Veilchen, Lavendel sowie Bergwiesen. Und im Nachhall? Wald, Blüten und der Zauber frischer Winterluft.

Monopolowa *43,5%*
Altvater Gessler -
J.A. Baczewski GmbH
Deutsch Wagram, Österreich
Moderner Gin

Der aus Kartoffeln statt Getreide gebrannte Monopolowa steht im Ruf, gute Qualität zum günstigen Preis zu bieten. Die zitronenschwere Nase zeigt im Hintergrund eine harzige Kiefernnote. Frische Zitruspfade führen zu Orangenschalen. Am Rande wabert Anis durch die Aromalandschaft, durchzogen von einer harzigen, dichten, unterschwelligen Wacholdernote, die sich erst spät manifestiert. Gut in einem Last Word oder Corpse Reviver No. 2.

UNTEN Die Silhouette der unverwechselbaren Hiebl-Flaschen mit ihrem langen Hals findet sich im »i« des Unternehmenslogos wieder.

Tschechien

OMG Gin *45%*
Žufánek, Boršice u Blatnice, Tschechien
Moderner Gin

Kaum glaubt man, alle Internet-akronyme wie LOL zu kennen, kommt jemand und macht daraus ein Gin-Wortspiel. OMG, eigentlich kurz für »Oh my God!«, wird hier zu »Oh my Gin« mit 16 Botanicals. Koriander und holzige Gewürze prägen die Nase. Der Geschmack ist mit Süßholz, Veilchen und Beeren eher laut mit einem langen Abgang.

OMFG Gin *45%*
Moderner Gin

Mit dem »F« wird die OMG-Formel um ein »Finest« ergänzt, was heißen soll: um ein neues Botanical namens Damiana. Dabei handelt es sich um ein kamilleartiges Kraut, dem in wissenschaftlichen Studien aphrodisierende Wirkung attestiert wurde – zumindest bei Mäusen. Der nussige Duft verlegt sich auf Wurzeln und Kiefern, während der Geschmack mit botanischer Süße kokettiert und – auf Kosten anderer Botanicals – mit Koriander und Veilchenwurzel wirbt. Dem trockenen Finale strebt er mit Wacholder und Gewürzen entgegen.

Liechtenstein

Telser Liechtenstein Dry Gin *47%*
Telser Distillery
Triesen, Liechtenstein
Klassischer Gin

Diese alpine Spielart von einem Gin beruft sich auf heimische Kamille, Lavendel, Holunderblüten und drei Zitrusarten. Im Bukett verweist der Telser auf Koriander, Limette und Ingwer, den warmen, vollen Geschmack reichert er mit knackig frischen Wacholderbeeren und Neroliöl an. Zum Ausklang hin bringt er Holunderblüten, frische Pollen, Lavendel und etwas mehr Koriander. Gut mit Tonic.

Litauen

Vilnius Gin *45%*
Obeliai Spirit Distillery
Rokiškio, Litauen
Klassischer Gin

Die Nase offenbart Affinitäten zu Zitronenschale und Orange, aber auch ein vager frischer, grasiger Ton macht sich bemerkbar. Im Geschmack zeigt sich eine wacholderartige Adstringenz, bevor eine Kiefernnote Ansprüche anmeldet. Im Mittelteil macht Zitrus mit leicht seifigen Akzenten auf sich aufmerksam, am Ende lässt sich eine Spur Dill und Sellerie erschmecken. Der relativ lange, trockene Nachhall baut auf Wärme und Kiefernnoten. Ein guter Mix-Gin, der Cocktails mit Power beseelt.

OBEN Žufánek ist die Brennerei, die in der Tschechischen Republik für den OMG Gin verantwortlich zeichnet. Auf ihrem Etikett findet man einen dezenten Hinweis darauf, wofür OMG steht.

Russland

Veresk Dry Gin 1898 *40%*
Veresk Kashin Distillery
Kaschin, Russland
Klassischer Gin

»Cardamom First« lautet das Motto dieses Gins. Erst dann folgen im Duft als Untertöne grüne Wacholdernadeln und Koriander. Der Geschmack hebt mit grünem, frischem Wacholder an, leitet dann über zu harzigen und saftigen Noten im Mittelteil und räumt im weiteren Verlauf Kardamom wieder einen prominenten Platz ein. Zitronenschalen führen zu einem Abgang, der einen Tick Schärfe zeigt, aber insgesamt überraschend weich und ausgewogen ist. Der Veresk schlägt sich recht ordentlich in Cocktails – gerade die Kardamomnote ist in Drinks wie einem 20th Century oder Bronx willkommen.

Slowenien

One Key Gin *40%*
Bio-Sad d.o.o.
Zgornji Jakobski Dol, Slowenien
Moderner Gin

Der einzige Gin, zu dem man den Schlüssel verlieren kann: Die rechteckige Flasche, die auf dem Regal sehr elegant wirkt, hat einen echten Verschluss, wenn auch einen eher unpraktischen. Die zitrusschwere Nase des Inhalts wird gestützt von Ingwer und Wacholder. Der mit leichten Zitrustönen, Zitronenschale, kandierter Orange und Zitronenbonbons gesättigte Geschmack geht mit würzigem Wacholder in die Zielgerade. Der One Key bringt eine Zitrusperspektive in einen Gin Tonic oder Gimlet.

RECHTS Ist es ein Gletscher? Ist es ein Berg? Nein, es ist der Boden der Studer-Flaschen (Seite 134). Mit ihrem ungewöhnlichen Design fallen sie sofort ins Auge – auch weil Schneeflocken aus Gold um den Gipfel tanzen.

206
COUNTER
GIN
HAND-CRAFTED
DISTILLED GIN
MICRO-BATCHED
40% ALCOHOL BY VOLUME (80° PROOF)
BATCH 206 DISTILLERY
SEATTLE WASHINGTON
750ml
BOTANIVORE
GIN
A botanical balancing act
45% ALC. BY VOL.
Lot № G2009-02
Handcrafted in California
Cardinal
AMERICAN
DRY GIN

Verkostungsnotizen

Nord-, Mittel- und Süd-Amerika

Eine sinnliche Reise durch die Welt des Gins

USA

Der Umgang der Staaten mit Gin ist so vielfältig wie das Land selbst. Alte Traditionen werden unverfälscht weitergeführt oder auf der Suche nach etwas Neuem einfach beiseitegefegt. Welche Vorlieben man auch hat, es gibt immer einen amerikanischen Gin, der ihnen entspricht.

Im letzten Jahrhundert dominierten die meiste Zeit noch britische Namen die amerikanische Cocktailkunst. Erst Mitte der 2000er bekamen Craft-Brennereien ihre Chance. Damals räumte die Regierung endlich die Hindernisse aus dem Weg, die noch aus der Prohibition stammten. Die Zahl der Gins vervielfachte sich von einer Handvoll im Jahr 2006 auf mehrere Hundert 2015. Und sie steigt weiter. Noch nie hat Gin eine solche Hausse erlebt wie in den USA der letzten zehn Jahre. Gleichzeitig wurde dadurch auch in Großbritannien, Australien und andernorts eine neue Craft-Bewegung angestoßen.

UNTEN Woher der Jack Rabbit Gin von Beehive Distilling stammt, tut er auf dem Halslabel kund.

Abernathy Gin *43 %*
Tenn South Distillery
Lynnville, Tennessee
Moderner Gin

Die Tenn South Distillery arbeitet mit Dampfextraktion und neun Botanicals. Die formieren sich zu einer angenehmen, leicht traditionellen Zitrusnase mit trockenem, würzigem Korianderaroma. Am Gaumen macht sich dann eine wärmende Adstringenz mit einem Hauch Zitrus und schwerer Koriandernote bemerkbar. Der Geschmack verabschiedet sich mittellang, würzig und staubig. Der Abernathy bringt Leben in einen Gin Tonic, aber mir gefällt er besonders in einem Negroni.

ADK Gin *47 %*
Adirondack Distilling Company
Utica, New York
Moderner Gin

Ein Gin aus Maisbrand mit Heidelbeeren – allerdings nicht amerikanischen Heidelbeeren, sondern ihren kleineren, dunkleren europäischen Verwandten. Die fruchtige Nase zeigt mit Boysenbeeren und Kardamom ein eher ungewöhnliches Aromenspiel. Im freimütigen Geschmack geben sich Zitronenmelisse, Kräuter, Koriander, Zitronenzeste und dezenter Wacholder ein Stelldichein. Im leicht marmeladigen Schlusswort kommen Beeren und Zitronen zur Sprache. Mit Tonic ein schöner Gin.

Aria Portland Dry Gin *45 %*
Martin Ryan Distilling Company
Portland, Oregon
Klassischer Gin, empfehlenswert

Zum Einstand grüßt ein umwerfend frischer Wacholderduft nach soeben gepflückten und fein gehackten Beeren. Der weiche, vollmundige Geschmack bleibt zunächst ebenfalls bei Wacholder, besinnt sich im Mittelteil aber auf seine Orangen-, Kardamom- und Gewürzrindenvorzüge, bevor er mit pfeffrigen Noten und kieferigem Wacholder einen Schlusspunkt setzt. Mit seinem langen, klassischen Abgang eignet sich der Aria hervorragend für Cocktails. Mein Tipp: mit Zitronenzeste aufpeppen. Er ergibt einen fantastischen Martini.

Austin Reserve Gin *50 %*
Revolution Spirits
Austin, Texas
Moderner Gin

Der mit heftigen 50 % abgefüllte Austin Reserve Gin eignet sich ausgezeichnet zum Mixen – halten Sie ihn für Ihren nächsten Southside oder Alaska bereit. Die Nase bietet mit Rosmarin ebenso eindeutig moderne Perspektiven wie der knackige Geschmack mit Wacholder, frischen Rosmarinzweigen und einer anschließenden Blütennote, die zwischen Lavendel und Veilchenwurzel angesiedelt ist, aber auch sauren Zitrusschalen noch ein Mitspracherecht einräumt. Der harzige, kieferige Abgang mit Rosmarin hält sich lange am hinteren Gaumen.

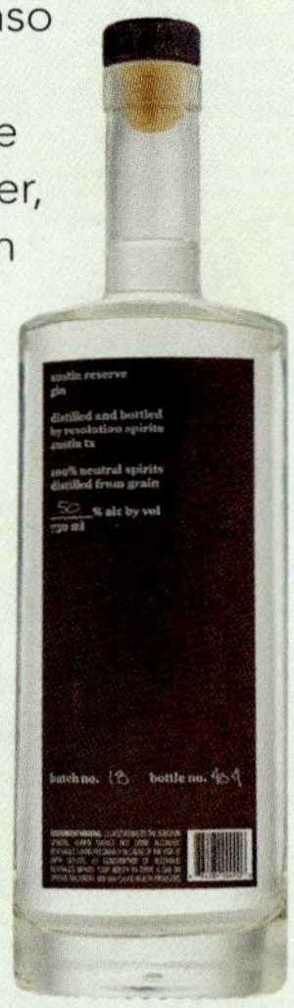

Back River Gin *43%*

Sweetgrass Farm Winery & Distillery, Union, Maine

Moderner Gin

Der Gin beruft sich auf die Traditionen des Bundesstaats Maine, ist aber auch von seinen Londoner Wurzeln geprägt. Unter seinen heimischen Bio-Botanicals ist die Heidelbeere wohl das Ungewöhnlichste. Man erkennt sie in der Nase, in der sie sich gegen harzigen Wacholder behauptet. Estragon leitet über zu einem dezidiert modernen Geschmack mit blumiger und fruchtiger Programmatik. Den Schluss bestreiten Zimtstangen in einer frischen Verbindung mit Apfelwein, Zitrus und einer verhaltenen Fruchtnote. Der vielleicht modernste Gin der Gruppe. Ergibt aber auch einen der besten Gin Tonics.

Back River Cranberry Gin *40%*

Flavoured Gin

Cranberry – so lautet die Parole dieses Gins. Allerdings lassen sich im Duft auch noch Sauerkirschen und Orangenzeste aufspüren. Der Geschmack offenbart ebenfalls einen säuerlichen Einschlag, den er ganz klar den Cranberrys verdankt. Damit ist sein Repertoire aber noch nicht ausgeschöpft, denn von der Seite stoßen Gewürze und Zitrus dazu. Ein guter Gin für die Cocktailbar; probieren Sie ihn mit Tonic oder Soda sowie Kräutern und Früchten aus. Für den Anfang eignen sich Basil Smash oder Southside.

Barr Hill Gin *45%*

Caledonia Spirits Hardwick, Vermont

Klassischer Gin, empfehlenswert, Top 10

Ein schöner, einfacher Gin ganz im Zeichen der Wacholderbeere, der mit Honig angereichert wird. Obwohl kein Old Tom, ähnelt er ihm aufgrund der Süße dennoch. Der Basisbrand ist dick und reichhaltig, der Wacholder ausdrucksvoll und rein, aber das Faszinierendste ist, dass der Honig den Gin blumig einfärbt und Jasmin, Tulpen und Beifuß suggeriert. Da ist nicht verwunderlich, dass er sich hervorragend für einen Bee's Knees eignet. Zugleich ergibt er einen herausragenden Martini. Schwer zu klassifizieren, aber leicht zu genießen.

Barr Hill Reserve Tom Cat *43%*

Aged Gin, empfehlenswert

Für diesen golden schimmernden Reserve hat man den Barr Hill mit Wacholder- und Honigformel genommen und in Fässer aus amerikanischer Eiche gesteckt. Die Nase teilen Wacholder und frisch gesägtes Holz unter sich auf. Im Geschmack ist der Reserve so weich, wie ein Gin nur sein kann: Vanillesoße und Pekanpralinen verzaubern den Gaumen. Wacholder ist vom Start bis zum Zieleinlauf, wo er sich am deutlichsten zeigt, mit dabei. Dicht der Abgang, der nicht vom schönen Geschmacksprofil ablenkt. Der muss pur getrunken werden.

Black Button Citrus Forward Gin *42%*

Black Button Distilling Rochester, New York

Moderner Gin

Schon auf dem Etikett wird unmissverständlich klargestellt, in welche Richtung dieser Gin geht: »Citrus Forward«, zitrusbetont, steht da. Obwohl im Duft ein Verweis auf frische Mandarinen unverkennbar ist, bilden doch reichlich Getreide- und Heunoten das Basisaroma. Der Geschmack stellt anfangs kieferigen Wacholder in den Vordergrund, schickt ihn aber dann rasch in die zweite Reihe. Frisch gepresster Orangensaft, Zitronenzeste und Grüne Minze runden den sauberen, erfrischenden Geschmack ab. Köstlich mit Tonic Water.

Blaum Bros. Gin *45%*

Blaum Bros. Distilling Co. Galena, Illinois

Moderner Gin, empfehlenswert

Galena ist ein historisches Städtchen in Illinois. Im 19. Jahrhundert boomte hier der Erzabbau. Man gewann – der Name verrät es – Galenit, ein Bleisulfid und eine wichtige Silberquelle. Die Blaums dagegen nutzen eine andere Ressource: die Bauern und ihr Getreide. Die Botanicals werden einzeln gebrannt und anschließend verschnitten. Im Duft melden sich Pfeffer und Koriander, der robuste Geschmack strotzt vor Fenchel, kandierten Orangen und Kiefern. Lang, trocken, leicht blumig und würzig der Schluss. Wie geschaffen für einen Negroni.

Black Button Distilling

Jason Barrett, Brennmeister bei Black Button in Rochester, New York, begann seine Karriere wie viele Destilleriebesitzer als Hausbrauer. »Schon auf dem College war ich eifrig damit beschäftigt, zu Hause Bier zu brauen. Das war viele Jahre lang mein größtes Hobby.« Erst ein Besuch in Washington, D.C., aber brachte ihm die Welt des Brennens näher. Nachdem er seinen Abschluss in Betriebswirtschaft in der Tasche hatte, fiel ihm auf, dass der Gin-Markt noch weitgehend unerschlossen war und er hier seinen eigenen Weg gehen konnte.

Black Button Distilling
85 Railroad Street
Rochester, NY, USA

www.blackbuttondistilling.com

Empfehlenswerter Gin:

Black Button
Citrus Forward Gin
42%

Er gibt offen zu, dass er zuallererst Bourbon-Fan ist. Das heißt aber nicht, dass Gin bei ihm eine Nebenrolle spielt. »Gin kommt gleich hinter Bourbon. Er lässt sich genau wie Whisky handwerklich herstellen und man kann ein Produkt mit unverwechselbarem Charakter erzeugen.«

Und damit sind wir schon bei Black Button Distilling, der ersten Kleinbrennerei in Rochester, NY, seit der Prohibition, die ihre Erzeugnisse aus heimischem Getreide herstellt. Jason und sein Team destillieren White Whisky, Bourbon, Wodka und einen zitrusfruchtigen Gin. Weitere Gin-Variationen sind für die Zukunft geplant.

Wodka aus Weizen ist das Ausgangsmaterial für Jasons Gin. »Immer wenn ich einen Gin Tonic getrunken habe, musste mir der Bartender eine Zitronen- oder Limettenspalte bringen ... später habe

ich herausgefunden, dass Orangenschalen für mich und meine Brennblase am besten funktionieren.« Der Zitrusschwerpunkt in Jasons Gin ist also das Ergebnis seiner besonderen Vorliebe, doch bei der Auswahl der übrigen Botanicals verließ er sich auf seine Brauerfahrung und Kenntnis klassischer Gins. Er entschied sich für Wacholder, Koriander, Kardamom, Paradieskörner, Engelwurz, Fenchel, Zimt und zwei Arten von Zitrusfrüchten – das traditionelle Repertoire eben. Allerdings fügte er noch Hopfen der Sorte Cascade hinzu. »Wir mazerieren die Botanicals über Nacht in riesigen Teebeuteln, nehmen sie am Morgen aus der Brennblase und geben sie in einen Geistkorb. Bei der zweiten Destillation des Basisbrands lenken wir die Ethanoldämpfe durch den Korb.«

Jason hofft, dass sein Gin Erfolg hat – nicht nur, weil er ihn nach seinem Gusto konfiguriert hat, sondern auch, weil er Geschäftssinn hat. Er hat erkannt, dass neue Gins in der Szene gefragt sind. Durch gut gemachte Kreationen, so glaubt er, könne man außerdem Wodka-Liebhaber bekehren.

Mit den Erfahrungen, die er in der Knopffabrik seines Großvaters – daher der Name Black Button, »schwarzer Knopf« – gemacht hat, versuchen er, sein Kompagnon Derek Carlson, Produktionsleiter Tom Sock und das übrige Team in Upstate New York wieder eine Brennkultur zu etablieren. Sie geben Kurse, um anderen zu helfen, ihre Träume umzusetzen.

Jason schlägt vor, seinen Gin in einem Gimlet on the Rocks zu probieren, aber den Lime Juice Cordial wegzulassen und stattdessen frisch gepressten Limettensaft zu nehmen.

OBEN Black Button Distilling in Rochester, New York, erzeugt Gin in kleinen Mengen. Er wird vor Ort destilliert, abgefüllt und von Hand etikettiert.

GROSSES BILD Jason Barrett gründete Black Button Distilling mit nur 24 Jahren. Er bietet regelmäßig Brennerei-Führungen an.

Bluecoat Gin *47%*

PHILADELPHIA DISTILLING
PHILADELPHIA, PENNSYLVANIA
Moderner Gin

Was vor nicht allzu langer Zeit als kühn durchging, ist heute schon fast traditionell. Die lebendige Nase steht ganz unter dem Einfluss von Mandarinen und Meyer-Zitronen. Sie kaschieren den Koriander und Wacholder, die schon immer da waren, verdrängen sie aber nicht ganz. Der Geschmack schreibt sich Zitrus auf die Fahne, lässt aber auch Wacholder mit Schärfe und Biss zu seinem Recht kommen. Im Abgang dreht sich alles um Engelwurz, Kiefernharz und reichlich Zitrus. Vorzüglich in einem Vesper oder mit einem Löffel Marmelade in einem Gin and Jam.

Boreal Cedar Gin *45%*

VIKRE DISTILLERY
DULUTH, MINNESOTA
Aged Gin

Durch seine Botanicals und die anderen Aromageber, die in diesen Gin einfließen, beschwört er den Duft der Wälder von Minnesota herauf. Das gewürzlastige Bukett begrüßt die Nase mit Kardamom, Koriander und Zimt. Der Geschmack fällt mit der Holztür ins Haus, greift aber auch die Gewürze aus der Nase auf. Zunächst entwickelt sich Wacholder, doch zum Schluss hin treten säuerliche Beeren auf den Plan. Im langen Ausklang ziehen klare Zedernnoten vorbei. Ein Gin mit leicht würzigem Zug, der definitiv wärmt.

Boreal Spruce Gin *45%*

Klassischer Gin

Selbst wenn der Gin nach der Fichte, engl. *spruce*, benannt ist, bekommt man ihren Duft zunächst nicht in die Nase. Vielmehr wird man aromatisch von Rosmarin begrüßt. Am Gaumen indes macht der Gin seinem Namen alle Ehre: Man geht auf einen intensiven Streifzug durch einen immergrünen Wald mit Rosmarin, kieferigem Wacholder, kampferduftigem Salbei und – natürlich – feuchten Fichtenknospen. Der Nachhall ist relativ schwer und immergrün eingefärbt, ohne ins Kratzige oder Scharfe abzugleiten. Hier zeigt sich die kieferige Seite von Wacholder in anderer Ausprägung, was gut funktioniert. Er passt zu einem Pegu Club oder Moonlight.

Blue Line Gin *40%*

LAKE PLACID SPIRITS
LAKE PLACID, NEW YORK
Klassischer Gin

»Blue Line« wird die Grenzlinie des Adirondack Park in Upstate New York genannt. Der Blue Line Gin ist eine Hommage an diese riesige Wildnis. Seine Nase verweist zaghaft auf Kiefer und Pfeffer. Die Kiefernnote ist dabei nicht nur Interpretation, denn tatsächlich werden Triebe der Weymouth-Kiefer aus dem Park als Botanical verwendet. Im Geschmack kommen Pfeffer, Koriander, Kardamom und wieder Kiefer bzw. Wacholder zum Zug. Den langen, wacholderigen Abgang wärmen Kardamom und Gewürzrinde.

Boreal Juniper Gin *45%*

Klassischer Gin

Er ist traditioneller ausgerichtet als sein Vetter und setzt in der Nase – logisch! – auf Wacholder, aber auch auf weißen Kardamom. Im Geschmack manifestiert sich wieder die typische Wärme der Gins von Vikre – der Basisbrand wird aus gemälzter Gerste destilliert – und eine kampferige, leicht krautige Wacholdernote. Er beschwört Kiefern herauf, ohne wirklich kiefernartig zu sein. Im Abgang zeigt sich ein schwacher Kuchenton (Rhabarberkuchen), dazu die passende Gewürznote. Das lange, leicht kräuterige Finish wird befeuert von Estragon. Ein ausgezeichneter Solist, aber auch der beste Martini-Gin der Amis.

Botanica Spiritvs Gin *45%*

FALCON SPIRITS DISTILLERY
RICHMOND, KALIFORNIEN
Moderner Gin

Der in kleinen Mengen erzeugte Gin holt sich seine Aromen via Dampfextraktion. Auf Abfüllstärke verdünnt wird er mit Wasser, in das man persische Gurken eingelegt hat. Das merkt man auch sofort im Bukett, in dem sich reichlich vegetabile Gurkennoten in fröhlicher Eintracht mit Zitronen und Veilchen tummeln. Geschmacklich verlegt sich der Botanica Spiritvs auf verhaltene Wacholdernoten mit Anklängen an Weihnachtskränze und einen Hauch Koriander zum Schluss. Recht langer Abgang mit Veilchen und Engelwurz.

Bourbon Barrel Gin *44 %*

Watershed Distillery
Columbus, Ohio
Aged Gin

Keineswegs spurlos ist der Aufenthalt in ehemaligen Bourbon-Fässern an diesem Gin vorübergegangen, wie die gelbliche Farbe beweist. Die Nase ist leicht zitrusduftig mit trockener Gewürzrinde als Begleitung. Im Geschmack drängt sich erst Zimt nach vorn, bevor Wacholderbeeren und getrocknete Zitruszeste den Mittelteil in Beschlag nehmen. Der dunkle, pfeffrige Abschluss setzt auf Gewürzrinde. Staubige Backgewürze prägen den mittellangen Nachhall. Der Bourbon Barrel schmeckt im Old Fashioned oder Negroni, am besten jedoch im Toddy.

Bulfinch 83 Gin *41,5 %*

Wishkah River Distillery
Aberdeen, Washington
Moderner Gin, empfehlenswert

Im Duftsteckbrief des Bulfinch 83 stehen Zitruszeste und Zitronenöl als unverwechselbare Aromamerkmale, ferner ein grüner Wacholderzug. Der Geschmack hebt verhalten an, steigert sich jedoch beständig: Den Anfang macht er mit Zitruszeste, Kardamom und Wacholder; zum Ausklang gehen Fenchelnoten in Lakritz über. Ein mittellanger, wärmender Abgang klingt auf einer Zitronen- und Kardamomnote aus. Schön ausgewogen, mit genug Aromaausstattung, um sich in einem Negroni oder neben einem Tonic-Sirup zu behaupten.

Candy Manor Gin *40 %*

Painted Stave Distilling
Smyrna, Delaware
Moderner Gin

Legenden aus der Prohibition sind im Bundesstaat Delaware bis heute lebendig. Der Candy Manor ist nach einem örtlichen Süßigkeitenladen benannt, der einst auch ein Bordell war. Die lebhafte, sehr blumige, ja parfümduftige Nase zeichnet sich durch Lavendel, Veilchenwurzel und Koriander aus. Blumig geht es am Gaumen weiter, mit Veilchenwurzel, Geißblatt und Lavendel, bevor ein cremiger, leicht zitrusfruchtiger, aber schwerer Veilchenwurzelton den Schlusspunkt setzt. Ein blumiger, moderner, wenn auch schwerer Gin. Gut vor allem mit Tonic oder in einem Moonlight.

Big Gin

47 %

Captive Spirits Distilling
Seattle, Washington
Klassischer Gin, empfehlenswert

»Big« war der Spitzname von Brennmeister Ben Capdevielles Vater, passt aber auch zu diesem Gin. Wacholder, Pfeffer und andere warme Gewürze machen sich um den Duft verdient, während der Geschmack zwar »groß«, aber nicht anmaßend ist. Eine leichte Süße unterstreicht die krautigen und harzigen Wacholdertöne, während gewürzte Orange und pfeffrige Noten mit Paradieskörnern und Bergpfeffer um Aufmerksamkeit buhlen. Ganz großes Gin-Kino, gut für einen Martini oder Clover Club. Ebenfalls zu empfehlen: der Bourbon Barreled Big Gin.

Bummer & Lazarus *46 %*

Raff Distillerie
San Francisco, Kalifornien
Moderner Gin

Er wird aus kalifornischen Trauben gebrannt, ist also ein Weinbrand, bevor er zum Gin wird. Zitronenbonbons, Beeren und süße Kräuter geben im Duft den Ton an. Zitrusnoten und Blumen halten sich auf geheimnisvolle, einnehmende Art und Weise die Waage. Der Geschmack bringt Zitrone, Wacholder, süßen Zimt, Concord-Trauben, Veilchen und Orangen zur Sprache. Recht lang, trocken und warm der Abgang. Mit Tonic und einem Spritzer Zitronen- oder Limettensaft probieren.

Cardinal Gin *42 %*

Southern Artisan Spirits
Kings Mountain, North Carolina
Moderner Gin

Der Gin entsteht in den Ausläufern der Blue Ridge Mountains und wird nur mit Bio-Botanicals erzeugt. Er duftet nach Kamille, Orangenblüten, Grüner Minze und einem Hauch Fenchelsamen. Das Profil ist insgesamt eher kräuterbetont modern, doch im Mittelteil bereitet eine Spur Süßholz sowie krautig-harziger Wacholder reichlich frischer Grüner Minze am Ende den Weg. Ergibt einen fürstlichen Gin Tonic, doch eignet er sich auch für einen Southern Cocktail gut.

Vikre Distillery

Emily und Joel Vikre arbeiteten im Gesundheitswesen bzw. in der Wissenschaft, bis sie fanden, es sei Zeit für etwas anderes. »Oberflächliche Hipster machen ein Craft-Ding«, umschreibt Emily ihre Entscheidung. Inspiriert hatte sie die Geschichte einiger Schweden, die durch Schottland gereist waren, wo die Brenner stolz von ihrem Wasser, Getreide und Torf erzählten. All das gab es auch in Schweden – und so gingen sie heim und machten dort Whisky.

Vikre Distillery
525 Lake Avenue South
Suite 102
Duluth, MN 55802

www.vikredistillery.com

Empfehlenswerte Gins:

Boreal Cedar Gin
45 %
Boreal Juniper Gin
45 %
Boreal Spruce Gin
45 %

Der Norden von Minnesota, so heißt es, wurde einst von Schweden besiedelt, weil die Gegend ihrer Heimat so ähnelte. Da sei was Wahres dran, meint Emily. Und: »Minnesota hat das beste Wasser der Welt. Außerdem wächst hier hervorragendes Getreide. Es gibt sogar Torfmoore in Nord-Minnesota. Warum also brennt hier niemand Whisky?« So reifte der Plan, das Terroir des Landstrichs in Bränden zum Ausdruck zu bringen.

»Obwohl wir ursprünglich Whisky im Sinn hatten, ist mein bevorzugter Spirit, ob pur oder in Cocktails, doch der Gin«, räumt Emily ein. Bei der Konzeption ihrer Gin-Linie ließen sie sich von der Atmosphäre des Orts inspirieren, an den sie sich zurückzogen. »Ich fand es faszinierend, beim Gin die traditionellen Aromanuancen kreativ zu erkunden und sie dabei mit regionaleren Geschmacksrichtungen und vor allem anderen immergrünen Botanicals zu kombinieren.« Auch wenn die Botanicals nicht alle wirklich aus der Gegend stammen, erzeugen sie trotzdem regionales Flair.

Bei jedem der drei Gins der Boreal-Linie soll ein bestimmter Aspekt des Nordens von Minnesota im Mittelpunkt stehen. »Wacholder ist, sagen wir mal, generell landestypisch.« Die Vikres verwenden auch importierten Wacholder. »Wir bekommen hier einfach nicht genug heimischen Wacholder zusammen.« Zu etwas Besonderem macht den Brand aber Rhabarber. Die Fichtennote ist relativ geradlinig – »so wie es eben riecht, wenn man in einem Fichtenwald steht, wo es dunkel ist und nur einige Sonnenstrahlen durchdringen«. Zeder steuert eine etwas holzigere Note bei und erinnert an eine Nacht im Zelt draußen. Ein Freund, so Emily, habe den Charakter sehr treffend beschrieben: »eine Brise über einem trägen Fluss«.

Grundlage jedes Gins ist ein Basisbrand aus Bier, das in Zusammenarbeit mit den befreundeten Besitzern einer nahe gelegenen Brauerei zu 100 % aus gemälzter Gerste gebraut wird. Erst beim letzten der insgesamt vier Destillationsläufe kommt ein Geistkorb in den Dampf, um die Aromen zu extrahieren. Die Pot Still hat ein Volumen von 945 Litern.

Bei der Entscheidung für Gin spielten sowohl pragmatische als auch kreative Überlegungen eine Rolle. Bis Whisky fertig ist, dauert es seine Zeit. »Also sucht man sich etwas, das nicht so lange braucht. Manche füllen nicht oder nur sehr kurz gelagerten Whisky ab, andere wenden sich Wodka, weißem Rum oder anderen nicht ausgebauten Bränden zu. Aber viele landen beim Gin.« Emily weiter: »Man kann sich aber auch für Gin entscheiden, weil er mit seiner schönen Komplexität und seiner langen Geschichte eine bemerkenswerte Spirituose ist und viel Platz für Experimente lässt.« Die handwerkliche Fertigung, die Einbindung in die Wirtschaft vor Ort und die gestiegene Wertschätzung für die Kunst, die dahintersteckt – all das trägt zum Reiz des Gin-Brennens bei. Und lässt vermuten, dass das Interesse für die Spirituose noch steigen wird.

Die Vikres erzeugen ganz in skandinavischer Tradition auch Aquavit in unausgebauter und ausgebauter Form. Zudem warten sie geduldig auf ihre Whiskys. Bis dahin allerdings sind die Gins ihre Stars – nicht zufällig, könnte man sagen. Denn mit ihrem ungewöhnlichen, evokativen Charakter bereichern sie die amerikanische Gin-Szene nicht nur um ein neues Element, man schmeckt in jeder einzelnen Abfüllung die nördlichen Wälder, ja sogar ihre einzelnen Facetten, nämlich Zedern, Wacholder und Fichten.

GEGENÜBER Als Grundlage für den Basisbrand dient in der Vikre Distillery heimisches Getreide aus Minnesota.

Barrel Rested Cardinal Gin *42%*

Southern Artisan Spirits
Kings Mountain, North Carolina
Aged Gin

Der Duft präsentiert sich als ausgewogene Mischung aus Eiche und Minzeblättern. Etwas stumpf wirken die blumigen Aromen; lediglich Kamille kristallisiert sich in der ersten Hälfte heraus. Eichen- und Holznoten zeichnen sich kräftig ab; hinzu kommt ein Hauch Vanillin. Im Schlussteil hebt sich blühende Minze von den Eichennuancen ab und steigert sich im Abgang zum Crescendo. Gut mit Eis oder in einem Alexandria.

Corsair Genever *44%*

Corsair Distillery
Bowling Green, KY / Nashville, TN
Holland Gin

Im Duft wabert satt gemälztes Getreide. Es ziehen Heu und Gras vorbei, bis ein überraschender Ingwerton dazustößt. Lust auf Lebkuchen? Der Geschmack bietet zunächst Getreide mit hefigen und brotigen Noten. Dann profiliert sich der Corsair mit Zitronenschale, Kardamom, Zimt und einem Anflug von Wacholder. Ein warmer, einladender Brand. Er eignet sich für alle Drinks, in denen Holland Gin mit von der Partie ist.

Counter Gin *40%*

Batch 206 Distillery
Seattle, Washington
Moderner Gin

Albanischer Wacholder, heimische Gurke, heimischer Lavendel, mazeriert und ein zweites Mal aus Batch 206 Vodka destilliert, so lautet die Formel für den Counter. Der Duft teilt sich in blumige und krautige Noten auf – Orange und Lavendel auf der einen, Estragon und Rosmarin auf der anderen Seite. Wacholder und Orange bestimmen den Geschmack, begleitet von Gurke und Zitronenstrauch. Der trockene, grüne Abgang schreibt sich Kräuter auf die Fahne, ohne dabei an Brühe zu erinnern. Ausgewogen. Meine Empfehlung: mit Tonic oder Saft.

Coppers Gin *42,5%*

Vermont Spirits
Quechee, Vermont
Moderner Gin

Hier schwingt ein Hauch Nord-Vermont mit. Der Gin lebt von handgesammeltem wildem Wacholder und einigen weiteren traditionellen Botanicals. Die Nase setzt ganz auf milde Gewürze wie Koriander, Kardamom und sogar etwas Engelwurz. Im schweren, facettenreichen Geschmack leiten angedeutete Gewürze zu frischen Orangenschalen über. Vor einer Kulisse aus braunem Zucker spielt sich ein mittellanger Schluss ab, der Sellerie und Kiefer zum Thema hat. Ein faszinierender, knackig-frischer Gin. Den Martini stehen lassen und einen Alaska nehmen.

Corsair Steampunk *45%*

Flavoured Gin

Der Steampunk ist anders als jeder andere Gin, den man je probiert hat. Zum einen schmeckt er nach Rauch, zum anderen ist er wahrscheinlich einer der modernsten Gins, denen man überhaupt begegnen kann. Das geräucherte Getreide verleiht ihm ein intensives Grillrauchprofil, während der Hopfen für eine milde Bitternote im Abgang sorgt. Man muss nur wissen, was man mit ihm anstellen soll. Ich würde empfehlen, ihn in einem Red Snapper oder einem Negroni auszuprobieren.

Counter Old Tom Gin *40%*

Old Tom

Man nehme die – für sich schon herausragende – Standardausgabe des Counter, schütte sie in Chardonnay-Fässer aus ungarischer Eiche und lasse sie dort sechs Monate reifen, dann wird daraus der Counter Old Tom. In der Nase präsentiert er Rosmarin und andere Kräuter mit leichtem Whisky-Einschlag. Das Fass gibt ihm verglichen mit der Standardabfüllung eine völlig andere Richtung: Im Geschmack begegnet man Zimt und Orangenschokolade. Trockene Kakaonoten leiten einen langen, trockenen, aber recht weichen Abgang ein. Schön mit Eis; weich, aber nicht süß.

Crabby Ginny *42 %*

Hardware Distillery Co.
Hoodsport, Washington
Moderner Gin

Der Gin wurde speziell für den Genuss mit Krebsen entwickelt, hat aber eine weitere Besonderheit: Sein Basisbrand ist aus Birnen destilliert. Das verrät sogleich der Duft mit seinem kristallklaren Birnenbrandaroma. Der Geschmack verweist zunächst auf Calvados und Birne, verlegt sich dann aber auf Heu und minzigen, krautigen Wacholder, um im leicht salzigen Schlussteil mit Erdnuancen, Pilzen und anderen Umami-Noten aufzuwarten. Die faszinierende, ungewöhnliche Schöpfung brilliert in einem Pink Gin oder einem Martini mit einem Spritzer Bitter.

Dancing Dog *40 %*

Flooded Fox Den Distillery
Forest Grove, Oregon
Moderner Gin

Auf meiner Etiketten-Hitliste steht das Label mit dem tanzenden Hund auf jeden Fall weit oben. Der Inhalt der Flasche steht im Zeichen von Wacholder – er prägt eine subtile Nase mit Zimt und Lavendel auf den hinteren Rängen. Sobald man ihn im Mund hat, offenbart er seine blumige Seite. Lavendel gehört zu seinen lautesten Tönen, doch lassen sich auch noch Veilchenwurzel und Zitronenschale vernehmen. Mit Koriander und Kardamom verabschiedet sich der Dancing Dog. Sein mittellanger, warmer Abgang hat durchaus etwas Biss.

Death's Door Gin *47 %*

Death's Door Spirits
Middleton, Wisconsin
Klassischer Gin, empfehlenswert

Wacholder, Koriander, Fenchel … Gin-Novizen, die nach einem Brand suchen, mit dem sie ihr Verkostungsgeschick verfeinern können, sind mit ihm gut bedient. Hinzu kommt, dass er wie geschaffen ist für Cocktails. Als Erstes macht sich scharfer, grüner Wacholder bemerkbar, doch obwohl eine stumpfe Kiefernnote präsent bleibt, verhält er sich unaufdringlich. Im Mittelteil steuert Koriander eine exotische Komponente bei, die man leicht als Kardamom oder Vanille missverstehen könnte. Der warme Abgang evoziert das Aroma zerkauter Fenchelsamen.

Crater Lake Handcrafted Estate Gin (2013) *42,5 %*

Bendistillery, Bend, Oregon
Klassischer Gin, Aged Gin, empfehlenswert

Der mit handgeerntetem Westlichem Wacholder (*Juniperus occidentalis*) hergestellte Crater Lake Estate Gin fängt das Wesen jeder Saison ein: 2013 standen Zitronenbasilikum, Zitronenstrauch und Wacholder im Mittelpunkt; zudem wurde er kurz in Eiche gereift. Das zarte Bukett lebt von einem Zitronenstrauchton. Der Geschmack ist überaus weich mit mildem Wacholder, der durch die Hintergrundnoten etwas kräuterwürziger wird. Sauberer, cremiger Abschluss mit Walnuss, Vanillecreme und Kiefernzapfen. Schön!

Darjeeling Gin *44 %*

California Distilled Spirits
Auburn, Kalifornien
Moderner Gin

Die erste legale Brennerei im Placer County, nördlich von Sacramento, seit der Prohibitionszeit befindet sich in Auburn. Die Inspiration für ihr Flaggschiff bezieht sie aber aus Indien. Der getreu seinem Namen mit Darjeeling-Tee aromatisierte Gin hat eine duftende Nase mit gerösteten Teeblättern und Koriander sowie weiteren Gewürzen. Im weichen Geschmack stößt man auf grünen Wacholder, Zitrusschale und Minze, die für Schwung sorgen. Erdige, wärmende Mentholnoten tragen den langen Abgang. Ideal mit Tonic.

Denver Dry Gin *40 %*

Mile High Spirits
Denver, Colorado
Klassischer Gin, empfehlenswert

Manchmal zeitigen die bescheidensten Ansprüche die außergewöhnlichsten Ergebnisse. Diese Abfüllung hat nichts Prahlerisches – das ist einfach ein relativ alkoholschwacher Gin mit klassischer Botanical-Formel. Und doch kann das US-Produkt es mit den Großen der Welt aufnehmen. Lebhaft die Wacholdernase mit einem Schuss Koriander und Limette, rund der Geschmack mit der optimalen Dosis an erdigen Gewürzen, dazu ein sauberer Abschluss. Ein fantastischer Gin, für jeden Cocktail geeignet. Um zu den Allerbesten zu zählen, fehlen ihm vielleicht noch 5 % mehr Alkohol.

Captive Spirits Distilling

Am Ruder von Captive Spirits steht Ben Capdevielle, Brenner in dritter Generation. Zum Gin kam er durch seinen Vater. »Er zeigte mir die Basics. Prompt habe ich mich in Gin verliebt.« Captive hat seinen Sitz in Seattle im Nordwesten der USA. Ben musste hart arbeiten, um sich an diesem Hotspot für Brennereien zu behaupten. Doch es gelang ihm – sogar ziemlich rasch, weil er sich in den Kopf gesetzt hatte, Gin der Extraklasse auf den Markt zu bringen.

Captive Spirits Distilling
1138 West Ewing Street
Seattle, WA 98119

www.captivespiritsdistilling.com

Empfehlenswerte Gins:

Big Gin
47%

Bourbon Barreled Big Gin
47%

»Warum Gin? Wir trinken selbst Gin. Wir erzeugen nichts als Gin. Wir tun das, weil Gin eine Spirituose ist, die sich rasch in Weltklassequalität produzieren lässt. Und mit unserer ureigenen Handschrift.« Und diese Handschrift ist so präzise wie markant. »Big« eben. Ben sagt: »Das Wichtigste ist die Ausgewogenheit und die Qualität der Botanicals.«

Ben hat einen hohen Anspruch. Ihm gerecht zu werden ist nicht einfach. Er verwendet einen Basisbrand aus Mais, den er als »eine Art weiße Leinwand« beschreibt. Ihm fügt er Wacholder hinzu, »reichlich Wacholder, denn schließlich soll es ja ein großer Gin werden«, außerdem Koriander, Engelwurz, Paradieskörner, Gewürzrinde, Kardamom, Veilchenwurzel, Bitterorangenschale und Tasmanische Pfefferbeeren. Die exakten Mengen sind so bemessen, dass »ein wacholderbetonter, im Abgang würziger und im Mittelteil komplexer Gin herauskommt«. Er ist solo ebenso gut wie in Cocktails.

Captive Spirits erzeugt seinen Gin in direkt befeuerten Vendome Pot Stills aus Edelstahl und Kupfer mit 378 Litern Inhalt. Ihr Name? »Phyllis und Jean, nach unseren Lieblingsomas.«

Den Big Gin gibt es auch in einer Variante, die in Bourbon-Fässern ausgebaut wird. Sie zeigt auch die für den Big Gin typische »Größe«, fügt ihr jedoch ein cremiges, leicht eichengetöntes Karamell- und Vanilleprofil hinzu, das hervorragend zur würzigen Wacholdernote des Originals passt.

»Dass die alten Gin-Liebhaber verschwinden und die Cocktail-Kultur weiter gedeiht, ist für Gin eine Chance.« Brände wie der Big Gin definieren Gin neu, verhelfen ihm zum Erfolg und werden dadurch auch selbst immer besser. Der Big Gin gehört zur Speerspitze der neuen Bewegung. Ben liebt es nach eigenem Bekunden, seinen Brand in Cocktails zu genießen. Er funktioniere »mit Wermut und Bitter und allem, was gut ist«. Sein Big gilt schon jetzt als Protagonist der Gin-Renaissance. Bislang hat die Brennerei nur zwei Abfüllungen im Programm, den Big und seine fassgereifte Version. Aber wenn man zwei wie diese hat, reicht das, um aus der Masse herauszuragen.

OBEN Das Etikettieren bei Captive Spirits.

DOPPELSEITE Die Pot Stills der Brennerei sind nach den Lieblingsomas der Gründer benannt – hier Grandma Jean.

Dorothy Parker *44%*

New York Distilling Company
New York, New York
Moderner Gin, Top 10

»Ein Triumph des modernen Gins« könnte man den Dorothy Parker nennen. Die Nase brilliert mit Wacholder neben Hibiskus, Holunderbeeren und Zimt.
Der Geschmack bietet ebenfalls ausdrucksvollen Wacholder, während Holunder, Zitrus und Hibiskus Bilder von zimtgewürzter Cranberrysoße und kandierten Zitrusschalen heraufbeschwören.
Der angenehm lange Abgang mit Lavendel, Holunderbeeren und Wacholder wirkt noch eine ganze Weile nach. Einer der besten Gins. Er adelt jeden Aviation.

Few Barrel Gin *46,5%*

Aged Gin

Baut man einen Gin mit Whiskybasis aus, ist er dann ein normaler Whisky mit Wacholder? Vielleicht, aber hier sind ganz klar die Botanicals die Stars. In der Nase zeigen sich Orangenschalen und cremiges, vanilliges Süßholz. Das Fass gibt ihm reichlich Charakter. Im Schlussteil taucht Crème bavaroise mit Wacholder, Fenchelsamen und sogar Banane auf. Der lange Abgang erinnert an Bananenkuchen mit schwarzem Pfeffer. Ein faszinierendes Produkt. Pur oder in einem Alexandria trinken.

Four Peel Gin *44%*

Watershed Distillery
Columbus, Ohio
Moderner Gin, empfehlenswert

Bei besagten *four peels*, »vier Schalen«, handelt es sich um Zitrone, Limette, Grapefruit und Orange. Im Bukett zeigt sich eine Zitrusmischung, aus der ich vor allem Mandarine und Limette herausschmecke. Schönes, gut integriertes Gefüge aus Zitrusschalen. Überraschend ausgewogen der Geschmack mit krautigem, leicht minzigem Wacholder sowie lebhaften Zitrus- und Gewürznoten (Kardamom und Koriander). Langer, leicht pfeffriger Abgang. Eine ausgewogene Abfüllung, die jeden Gin Rickey in etwas Besonderes verwandelt.

Few American Gin *40%*

Few Spirits
Evanston, Illinois
Moderner Gin

Weißer Whisky als Basis mag unkonventionell wirken, doch prägt der Basisbrand nun einmal den Geschmack, wie viele Genevers oder Holland Gins beweisen. Der Duft spielt mit Zitronenzeste sowie cremiger Vanille und Anis seine aromatischen Stärken aus.
Der weiche Geschmack verweist auf krautigen Wacholder, Kirschmarmelade, Vanille, Sahne, Koriander und Engelwurz. Obwohl er nicht so getreidelastig wie andere seines Stils ist, sollte man ihn in einem Holland Fizz probieren.

Fleischmann's Extra Dry Gin *40%*

Fleischmann Distilling Company
Louisville, Kentucky
Klassischer Gin

Der erste Gin der USA – zumindest der erste Dry Gin. Er wird seit 1870 gebrannt. Die Marke hat in den letzten 150 Jahren viele Male den Besitzer gewechselt, doch die Formel ist stets dieselbe geblieben.
Wacholder und staubiger Koriander in der Nase, ferner Sellerie und Kiefer im Hintergrund. Der Geschmack ist erst verhalten, bevor Wacholder im Mittelteil die Kontrolle übernimmt und frisch geriebene Koriandersamen hinzuholt. Leichter Zitroneneinschlag vor dem mittellangen spritzigen Abgang. Trinkt sich solo am besten.

Genius Gin *45%*

Genius Distiller
Austin, Texas
Moderner Gin

Die Brennerei arbeitet mit einer Mischtechnik, bei der sowohl mit kalten als auch mit heißen Temperaturen gearbeitet wird. Die Hälfte der Botanicals wird also im Brand mazeriert und die andere Hälfte gelangt über Dampfextraktion in den Gin.
Dabei entsteht ein malziges Erzeugnis mit Kardamom und Zeste im Duft.
Der warme, cremige Geschmack baut auf Limette, Wacholder und Kardamom. Mit seiner dicken Textur legt sich der Gin förmlich auf die Zunge, was ihm ein langes, reiches Nachspiel beschert. Ein Gin Tonic ist das passende Betätigungsfeld für den Genius.

Genius Gin Navy Strength
57%
Moderner Gin, Navy Strength

Alle Vorzüge des regulären Genius Gin werden hier durch den höheren Alkoholgehalt intensiviert. Selbst in den anspruchsvollsten Drinks sind seine Aromen noch deutlich erkennbar. Warme Gewürze färben den Auftakt zu einem Negroni ein. Einem Bronx gibt er eine malzige Tiefe mit, die er mit gewürzten Orangenschalen anreichert. Einen Singapore Sling wiederum bringt er mit exotischen Gewürzen in Schwung.

Glorious Gin *45%*
Breuckelen Distilling
New York, New York
Moderner Gin

Die erste Manufaktur der Gin-Renaissance, die ihr Geschäft in Brooklyn eröffnete. Den Basisbrand destilliert man aus Weizen mit den Botanicals Ingwer, Rosmarin und zwei Arten von Zitrusfrüchten. Er ist heute noch so unverwechselbar wie damals: Wacholder und Kräuter dominieren im Duft, während Rosmarin und Ingwer den milden Wacholdergeschmack ergänzen. Grapefruit und Ingwer tun sich zu einem langen, warmen Abgang zusammen. Mit ihm schlägt der Tom Collins eine etwas andere Richtung ein.

Green Hat Ginavit Fall/Winter
45,2%
Aged Gin, moderner Gin, empfehlenswert

Gin + Aquavit = Ginavit, so lautet die Formel für diesen Brand. Entsprechend zeigen sich im Duft Kümmel und Wacholder, unterstützt von Zitrone und Backgewürzen. Im Mund Gewürze, Orange und Zimt. Der blumige Mittelteil erinnert daran, dass ein regulärer Gin mit dabei ist. Dann wieder Kümmel, Fenchel, Tannen und der Hauch einer Eichensüße aus den Apfelbrandfässern, in denen der Ginavit reift. Ausgewogen, mit Wiedererkennungswert.

Gilbey's Gin *40%*
W&A Gilbey Ltd./Beam Suntory
Frankfort, Kentucky
Klassischer Gin

Eigentlich stammt dieser Gin aus London, doch die Version mit 40% wird unter der Ägide von Beam Suntory in den USA gebrannt, womit sie technisch als amerikanischer Gin, erzeugt mit Genehmigung des 1857 gegründeten Hauses Gilbey's, durchgeht. Lässt man diese technischen Details beiseite, bleibt ein Brand mit wacholderschwerer und zitrusfruchtiger Nase zurück. Der spritzige Geschmack mit reichlich kieferbetontem Wacholder endet kurz und adstringierend. Ein idealer Mix-Gin.

Green Hat Gin *41,6%*
New Columbia Distillers
Washington, D.C.
Moderner Gin, empfehlenswert

Der Klassiker, das Original. Der Green Hat mag die Gin-Gemeinde spalten und vor allem die gegen sich aufbringen, die nur traditionelle Brände akzeptieren. Aber wer die Fusion aus Tradition und Moderne schätzt, wird ihn begrüßen. Seine Nase ist prall gefüllt mit frischen Orangen, Fenchelsamen und Koriander. Der Geschmack stößt mit Gewürzrinde, gemahlenem Koriander, Selleriesamen und Kardamom ins kräuterwürzige Horn. Erdig, kräuterig, leicht exotisch, aber vertraut.

Green Hat Gin Navy Strength *57%*
Moderner Gin, Navy Strength, empfehlenswert

Der auf robuste 57% Alkohol hochgefahrene Green Hat Navy Strength ist die Turboversion eines modernen Gins, auf den Cocktailfreunde gewartet haben. Er bewährt sich in einem Singapore Sling oder einem Aviation gleichermaßen und wird mit allem fertig, mit dem man ihn kombiniert. Der Duft? Wacholder, kandierte Zitronenschale und ein wenig Sellerie. Kraftvoll der vor Wacholder strotzende Geschmack. Starker Schlussstrich mit Pfeffer- und Paradieskörnern. Außerordentlich langer, scharfer, spritziger Abgang.

Green Hat Gin Spring/Summer *45,6 %*

Moderner Gin

Was verkörpert den Frühling in Washington, D.C. besser als Kirschblüten? Millionen sind jeden April beim Kirschblütenfest in der US-Hauptstadt dabei. Der Duft des Green Hat feiert Wacholder und Kirschmarmelade. Im ausgewogenen Geschmack trifft man auf Orangenbonbons, Kirsch-Vanille-Marmelade, Kräuter der Provence und Pfeffer zum Ausklang. Der ideale Sommer-Gin für einen Gin Rickey, Gin Bramble, Gin Fizz und vor allem Gin Tonic. Schön!

Greenhook Ginsmiths Beach Plum Gin Liqueur *30 %*

Gin-Likör

Der Beach Plum ist Amerikas Antwort auf den Sloe Gin. *Beach plums*, »Strandpflaumen«, wachsen von Kanadas Seeprovinzen bis hinunter nach Maryland an Dünenstränden. Die Früchte sind süß, werden aber selten gegessen. Man verwendet sie für Wein – und nun auch für Gin. Genauer gesagt: zum Veredeln des vakuumdestillierten Standard-Gins von Greenhook. Der tiefrote Likör duftet nach Zitrone und Limette, Kamille, Ingwer und heißen Himbeeren. Im Geschmack Pflaumen- und Kirschnoten. Auf Eis trinken.

Greyling Modern Dry Gin *41 %*

Yahara Bay Distillers
Madison, Wisconsin

Moderner Gin

Der Greyling, eine Äsche, ist als Indikatorfisch für das Ökosystem der großen Seen von Bedeutung. Nach ihm ist dieser Gin benannt. Er wird aus Winterweizen destilliert und durch Dampfextraktion aromatisiert. Sein frischer Duft lässt Wacholder mit einem Hauch Lavendel erkennen. Im ausgewogenen Geschmack drängt sich Wacholder nach vorn, dann folgen Koriander, Lavendel und Marmelade. Langer, trockener Abgang. In einem Gimlet oder Martini gut aufgehoben.

Greenhook Ginsmiths Gin *47 %*

Greenhook Ginsmiths
Brooklyn, New York

Moderner Gin, empfehlenswert

Greenhook Ginsmiths setzt auf Vakuumdestillation, da durch die niedrigeren Temperaturen einige der flüchtigen Aromastoffe in den Ingredienzen erhalten bleiben. Der Duft ist auffällig lebhaft, im Geschmack zeigen sich zunächst Kamille und Zimt, dann setzt er auf kieferigen, öligen Wacholder und Ingwer, um mit Beeren und scharfem Koriander einen Schlusspunkt zu setzen. Langer, spritziger Abgang. Exotisch und gar nicht traditionell; ergibt einen lebendigen Martini.

Greenhook Ginsmiths Old Tom Gin *50,05 %*

Old Tom, empfehlenswert

Dieser Old Tom wird in Pot Stills gebrannt, gesüßt und ausgebaut, bis er in ansprechendem Strohgelb leuchtet. Die Nase dominiert ein Dreierbund aus forschem Wacholder, Gewürzrinde und Walnuss. Auffallend hochwertig ist der reiche, ölige Basisbrand. Sein Geschmack bietet in erster Linie Gewürzen eine Plattform. Da sind Ingwer, Muskatnuss, Mandeln, Zimt, ferner eine schwungvolle Zitrusnote im Abspann. Der Nachhall bringt frisches Zedernholz und Lavendel zur Sprache. Kaum merkliche Süße. Ein idealer Old Tom für einen Martinez oder Tuxedo.

Halcyon Gin *46 %*

Bluewater Organic Distilling
Everett, Washington

Klassischer Gin, empfehlenswert, Top 10

Klassische Nase mit Wacholder, Koriander und Zitrus. Warmer Geschmack mit kieferigem, grünem Wacholder und üppigem Koriander, der zum Ende hin in einer würzigen und zitrusfruchtigen Note aufgeht und von Backgewürzen sowie Orangenzeste ergänzt wird. Langes, warmes Finale mit Wacholder in der ersten Reihe. Ein klassischer Gin, auf Augenhöhe mit großen Namen wie Gordon's und Tanqueray. Genau richtig für einen Martini oder jeden anderen Cocktail.

Hat Trick Botanical Gin *44%*
High Wire Distilling Company
Charleston, South Carolina
Moderner Gin, empfehlenswert

Eine schöne moderne Nase mit traditionellen Nuancen wie Koriander, Kardamom und Zitrus begrüßt den geneigten Gin-Liebhaber. Der volle, körperreiche Geschmack mit kieferigem Wacholder, einem Spritzer Zitrone und viel Grüner Minze bereitet den Weg für einen langen, warmen Schlussakkord mit harzigen Zwischentönen. Wacholder und Rosmarin werden mit einem Tick Engelwurz auf Trab gebracht. Gut mit Tonic, in einem Martini, Negroni oder Tom Collins. Ein vielseitiger, solider moderner Gin mit leicht kräuterwürzigen Neigungen.

Imperial Barrel Aged Gin (Ginskey) *47%*
Roundhouse Spirits
Boulder, Colorado
Aged Gin

Seine goldbraune Färbung holt sich der Ginskey während eines zehnmonatigen Aufenthalts in Eiche. Dadurch kommt er auch zu seiner süßen Nase mit Andeutungen an Karamell und kandierte Orangenschalen. Kamille, Veilchen, Gewürznelken, Muskatnuss, Piment und Zimt sind am Gaumen klar und deutlich erkennbar. Das Eichenfass schlägt sich im Nachhall in warmen Teignoten nieder. Einer der zugänglichsten Aged Gins. Perfekt für einen Negroni oder einen Varuna.

Koval Dry Gin *47%*
Koval Distillery
Chicago, Illinois
Moderner Gin, empfehlenswert

Der zarte Duft beschwört mit seinem krautigen, leicht minzigen Wacholderton sowie einem Hauch von Lavendel und Laub Sommergärten herauf. Im Mund bekommt man an der Zungenspitze Zitrone und an den Rändern gedämpften Wacholder und Kardamom geboten, außerdem reichlich schwarze Pfefferkörner. Sie prägen auch den mittellangen Abgang, in dem obendrein Ahornrinde und Backgewürze auftauchen. Lassen Sie den Koval in Ihre nächste Bloody Mary einfließen oder probieren Sie ihn in einem traditionelleren Dry Martini aus.

Hedge Trimmer Gin *42%*
Sun Liquor Distillery
Seattle, Washington
Klassischer Gin

Der »Heckenschneider« offenbart ein klassisches Profil, dennoch drängt sich ein exotisches Botanical förmlich auf: die Schale heimischer Wassermelonen. Seine Nase ist mit Zitrone zitrusfruchtig, verweist aber auch auf Gewürze und einen Hauch Hibiskus. Der Geschmack trieft vor waldigem grünem Wacholder, der austariert wird von Gewürzen wie Koriander und Engelwurz. In schweren Cocktails gerät der Gin etwas in die Defensive, doch neben Tonic oder Soda brilliert er.

Jack Rabbit Gin *45%*
Beehive Distilling
Salt Lake City, Utah
Moderner Gin

Beehive ist die erste moderne Brennerei im Staate Utah und der Jack Rabbit ist ihr Vorzeige-Gin. Man hat sich bei ihm von der Wüste inspirieren lassen und die ansonsten recht traditionelle Botanical-Riege um Rosen und Salbei ergänzt. Das macht sich mit Rosenwasser im Duft bemerkbar, der zudem Koriander und etwas Minze zu bieten hat. Im Mund Wacholder, Zitronenschale und wieder Rosen. Basilikum und Salbei akzentuieren den Abgang. Ideal mit nichts weiter als Tonic und Eis, aber auch gut in einem Gimlet.

Lockhouse New York Style Fine Gin *41,5%*
Lockhouse Distillery
Buffalo, New York
Moderner Gin

Da ich in Buffalo, NY, aufgewachsen bin, stelle ich diesen Gin hier mit besonderem Stolz vor. In seinem Bukett spielt Salbei eine wichtige Rolle. Im komplexeren Geschmack zeichnen sich frische Orangen, wieder Salbei, Fichte und kieferiger Wacholder ab. Er empfiehlt sich sauber und warm mit Zitronen, einer Andeutung von Koriander und einem sehr leisen Anishauch. Obwohl sich der Lockhouse mit Tonic gut macht, gibt er in Drinks wie dem Aviation oder einem Last Word seine beste Vorstellung.

Bluewater Distilling

»In der Brennkunst laufen mein Talent und meine Interessen zusammen«, erklärt John Lundin, Destillateur von Bluewater. Seine Faszination für Gin brachte ihn dorthin, wo er heute ist. »Ich habe mich so sehr für das Gin-Brennen begeistert, dass ich angefangen habe, verschiedene Methoden und Geräte auszuprobieren.« Bald bewies er auch noch unternehmerisches Geschick und gründete Bluewater. Er erzeugt biologischen Wodka und Gin. Sie stehen für seine Ideale und Ziele, nämlich »Spirituosen verantwortlich und nachhaltig zu brennen und dabei geschmacklich etwas Besonderes zu schaffen«.

Bluewater Distilling
1205 Craftsman Way Ste 116
Everett, WA 98201

www.bluewaterdistilling.com

Empfehlenswerter Gin:

Halcyon Gin *46%*

GROSSES BILD Aus den schönen traditionellen Pot Stills fließt der in Kleinmengen hergestellte Halcyon, ein großartiger klassischer Gin im Stil eines Tanqueray oder Gordon's.

UNTEN John Lundin, Mitgründer von Bluewater Distilling, empfiehlt den Halcyon für den perfekten Martini, kombiniert mit einem Orangenbitter und garniert mit einem Orangentwist.

Jetzt aber zum Gin. Der Halcyon steht in der Tradition des London Dry und belehrt mit seiner frischen, wacholderbetonten Art alle eines Besseren, die der Meinung sind, amerikanische Gins seien durch die Bank blumig und modern oder könnten in Qualität und klassischem Charakter nicht mit den etablierten Marken mithalten.

»Ich wollte mich nicht auf den aktuellen Trend hin zu blumiger Leichtigkeit und der Vorherrschaft von Gewürzen wie Kardamom und Sternanis einlassen.« Der Halcyon Organic Distilled Gin basiert auf neutralem Weizenbrand und enthält neben Wacholder noch Koriander, Engelwurz, Süßholz, Veilchenwurzel, Gewürzrinde, Zitrone und Orange. »Die Botanicals werden vor der Destillation 24 Stunden gemeinsam mazeriert.« Danach gibt es nur noch einen einzigen, aber mit größter Aufmerksamkeit selbst für kleinste Details durchgeführten Lauf – und schon ist der Gin fertig. »Wir verschneiden nicht und lassen die Stills langsam laufen ... wann der Cut erfolgt, entscheiden wir nach Geruch und Geschmack.«

Das Brennverfahren wurde so ausgerichtet, dass ein »besonderer Gin« entsteht, wie John es nennt. »Gin ist meiner Ansicht nach die dynamischste und am schwierigsten herzustellende Spirituose. Man muss den ganzen Brennapparat beherrschen. Außerdem ist kulinarisches Fingerspitzengefühl gefragt, um Geschmacksnuancen optimal zu kombinieren.«

Seinen Gin brennt er in einem direkt befeuerten Alembik. Alles, vom Basisbrand bis zu den Botanicals, stammt zu 100% aus biologischem Anbau. Hier kommt Johns Vorstellung von nachhaltigem, verantwortungsvollem Brennen zum Tragen.

»Ich halte nicht viel von Trends, hoffe aber, dass immer mehr Menschen erkennen, wie faszinierend Gin-Cocktails sind.« Neue Cocktails lenken die Aufmerksamkeit auf interessante Gins und inspirieren die Leute, sich zu Hause selbst Drinks zu mixen. John glaubt, dass das Brennen Zukunft hat, schränkt aber ein: »Eine vordringliche Aufgabe der Spirituosenindustrie wird weiterhin die Aufklärung über Alkoholmissbrauch sein. Außerdem müssen wir zeigen, wie kreativ das Mixen mit Gin sein kann.«

Er schlägt vor, die Zitrusaspekte seines Halcyon Gin in einem Martini mit einem Spritzer Orangenbitter und einem Orangentwist zu betonen.

Bluewater Distilling hat auch zwei Bio-Wodkas mit 40 und 50% im Programm. Die stärkere Version ist für hausgemachte Gins gedacht (ich habe ihn zum Beispiel für das Rezept auf Seite 195 genommen). In den nächsten Jahren möchte John noch etwas experimentieren, etwa mit Single Batch Gins und vielleicht sogar mit fassgereiften Ausführungen.

Merrylegs Genever Style Gin *40 %*

Oregon Spirit Distillers
Bend, Oregon
Holland Gin

Die Nase der von der Genever-Tradition beeinflussten Abfüllung ist stark von duftendem Getreide geprägt. Malz steht über allem, und man könnte den Brand fast für einen unausgebauten Whisky halten, wäre da nicht eine Süßholznote am Rand. Im Mund hat man das Gefühl, gerade ein Anisplätzchen zu kauen. Der Geschmack hebt mit einem blumigen Rosenton an und endet auf einer würzigen Zitrusnote und Koriander. Im langen Abgang viskose Süßholzwurzel. In einem Improved Holland Gin Cocktail ist er gut aufgehoben.

New Amsterdam Gin *40 %*

New Amsterdam Spirits Company
Modesto, Kalifornien
Moderner Gin

Dieser in den Staaten sehr verbreitete Gin ist eine unverhohlene Abkehr vom Wacholder. Der gedämpfte Duft mit Zitrusambitionen lässt eher an einen mit Zitrus aromatisierten Wodka denken als an Gin. Auch der Geschmack hat sich ganz den Zitrustönen verschrieben. Anfangs fühlt er sich zwar noch Wacholder verpflichtet, doch diese Note verfliegt bald. Der cremige Schluss erinnert an Orangensorbet. Auch wenn er durch den Wacholderanteil technisch ein Gin ist, so wird er doch die Gin-Gemeinde spalten.

Perry's Tot *57 %*

New York Distilling Company
New York, New York
Moderner Gin, Navy Strength

Commodore Matthew C. Perry war Kommandant des New York Navy Yard in Brooklyn, einer militärisch genutzten Schiffswerft. Der nach ihm benannte Gin bekommt durch die Zugabe von Wildblütenhonig aus Upstate New York eine weiche Seite. Auch in einigen blumigen Nuancen des Dufts macht sich der Honig bemerkbar. Am Gaumen formiert sich eine Botanical-Flotte mit Wacholder steuerbord, Grapefruit backbord und würzigem Koriander am Kiel. Er passt gut in einen Last Word. Ahoi!

Mohawk London Dry Gin *40 %*

Heaven Hill Distilleries
Bardstown, Kentucky
Klassischer Gin

Wacholder und Alkohol bestimmen den Duft, der säuerliche Geschmack ist geprägt von seifiger Zitrone. Wacholder hat im Mittelteil seinen Auftritt, wirkt aber etwas flach und ausdruckslos. Der Gin schmiert relativ rasch auf einer sauren Note ab, wobei erneut Zitrone und Alkohol zu schmecken sind, sich aber auch Wärme bemerkbar macht. Recht nichtssagend und generell etwas kratzig.

PathoGin (Batch 14) *48 %*

Stay Tuned Distillery
Munhall, Pennsylvania
Moderner Gin

Die Basis des PathoGin besteht zu 100 % aus Gerste und wurde nicht kalt filtriert. Als regionaler Craft-Gin hängt er von der saisonalen Verfügbarkeit der Botanicals ab. Batch 14 hat daher ein ganz eigenes Botanical-Profil, einen ganz besonderen Charakter. In der Nase geben sich Minze und Süßholz ein Stelldichein, während sich im robusten Geschmack im Mittelteil krautiger Wacholder zeigt. Ungewöhnlich langer Abgang mit Anis und warmem Getreide. Schöner Gin für einen Negroni oder auf Eis zu empfehlen.

Pinckney Bend Gin *46,5 %*

Pinckney Bend Distillery
New Haven, Missouri
Moderner Gin

Pinckney Bend behandelt jedes Botanical mit dem ihm gebührenden Respekt. Manche werden mazeriert und dann destilliert, andere in eine Dampfsäule gehängt. Die Nase ziert zarter Wacholder, doch schlägt letztlich Zitrus am deutlichsten zu Buche. Im Geschmack reiht sich spröder Wacholder an Orange und Zitrone, während Süßholz und Engelwurz die Nachhut bilden. Der saubere, lange und warme Ausklang schlägt eine Brücke zwischen der Welt der klassischen und der modernen Gins.

Prairie Organic Gin *40%*

PHILLIPS DISTILLING CO.
PRINCETON, MINNESOTA
Moderner Gin

Die Nase ist leicht blumig und entsendet duftige Noten. Man erkennt Kardamom, Minze und einen Hauch von Wacholder. Der weiche Geschmack wird von schwach kieferigem Wacholder eingeleitet. Kardamom und weißer Pfeffer gehen über in Koriander. Den Schlusspart übernehmen Pfeffer und Kräuter. Der Prairie bemüht sich zwar um Länge und Wärme, ist aber nicht allzu geschmacksintensiv. Er wirkt verhalten und moderat modern und verlässt sich ganz auf das Prädikat »handwerklich gefertigtes Bioprodukt«.

St. George Botanivore Gin *45%*

ST. GEORGE SPIRITS
ALAMEDA, KALIFORNIEN
Moderner Gin

Obwohl die einnehmende Nase auch kräuterige und blumige Neigungen zeigt, ist sie doch fett mit »kieferigem Wacholder« überschrieben. Der Geschmack hebt mit einem traditionellen Mix aus frischem Wacholder und Zitrus an, entwickelt sich aber dann hin zu Kiefernzweigen, Kardamom und Koriander. Der ebenso komplexe Schlussteil bringt gemahlenen Pfeffer und frischen Fenchel ins Gespräch, die am Gaumen noch lange mild nachwirken. Gut in einem Tom Collins, aber auch einem kräuterigen Martini.

St. George Terroir Gin *45%*

Klassischer Gin, Top 10

Der Duft dieses Gins entführt mit Wacholder, Fichte, Kiefer, Kiefernzapfen, Kiefernharz und frischen Kiefernknospen in einen Kiefernhain, während er so schmeckt, wie ein Redwood-Wald riecht. Am Gaumen dominieren Douglasiennoten, die einen in eine Wildnis aus Lorbeer, öligen Salbeiblättern und scharfem Wacholder schicken. Einen Gin wie diesen gibt es kein zweites Mal. Viele Konkurrenzprodukte geben vor, nach einem bestimmten Terroir zu schmecken – dieser Gin tut es tatsächlich. Ein Erlebnis ist er mit Tonic, unverwechselbar in einem Martini und ganz und gar eigen in einem Negroni. Falsch machen kann man mit ihm nichts.

R Gin *42%*

HARDWARE DISTILLERY CO.
HOODSPORT, WASHINGTON
Moderner Gin

Diese saisonale Abfüllung ist als Begleiter von Austern gedacht, die auch in seinem Charakter unerwartet zutage treten. Die Gerste für den Basisbrand wird nämlich in einem Austerngrill geräuchert. In der schweren Nase geben sich Getreide, Pilze und ein Hauch reifer Kirschen zu erkennen. Der Gaumen wird anfangs von deutlichen Getreidenoten getroffen. Kieferiger Wacholder läutet einen langen, trockenen Schluss mit Engelwurz, Ingwer und Rauchnoten ein. Testen Sie ihn in einem Negroni.

St. George Dry Rye Gin *45%*

Holland Gin, empfehlenswert

Er gehört zu den Besten seines Stils. Dass er aus Roggen in Pot Stills gebrannt wurde, verleiht ihm seinen besonderen, einzigartigen Charakter. Der Geschmack wird anfangs von reichlich, grünem Wacholder belebt. Es schließen sich Kümmel, mentholartiges Süßholz und zum Schluss hin Koriander sowie gemahlener Pfeffer an. Wer noch unentschlossen ist, ob er Roggen-Gins mag, wird durch dieses warme, weiche »Argument« mit Sicherheit zum Liebhaber bekehrt werden. Man trinkt den St. George am besten pur. Wer es absolut nicht lassen kann, ihn in einen Cocktail zu schütten, wählt einen Negroni.

Seagram's Extra Dry Gin *40%*

PERNOD RICARD, INDIANA DISTILLERY
LAWRENCEBURG, INDIANA
Klassischer Gin

Obwohl Seagram's nach dem Neudesign um 2010 den Slogan »Im Fass weich gemacht« gestrichen hat, ist dem Gin die charakteristische hell-strohgelbe Farbe geblieben. Das leicht zitrusfruchtige Bukett erfüllt seine Pflicht mit Wacholder und gibt auch Koriander und Engelwurz eine Chance. Im Geschmack dominiert Wacholder früh, zeigt jedoch keine klare Kante. Herausreißen müssen es kandierte Zitrusschalen, Kardamom und Zimt. Der recht lange, lebendige Nachhall rundet alles gut ab. Ein idealer Mix-Gin für jeden Cocktail.

Seagram's Apple Twisted Gin *35 %*

Pernod Ricard, Indiana Distillery
Lawrenceburg, Indiana
Flavoured Gin

Der vielleicht ungeeignetste Cocktail-Gin der Twisted-Serie von Seagram's: Außer im Gin Tonic ist er eigentlich fast überall fehl am Platz, denn er fügt jedem Drink eine sogar schon im Duft erkennbare Grüne-Apfel-Note hinzu.
Mit einem Holunderlikör an seiner Seite jedoch ergibt er in einem Spring Orchard einen interessanten, wenn auch ganz und gar nicht traditionellen Flavoured-Gin-Drink.

Seagram's Lime Twisted Gin *35 %*

Flavoured Gin

Gins mit Limetten- und anderen Zitrusnoten waren einst recht verbreitet. Gordon's und Beefeater sind nur zwei der großen Namen, die sich an diesem Stil versucht haben. Die Seagram's-Version ist speziell als Ingredienz für Drinks wie den Gin Tonic gemacht – und diese Rolle füllt sie so gut aus, dass kein Anlass mehr besteht, noch eine Limette zu schneiden. In der Nase ist ein Touch Wacholder als Ausgleich für eine süße Limettennuance erkennbar. Der Geschmack erinnert an Limettenkuchen, begleitet von Gelatine mit Limettengeschmack und kandierter Limette.

Seagram's Peach Twisted Gin *35 %*

Flavoured Gin

Obwohl er relativ süß ist und erfahrene Süßmäuler vielleicht Pfirsich herausschmecken, hat er auch Wacholder und Zitrusnoten zu bieten. Gut macht er sich in einem Strandparty-Drink mit Limonade an seiner Seite. Das ist zwar sicher nicht die Art Gin, die man in einem Speakeasy serviert bekommt, aber die Twisted-Reihe von Seagram's versucht einem nichts vorzumachen, sondern bietet genau das, was man von ihren Gins erwartet. Und wenn man einen Gin mit Pfirsichnote will, dann ist man mit diesem bestens bedient.

Seagram's Pineapple Twisted Gin *35 %*

Flavoured Gin

Die Vertreter der Twisted-Linie gehören zu den Gins, die man problemlos in die Strandtasche packen oder mit auf eine Party nehmen kann, um sie mit Saft oder anderen Mixern zu kombinieren. Die Ananasnoten kaschieren den Wacholder in der Nase größtenteils, treten aber am Gaumen etwas zurück und lassen dadurch auch Wacholder und Gewürze zu ihrem Recht kommen.

Seattle Gin *40 %*

Seattle Distilling Company
Vashon, Washington
Moderner Gin, empfehlenswert

Er nimmt einige der besten Ingredienzen des pazifischen Nordwestens, kombiniert sie mit einem Basisbrand aus Kansas-Weizen und einem gängigen – in Gin aber ungewöhnlichen – Botanical: Haselnuss. Das Bukett erweist sich als würzig-blumige Melange mit minzigem Wacholder an der Peripherie. Im weichen Geschmack gehen geröstete Nüsse, Rosmarin und Zimt in die Offensive, gefolgt von Wacholder mit mentholiger Minze. Im langen, warmen Ausklang zeigen sich auch Getreide- und Lavendeltöne. Für Ihren nächsten Negroni.

Solveig Gin *43,5 %*

Far North Spirits
Hallock, Minnesota
Moderner Gin

Roggen-Gin ist so etwas wie eine vergessene Kunst – vor gut 100 Jahren war er noch häufiger anzutreffen. Solveig hat ihn aus der Versenkung geholt und ihm eine kräuterige, zitrusfruchtige Strahlkraft gegeben. Harzige Kiefer, Zitronenzeste und Grapefruitöl bilden in der Nase eine aromatische Ménage-à-trois, während der Geschmack mit frischen Grapefruits und Kiefernzweigen wirbt und mit Thymian ausklingt. Langer, lebhafter Abgang mit einer Andeutung an Roggen. Macht sich hervorragend in einem Gin Tonic.

South River (Red) Gin *40 %*
Painted Stave Distilling
Smyrna, Delaware
Aged Gin

Das Pendant zum South River (White) der Avantgarde-Linie muss fünf Monate lang zur Holzkur in ein ehemaliges Rotweinfass, wodurch er sein für Gin ungewöhnliches Himbeerrot erhält. Die Nase deutet Teeöl und wohltuende Salbe an. Der Geschmack hat ein klares Wacholderprofil, das gestützt wird durch Zitrone, Orange, Kräutertee und einen Hauch Zinfandel-Wein. Ein interessanter Gin mit Ausbau- und Weinnoten. Er macht sich in Cocktails gut an der Seite gespriteter Weine wie Wermut.

Spirit Hound Gin *42 %*
Spirit Hound Distillers
Lyons, Colorado
Moderner Gin

Mit vor Ort gesammelten Botanicals, handgefertigten Brennblasen und einem Standort in den Ausläufern der Rocky Mountains sind hier alle Voraussetzungen für einen großen Gin erfüllt. Im Duft attestiere ich dem Spirit Hound Fenchelsamen sowie – schwächer – Gewürz- und Zitrusnoten. Die Gewürze leiten über zu einer Coda, die an Chai erinnert. Im Nachhall wärmen Fenchel und Anisplätzchen das Herz. Bringt Schwung in einen Last Word und ergibt einen sommerlichen Gin Tonic.

Spy Hop Distilled Gin *42 %*
San Juan Island Distillery
Friday Harbor, Washington
Moderner Gin

Einen durch und durch regionalen Gin bekommt man mit diesem Produkt ins Glas. In seinem Botanical-Spektrum finden sich heimische, von Hand gesammelte Herrlichkeiten wie wilde Brombeeren, Rosen und Lavendel. Der Duft verkündet lautstark Kardamom, während der Geschmack Gewürze in den Mittelpunkt stellt: Koriander und Kardamom werden begleitet von ein bisschen harzigem Wacholder. Der mittellange Schlussteil bringt frischen Anis auf. Ein kräftiges Tonic Water wie Q ist der perfekte Begleiter für diesen warmen, erdigen Gin.

South River (White) Gin
40 %
Aged Gin

Er gehört zur Avantgarde-Linie von Painted Stave und soll die Reinkarnation eines Stils darstellen, den man zeitlich noch vor dem London Dry verorten muss. Seine navajoweiße Farbe verdankt er einem fünfmonatigen Aufenthalt in ehemaligen Weißweinfässern. In der Nase zeigen sich gleichermaßen Kräuter und harziger Wacholder. Am Gaumen bereiten dezente Andeutungen an Salbei und Lorbeer den Weg für den Triumphzug des Wacholders. Warmer Wacholderabgang mit moderater Länge.

Spruce Gin *45 %*
Rogue Distillery
Portland, Oregon
Moderner Gin

Das ehrwürdige Unternehmen ist vor allem für seine Craft-Biere bekannt, hat aber auch eine Spirituosenlinie im Sortiment. Ihr Spruce Gin nutzt, wie der Name schon sagt, Fichten (engl. *spruce*) als Verstärkung für die Kiefernnote im Wacholder. Der Duft ist schwer von Gurke und nassem Laub. Am Gaumen wird man zunächst von einer Kiefernfrische begrüßt, die rasch in eine Meditation auf frische Gurke mit einem Tick Orange und Ingwer übergeht. Ein kurzer, aber ziemlich scharfer Abgang macht den Gin komplett.

Sunset Hills Virginia Gin
40 %
A. Smith Bowman Distillery
Fredericksburg, Virginia
Klassischer Gin

Lediglich ein Wispern ist der Duft dieses Gins: Wacholder lässt sich noch am ehesten ausmachen, Zitrusschale und Fenchel bleiben dagegen sehr im Hintergrund. Am Gaumen wirkt er dick, gehört aber auch dort nicht zu den Großspurigsten: Man erkennt öligen Wacholder und ein frühes Aufflammen von Zitrusnoten. Der ziemlich dichte Schlussteil gibt schwache Kiefernzeichen. Schmeckt gut im Gin Tonic, doch muss man den Gin-Anteil verdoppeln, damit er sich gegen lautere Aromen behaupten kann.

Topo Piedmont Gin *46 %*

Top of the Hill Distillery
Chapel Hill, North Carolina
Moderner Gin, empfehlenswert

Der Bio-Gin mit einem Basisbrand aus regionalem Weizen zeichnet sich durch einen robusten, ausgewogenen Geschmack aus und funktioniert in einer ganzen Reihe von Cocktails. Beim Schnuppern gelangen die Aromen von reifen Beeren, cremiger Vanille, Lemon Curd und Kiefer in die Nase. Der Geschmack offenbart buttrige Blätterteigkruste, samtiges Gras, Kardamom und lebhafte Minze mit Wacholder. Weich und warm der Abgang. Ein Gin, der mit Tonic genauso brilliert wie in einem Martini.

Wheeler's Western Dry Gin *40 %*

Santa Fe Spirits
Santa Fe, New Mexico
Moderner Gin

Immer wenn ich nach einem Regenguss durch die Wüsten des westlichen Nordamerika fahre, hängt das frische Aroma von Salbei in der Luft. Daran erinnert mich der Wheeler's, aber er ist mehr als nur Salbei. Sicher, das lebhafte Aroma ist schon beim Eingießen unverkennbar, doch der Geschmack tariert es mit Sellerie und Möhren, trockenem, knackigem Wacholder und gedämpfter Zitronenzeste aus. Lang und weich der Abschluss mit Salbei-Schwerpunkt. Gut als modernes Element in einem Martini oder mit Tonic-Sirup.

Wigle's Ginever *42 %*

Wigle Whiskey
Pittsburgh, Pennsylvania
Holland Gin, empfehlenswert

Der auf einem Rezept aus dem 19. Jahrhundert basierende Ginever ist eine regionale Interpretation des holländischen Traditionsbrands und steht ganz im Zeichen der kulturellen Melange, die Pittsburgh in der damaligen Zeit prägte. Er entsteht aus Roggen, Weizen und gemälzter Gerste, was man sogar dem Duft anmerkt. Am Anfang ist Wacholder erkennbar, während Kardamom, Vanille und unglaublich frischer Lavendel im Mittelteil glänzen. Pfeffriger Schluss; grasiger, getreidiger Nachhall.

Waterloo Antique Barrel Reserve Gin *47 %*

Treaty Oak Distilling Company
Austin, Texas
Aged Gin, empfehlenswert

Der Waterloo Antique ist der dunkelste fassgereifte Gin, der mir je untergekommen ist. In der Flasche sieht er fast wie Cola aus. Im karamelligen Duft zeigen sich brauner Zucker und Pekannusskuchen. Der Geschmack präsentiert leise Noten von Rosmarin, Grapefruit und Geißblatt, bevor er sich auf kräftigen Piment, Gewürznelken und Zeder besinnt. Auf trockenem Holz mit nussigen Andeutungen an Pekannüsse und Melasse klingt er aus. Ein mutiges Projekt, perfekt für einen Alexandria.

Wheel House American Dry Gin *45 %*

Gold River Distillery
Rancho Cordova, Kalifornien
Moderner Gin

Der Basisbrand dieser Produktion besteht aus rotem Winterweizen und weißem Weizen. Das schlägt auch in der warmen Nase mit Weizennoten durch. Mit dabei sind außerdem Süßholz, Lavendel, Erdbeeren und eine Spur Gemüsebrühe. Der würzige Geschmack legt sich früh auf Wacholder fest und bereitet einen Abgang mit Ingwer, Muskatnuss und knackigem Süßholz vor. Reichhaltig, wärmend, mit mittellangem Nachhall, weich, ausgewogen. Gut mit Tonic.

Wigle's Barrel-Rested Ginever *47 %*

Aged Gin, empfehlenswert

Der Wigle's Ginever mag den Whiskyfreund ansprechen, doch die fassgereifte Version ist etwas vollkommen anderes. Im cremigen Bukett treten Apfelholz, Vanille und Kiefer in Erscheinung. Der Geschmack baut ein überraschend komplexes Gefüge aus Fichte, Kiefernzapfen, frisch abgeworfenen Kiefernnadeln und Wacholder, im Schlussteil zeigen sich Vanille, Vanillesoße, Zimt und frisches Getreide. Wärmend der mittellange Abgang. Der schöne Gin ist eine herrliche Mischung aus alter Tradition und modernem Erfindungsgeist. Pur oder in einem Negroni genießen.

Wire Works American Gin

45%

GRANDTEN DISTILLING
BOSTON, MASSACHUSETTS

Klassischer Gin

Gäbe es eine Zitrusfrucht, die für New England steht, wäre es die robuste, kälteverträgliche Kumquat. So selten sie in Gin auftritt, so gut ist sie hier eingesetzt. Das Bukett präsentiert sich ebenso lebhaft und wacholderig wie der Geschmack. Zitronenzeste und Engelwurz begleiten den immergrünen Wacholderton. Dahinter drängen süße Zitrusfrüchte nach vorn, doch der lange Ausklang steht wieder ganz im Zeichen von Wacholder. Gut für einen Negroni oder Vesper.

RECHTS So zurückhaltend das Flaschendesign des Solveig Gin wirkt, so tiefgründig ist der Geschmack des Inhalts.

Wigle Whiskey

Wie alle guten Ideen entstand auch der Plan zur Gründung von Wigle bei ein paar guten Drinks. »Es schien uns einfach der richtige Zeitpunkt zu sein«, erinnert sich Meredith Grelli, Mitgründerin und Produktentwicklerin. »Also klapperten wir mehrere Kellereien ab und hatten dabei die Whiskey-Geschichte von Pittsburgh vor der Prohibition im Hinterkopf. Letztlich wurde eine Familienbrennerei in Pittsburgh daraus.« Inspiriert von den Weingütern in Niagara-on-the-Lake, Ontario, brachten Meredith und Alex Grelli den Whiskey zurück nach Pittsburgh.

Wigle Whiskey
2401 Smallman Street
Pittsburgh, PA 15222
USA

www.wiglewhiskey.com

Empfehlenswerte Gins:

Wigle's Ginever
42%
Wigle's Barrel-Rested Ginever
47%

Die Wigle-Whiskey-Destillerie – lassen wir den Namen einmal außer Acht, es soll hier nur um Gin gehen – befindet sich in Pittsburgh, Pennsylvania. Sämtliche Arbeitsschritte vom Mahlen des Getreides bis hin zum Abfüllen der Brände sind im Haus vereint, das seit seiner Eröffnung mit Biorohstoffen arbeitet und viel Wert auf Regionalität legt. Beim Getreide-Mix für seinen Gin aber spielte letztlich die Vergangenheit von Pittsburgh eine entscheidende Rolle.

Die Region war schon vor dem Stahlboom recht vielfältig. Lauren Brock von der Produktentwicklungsabteilung verweist auf drei Traditionen, die in Pittsburgh zusammenliefen und ihren Gin beeinflusst haben. »Die Schotten verstanden es, aus Getreide Spirituosen zu machen. Wenn es darum ging, Roggen anzubauen, konnte keiner den Deutschen etwas vormachen. Und die Niederländer betrieben Brennereien, in denen sie Brände aus ihrer Heimat produzierten, darunter Genever aus Roggen, Weizen und Gerste.« Nicht zufällig verwendet Wigle für seine Whiskeys die gleichen Getreidesorten wie für seinen holländisch inspirierten Ginever. »Gins im Geneverstil waren in Pennsylvania früher das Normalste der Welt. Inzwischen allerdings sind sie fast völlig verschwunden«, so Meredith. Die Macher von Wigle sind so etwas wie Spirituosenarchäologen und zugleich typische Pittsburgher. Bei dieser Mischung muss zwangsläufig etwas entstehen, das mehr ist als nur ein weiterer moderner Gin.

Der Ginever lebt jedoch nicht nur von der hohen Qualität seiner Rohstoffe, sondern auch von seinen Botanicals, die dem warmen Getreidecharakter Tiefe geben. Meredith sagt: »Als Alex und ich unsere Gins entwickelten, ging es mir vor allem um die Botanicals.« Sie erzählt von Gläsern und unzähligen Tinkturen, die sie durchgingen, um herauszufinden, was am besten funktionieren würde. »Beim Schwarzen Kardamom in Verbindung mit Wacholder und Whiskey wussten wir: Das sollte es sein.« Für Lavendel entschieden sie sich wegen seines überraschenden Aromas, für Kubebenpfeffer, weil er die anderen Botanicals und den Geschmack des Roggens unterstützt.

Der gesamte Herstellungsprozess läuft im Haus ab. Das Biogetreide wird in der Brennerei gemahlen, dann in einer speziell konstruierten Kupferbrennblase destilliert – gleich dreifach, »damit sich die Botanicals auf einem weicheren Fundament entfalten können«. In den Brand gelangen sie über einen Geistkorb. Einige Abfüllungen werden in gebrauchten Whiskeyfässern ausgebaut, um das Beste beider Welten in einem einzigen Brand zu vereinen.

Gin steht gerade an einem Scheideweg, denkt Lauren. »Es sieht so aus, als würden sich die Kunden zunehmend für das Destillat und nicht mehr nur für die Botanical-Formel interessieren.« Die Zukunft liegt ihrer Ansicht nach auch in der »Regionalisierung des Gins ... es sind viele interessante Richtungen erkennbar, allerdings fehlt dem Gin-Markt noch das Terroir-Bewusstsein«.

Das Wigle-Team beschäftigt sich derzeit noch mit weiteren Gin-Varianten, führt aber auch Bio-Whiskey, Bitter, Honigbrände und Rum.

GEGENÜBER, OBEN Gin lockt bei Wigle Whiskey in Pittsburgh viele Interessierte an.
GEGENÜBER, UNTEN Die Brennerei bietet viele Veranstaltungen von Dinnerabenden bis hin zu Tastings und Flaschenetikettier-Partys an.

wigle
wigle

Kanada

Kanada kommt einem nicht gerade als Erstes in den Sinn, wenn es um Länder geht, in denen Gin einen hohen Stellenwert hat. Aber das wird sich ändern. Destillerien, die Gins in Kleinmengen abfüllen, schießen von der Westküste bis zu den Seeprovinzen im Osten wie Pilze aus dem Boden. Brenner in so unterschiedlichen Regionen wie Prince Edward Island und dem Yukon Territory arbeiten mit Kartoffeln, um der Basis ihrer Gins Lokalkolorit zu geben, während in British Columbia die Zahl der Abfüllungen mit heimischen, wild gesammelten Bio-Botanicals steigt. Die Szene floriert, seit 2008 der Victoria auf den Markt kam. Inzwischen gibt es über 30 kanadische Gins, weitere werden kommen. Kein Zweifel: Kanadischer Wacholderbrand ist in.

UNTEN Long Table weiß um den Wert handwerklicher Kleinproduktion und verweist auf seinen Flaschen darauf.

Ampersand Distilling Co. Gin *43,8 %*

Ampersand Distilling Co.
Duncan, British Columbia
Moderner Gin

Von Vancouver aus ist man mit der Fähre über die Salish Sea im Nu bei der Ampersand Distilling Co. Die Brennerei hat sich auf einer Biofarm eingerichtet und arbeitet mit Weizen sowie Botanicals aus der Gegend. Das Bukett ist mit Grapefruitzeste und Koriander zwischen klassisch und modern angesiedelt. Im Geschmack zeigen sich Gewürze, Zitrustöne, Wacholder und ein blumiger Zug mit Rosen und Veilchen. Trocken und süß im Abgang. Gut für einen Aviation.

Doctor's Orders Gin *40 %*

Legend Distilling
Naramata, British Columbia
Moderner Gin

Legend Distilling sammelt seine Wacholderbeeren in freier Natur und fängt damit das Terroir von British Columbia ein. Der Duft ist erfüllt von fruchtigen und blumigen Noten und offenbart einen mild-traditionellen Gin-Charakter. Auch im Geschmack geht es mit Koriander und Wacholder anfangs klassisch zu, letztlich landet er jedoch bei Lavendel, Eukalyptus und Brombeeren. Im Abgang ist er reich, trocken und klingt mit pfeffriger, aromatischer Würze ab. Mit Tonic kombinieren oder mit Zitronensaft zu einem ordentlichen Tom Collins mixen.

AuraGin *40 %*

Yukon Shine Distillery
Whitehorse, Yukon Territory
Moderner Gin

Die Brennmeister von Yukon Shine nehmen eine Kartoffelart aus dem kalten Norden Kanadas und kombinieren sie mit Gerste und Roggen, um einen reichhaltigen Basisbrand zu erhalten. Im Duft grüßen Früchte, die sicher nicht aus Yukon stammen, etwa Limette und Grapefruit, doch der Geschmack ist reich beladen mit traditionellen Botanicals wie Kardamom, Pfeffer, Paradieskörnern und Gewürzrinde. Als Stütze dient harziger Wacholder. Weich, robust und gut für einen Negroni.

Endeavour Gin *45 %*

The Liberty Distillery
Vancouver, British Columbia
Moderner Gin

Die Liberty Distillery arbeitet mit heimischem Weizen und destilliert ihn dreifach zum Basisbrand. Zwölf Botanicals und eine kupferne Pot Still später hat man dieses Flaggschiff des Hauses. Schon beim Eingießen steigen einem blumige Aromen entgegen: Wacholder, Süßholz und ein Hauch Geißblatt sind erkennbar. Der Geschmack ist schwer von schwarzem Pfeffer und lebhafter roter Grapefruit sowie Wacholder- und Zitruseruptionen im lebendigen Mittelteil. Lang und trocken der Schlusspart mit Koriander und süßholzinduzierter Süße.

Gambit Gin *40%*

LUCKY BASTARD DISTILLERS
SASKATOON, SASKATCHEWAN

Moderner Gin

Die Stadt Saskatoon ist der passende Ort, um die Grenzen des modernen Gins mit lokalen Spezialitäten – wie den Saskatoon-Beeren – neu zu definieren. In der komplexen Nase geben sich Zitrone, Kamillentee und Anis ein Stelldichein. Ist der Brand erst einmal im Mund, bewährt er sich mit Zitrone und Koriander. Es folgt ein lebhaftes Nachspiel mit pfeffrigen Andeutungen an Sellerie. Der robuste, moderne Gin ergibt einen guten Gin Fizz, doch kann man ihn auch mit blumigen Likören kombinieren.

Long Table London Dry Gin *45%*

LONG TABLE DISTILLERY
VANCOUVER, BRITISH COLUMBIA

Klassischer Gin, empfehlenswert

Der in einer 300-Liter-Kupferbrennblase handgefertigte Gin wird den Prädikaten »regional« und »nachhaltig« voll und ganz gerecht: Viele Botanicals werden von Hand geerntet oder sogar wild gesammelt. Die frische, klassische Nase strotzt vor Kiefern- und Zitrusnoten. Der üppige Geschmack offenbart kieferigen Wacholder, Zitronenzeste und einen Hauch Fenchel. Den Schluss bestreiten Pfeffer und Wacholder. Ausgezeichnet für klassische Dry Martinis geeignet.

Long Table Cucumber Gin *45%*

Flavoured Gin

Er setzt auf dieselben Botanicals, die man auch in klassischen London Dry Gins vorfindet, fügt ihnen aber mit in der Gegend angebauten Gurken einen regionalen Touch hinzu. Die finden sich tatsächlich im Duft mit frischen Einsprengseln wieder, doch werden sie begleitet von Wacholder und Zitrone. Der Geschmack hebt ebenfalls mit frischen Gurken an, präsentiert dann aber auch Wacholder, Zitrusnoten und Backgewürze. Zum Schluss legt er noch einen trockenen Abgang mit mildpfeffrigem Auftrieb hin. Recht ordentlich, vor allem mit Tonic.

Iceberg Gin *40%*

ROCK SPIRITS
ST JOHN'S, NEUFUNDLAND

Klassischer Gin

Den Iceberg Gin umweht die romantische Geschichte vom einsamen Mann, der die arktischen Gewässer auf der Suche nach dem perfekten Eisberg durchkreuzte, um dessen Wasser für Gin zu nutzen. Im Bukett deuten sich Rosenwasser und Wacholder an, doch insgesamt ist eine subtile Aromastruktur erkennbar. Der Geschmack überlässt Anfang und Mittelteil dem Wacholder, strebt aber dann mit Zitrus, Koriander und Engelwurz einem Schluss zu, der Grapefruit und Orange betont.

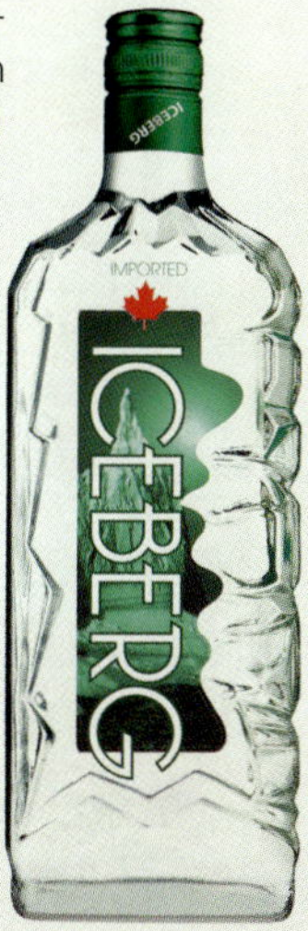

Long Table Bourbon-Barreled Gin *45%*

Aged Gin

Der überraschend schwungvolle Duft wartet mit Grapefruit- und Zitrusnoten auf, doch auch Holztöne sind erkennbar, die lebhafte Karamell-, Butter- und Zimtzuckernoten beisteuern. Im unerwartet strahlenden, schweren Geschmack fährt der Gin früh Zitronenzeste auf, bringt später aber noch Eiche, buttriges Gebäck und Vanillecreme in Stellung. Die Nachhut geizt nicht mit minzigen Andeutungen, die von einer pfeffrigen Schärfe getragen werden. Köstlich in einem Negroni oder solo mit Eis.

Oaken Gin *45%*

VICTORIA DISTILLERS
SIDNEY, BRITISH COLUMBIA

Aged Gin, empfehlenswert

Der Oaken Gin strahlt in sattem Goldrutengelb. Die Nase gefällt mit einer schönen Aromatik, in der subtile Andeutungen an Veilchenwurzel, Koriander und eine blumig-erdige Komponente erkennbar sind. Im Mund verstärkt Zitronenzeste sich zu einem Wacholder-Crescendo, das jedoch nur kurz anhält und einem Medley aus süßen Backgewürzen mit Zimt, Anis und leicht blumigem Schwung Platz macht. Der Fassaufenthalt ist spürbar, aber nie plakativ. Für einen Alexandria oder Old Fashioned.

Okanagan Gin *40%*

Okanagan Spirits
Kelowna, British Columbia
Moderner Gin

Okanagan Spirits ist ein Veteran der Craft-Destillerie-Bewegung und war anderen Start-ups in Kanadas Westen fast zehn Jahre voraus. Ursprünglich wurden hier Früchte gebrannt, weshalb das Haus viel Erfahrung mit Likören und Schnäpsen vorweisen kann. Die leicht blumige Nase verweist auf Rosen, garniert mit Koriander und kieferigem Wacholder.
Auch im weichen Geschmacksverlauf treten Rosen und Koriander auf, dann stößt Fenchel dazu. Lang und trocken der Schluss. Gut in einem Gin Tonic. Sehr modern.

Prince Edward Artisan Distilled Gin *40%*

Prince Edward Distillery
Hermanville, Prince Edward Island
Moderner Gin

Kaum ist der Gin im Glas, offenbart er schon seine aromatische Nase mit Menthol, Grüner Minze und Pfefferminze. Später stoßen noch Zitronenstrauch und eine Gewürznote dazu. Am Gaumen dominiert zunächst immergrüner Wacholder, dann erscheint Minze mit Eukalyptus- und Mentholbegleitung. Sie bestreiten auch den Abgang gemeinsam mit Zitrone und Koriander. Sorgt für Schwung in einem Southside Cocktail und passt zu zitrusfruchtigem Tonic.

Touch Wood Oaked Gambit Gin *40%*

Lucky Bastard Distillers
Saskatoon, Saskatchewan
Aged Gin

Die Lucky Bastard Distillers schnappen sich ihren Gambit und verordnen ihm eine Fasskur in amerikanischer Eiche, die ihm eine bernsteingelbe Farbe beschert. In der Nase erinnern Eiche, frisch gesägtes Holz und staubige Pfirsiche in der Herznote an den Aufenthalt. Im Geschmack sorgt lebhafte Zitrone für den Auftakt, dem Kamille und in rascher Folge Anis- und Fenchelsamen folgen. Der knackige, leicht trockene Abgang deutet Muskatnuss und Gewürznelken an. Am besten pur trinken.

Piger Henricus Gin *43%*

The Subversives Microdistillery
Longueuil, Québec
Moderner Gin

Ich wäre nicht darauf gekommen, hätte ich nicht das Etikett gesehen, aber es ist wirklich Pastinake dabei – auch in der Nase. Das Wurzelgemüse ergänzt die ansonsten traditionelle Botanical-Riege. Der Geschmack hebt mit knackigen pflanzlichen Tönen an, es folgen krautiger Wacholder, weich glimmender Koriander und zum Ausklang Kardamom. Subtil und subversiv in einem Corpse Reviver No. 2 oder einem Last Word.

Schramm Organic Gin (Batch 14) *44%*

Pemberton Distillery
Pemberton, British Columbia
Moderner Gin

Mit seinen acht auf dem Etikett ausgewiesenen Biokräutern und einem vor Ort destillierten Kartoffelbrand als Basis dürfte er zu den umstrittensten Gins gehören. Sein exquisites Aroma steht im Zeichen von Rosmarin, hat aber auch andere Gewürze und Zitrus zu bieten.
Im Geschmack ist Rosmarin ebenfalls zentral, doch kommen noch Zimt, Engelwurz und Wacholder dazu. Hopfig der Abgang. Sicher nicht jedermanns Sache.

Ungava Gin *43,1%*

Ungava Spirits
Cowansville, Québec
Moderner Gin

Als Erstes fällt die fast neongelbe Farbe auf. Aber der Ungava hebt sich auch mit seinen sechs Botanicals, die die arktischen Regionen Kanadas heraufbeschwören, von der Masse ab. Die leicht blumige Nase deutet Tee und Wacholder an. Am Gaumen gibt er sich weich, aber nicht zu exotisch. Zitrusfruchtiger Koriander ist früh erkennbar. Es folgen traditionelle Andeutungen an Zitrone im Mittelteil und ein erfrischender, nur leicht blumiger Endspurt. Sind da Moltebeeren? Ausgezeichnet mit Tonic oder in einem Gin Alexander.

Victoria Gin (Batch 119)
45 %
VICTORIA DISTILLER
SIDNEY, BRITISH COLUMBIA
Moderner Gin, empfehlenswert

Dieser 2008 erstmals gebrannte Gin ist das Aushängeschild der kanadischen Craft-Gin-Szene. Er wird in kleinen Batches in einer in Deutschland gefertigten Kupferbrennblase destilliert und mit wild gesammelten Bio-Botanicals angereichert. Sein Duft zeichnet sich durch Orange, Zitrus, Koriander und feuchten Wacholder aus. Der weiche, sich langsam entwickelnde Geschmack mit Rosen und Beeren gipfelt in einer verhaltenen Wacholdernote. Im Zitrusabgang Anis und Backgewürze.

Wallflower Gin *44 %*
ODD SOCIETY SPIRITS
VANCOUVER, BRITISH COLUMBIA
Moderner Gin

Die Brände der Odd Society sind in einem Stil gehalten, den man als typisch British Columbia bezeichnen könnte. Die Formel dazu lautet: 100 % regionale Zutaten plus Erzeugung komplett vor Ort. Der Duft schickt üppige Blumengrüße mit Rosen und Holunderblüten an die Nase. Blumig geht es auch im Geschmack weiter mit Gänseblümchen, Gardenien und Bitterorangenschalen. Eine säuerliche Gewürznote leitet über zu einem trockenen Abgang mit späten Roseneinsprengseln.

Wallflower Oaken Gin *44 %*
Aged Gin

Wie beim regulären Wallflower ist auch hier das Bukett ein sommerliches Assortiment blumiger Aromagrüße. Das Besondere am Oaken allerdings ist die Art und Weise, wie Bitterorange und Zitronenzeste das Feld von hinten aufrollen und für einen ausgewogenen, aber für einen ausgebauten Gin überraschend leichten Duft sorgen. Im Geschmack zeigen sich Eichentöne, lebhafte kandierte Orangen und blumige Rosen. Im letzten Akt entfalten sich Noten von Minze, Lavendel und Veilchenbonbons.

RECHTS Victoria Spirits hält mit der Herkunft des Namens seines Heimatstaates nicht hinterm Berg: Das Etikett zeigt ein Porträt der jungen britischen Königin Victoria.

Yukon Shine Distillery

Der romantische Reiz Kanadas liegt – zumindest in meinen Augen – in den Weiten des Nordens mit seinen Nordlichtern und langen Wintern, der Kälte und dem Schnee, der riesigen Taiga, ebenso aber in den endlosen Sommertagen, wenn die Sonne nur kurz verschwindet. Das alles diente auch Karlo Krauzig und der Yukon Shine Distillery, seiner »One-Man-Show«, als Inspiration. Die Brennerei in seiner Heimatstadt Whitehorse im Yukon Territory erzeugt sowohl einen Yukon Winter Vodka als auch den AuraGin.

Yukon Shine Distillery
Whitehorse, Yukon Territory
137 Industrial Road
Kanada

www.yukonshine.com

Empfehlenswerter Gin:

AuraGin
40%

GEGENÜBER Der AuraGin muss in der Yukon Shine Distillery durch fünf Brennläufe.

Dass die Gründung der Brennerei möglich war, ist jüngsten Gesetzesänderungen zu verdanken. »Ich habe erkannt, dass das eine super Gelegenheit war, früh bei etwas mitzumischen, das sich zu etwas ganz Großem entwickeln könnte.« Krauzig orientierte sich dabei an seinen eigenen Vorlieben und stieg mit Wodka und Gin ins Geschehen ein.

Der 60. Breitengrad ist nicht gerade die Gegend, an die man beim Stichwort »regionale Esskultur« als Erstes denkt. Die Anbausaison ist kurz. Aber Yukon Shine nutz sie voll aus: Das Getreide und die Kartoffeln für den Basisbrand sowie die Botanicals stammen, soweit möglich, aus der Gegend.

Wenn es um Kartoffeln und Yukon geht, muss man die Yukon Gold erwähnen. Sie wurde in Kanada gezüchtet und gehört dort zu den gängigsten Kartoffelsorten. So verwundert es nicht, dass sie ihren Beitrag zum AuraGin leisten darf. Sie ist jedoch nicht die einzige Lokalmatadorin. Ihr Destillat wird mit einem Brand aus kanadischem Roggen und einem dritten aus gemälzter Gerste zu einem samtig-weichen Gin kombiniert.

»Die meisten Gins rücken Wacholder in den Mittelpunkt ... ich wollte beim AuraGin zwar Wacholder als Geschmackskomponente, aber die sollte den Brand nicht dominieren.« Drei Arten von Zitrusfrüchten kommen direkt in das Destillat, zwölf weitere Botanicals werden dem Gin durch Dampfextraktion hinzugefügt. »Das Ergebnis ist ein zitrusbetonter Gin, in dem Wacholder präsent ist, aber nicht an vorderster Stelle steht«, erklärt Karlo. Die Botanicals für seinen Gin auszuwählen, war alles andere als einfach: »Zwei Wochen lang habe ich mir den Kopf zerbrochen.« Er probierte alle traditionellen Ingredienzen durch und verkostete sie immer und immer wieder, bis er eine Formel gefunden hatte, die ihm zusagte. Bei einem Testlauf »entschied ich sozusagen in letzter Sekunde, die Frucht direkt in den Brand zu werfen. Bei dem, was dann aus der Kondensiersäule lief, bekam ich eine Gänsehaut.«

Der AuraGin ist Teil eines neuen Trends. Die Kunden möchten immer mehr darüber wissen, was sie trinken und wie es hergestellt wird. Karlos: »Der Erlebnishorizont wird immer weiter ausgedehnt.« Den Erfolg des modernen Gins wertet er als positives Zeichen für die Trinkkultur generell. Einige der weniger traditionellen Botanicals können das Geschmacksempfinden schärfen und »hoffentlich einige dieser absurd aromatisierten Wodkas verdrängen«.

Seinen AuraGin hat Karlo komplex und so interessant gestaltet, dass man ihn problemlos pur trinken kann. Er empfiehlt ihn solo oder mit Eis, fügt aber hinzu: »Natürlich darf ich den AGT, den AuraGin Tonic, nicht unerwähnt lassen.«

Dank einer Änderung des Brennrechts kann Yukon endlich einen Beitrag zur Gin-Welt leisten. Karlos' Brand fängt einen weiteren romantischen Reiz des Nordens ein – das Gefühl, aus der Kälte in die Wohnung zu kommen und es sich mit etwas Wärmendem gemütlich zu machen. Der AuraGin ist sozusagen das Licht in der Dunkelheit.

Karibik, Mittel- und Südamerika

Gin lebt. Nicht nur in den USA und Kanada, sondern auch in anderen Ländern des amerikanischen Kontinents. Dort allerdings oft mit lokalem Einschlag.

In der Karibik sowie in Mittel- und Südamerika findet man einige der weltweit größten Anbaugebiete für Zuckerrohr und Agaven. Es überrascht nicht, dass viele Gins dieser Regionen aus den vor Ort verfügbaren Rohstoffen gemacht sind. Gin ist eine flexible Leinwand, und die Länder Lateinamerikas und der Karibik haben durchaus das Zeug dazu, alte Vorurteile über Gin auszuräumen.

Mexiko

9 Botanicals Mezcal *45 %*
Pierde Almas
Oaxaca, Mexiko
Moderner Gin, empfehlenswert

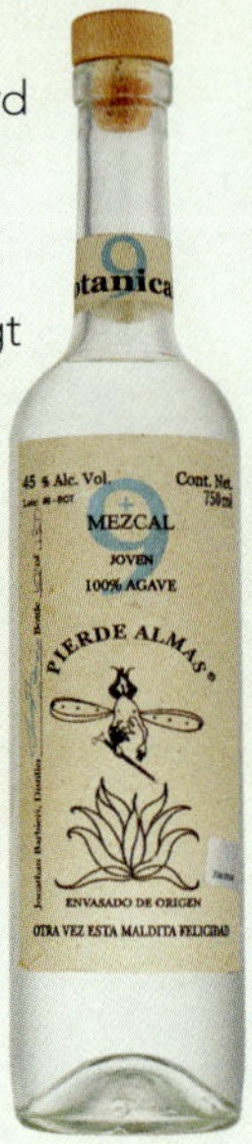

Er ist Mezcal und Gin zugleich, denn zum einen wird er aus Agaven destilliert, zum anderen findet sich unter den neun Botanicals Wacholder. Die Nase bringt eine rauchige Holzkohlenote mit Zitrus- und Kiefernuntermalung zum Vorschein. Am Gaumen heischen zunächst Mezcal-Töne nach Aufmerksamkeit, doch im Hintergrund baut sich eine Wacholdernote auf. Der Abgang schmeckt nach verkohlten Hüllblättern von Maiskolben und rosa Grapefruit. Etwas exotisch, aber ein Gin. Pur trinken.

Argentinien

Principe De Los Apostoles Mate Gin *40 %*
Sol De Los Andes
Mendoza, Argentinien
Klassischer Gin

Im Schatten der Anden setzt dieser Gin auf landestypische Besonderheiten und heimische Botanicals wie den Mate-Strauch. Den Duft bestimmen zu gleichen Teilen halbsüße Grapefruitschalen und Pfefferminze. Der anfangs zurückhaltende Geschmack wartet mit Zitronenschalen, kräuteriger Minze und Schnittlauch auf. Erst spät tritt Wacholder auf den Plan, dann aber mit Nachdruck. Langer, scharfer Abgang mit Pfefferminze. Gut in einem Negroni.

UNTEN Bei Pierde Almas wird jede Flasche jedes Jahrgangs nummeriert und vom Brenner unterschrieben.

Kolumbien

Dictador Premium Colombian Aged Gin Treasure *43%*
Destileria Colombiana
Cartagena, Kolumbien
Aged Gin

Der Treasure profitiert von der Erfahrung seiner Brennerei mit dem Ausbau von Rum. Die hansagelbe Farbe verdankt er seinem Aufenthalt in Fässern, in denen vorher Rum lagerte. Man erschnüffelt Zitronenstrauch und Minze, während der Geschmack den Schwerpunkt auf Zitrusnoten legt und frisches Zitronenöl offenbart. Am besten pur trinken.

Dictador Premium Colombian Aged Gin Ortodoxy *43%*
Aged Gin

Was entsteht, wenn sich eine bekannte Rumbrennerei an Gin versucht? Dieser Gin. Er hat zwei Dinge mit Rum gemeinsam: den Basisbrand aus Zuckerrohr und den Ausbau. Ansonsten wandelt Dictador auf klassischen Pfaden. Das Bukett geht mit Wacholder, Veilchenwurzel und Koriander sowie einem Hauch Engelwurz keine Wagnisse ein. Im Geschmack cremige Zitrone, Heidelbeerkuchen und Wacholder. Sauberer Abgang mit kaum merklicher Eiche und Minze.

Jamaika

Old Tom Gin *40%*
J. Wray and Nephew Ltd.
Kingston, Jamaika
Klassischer Gin

Dies ist kein Gin im Old-Tom-Stil, sondern er trägt nur zufällig denselben Namen. Der beliebteste Gin Jamaikas ist vor allem als Mixspirituose und Partner von Tonic oder Cola gedacht. In der Nase Heu- und Zitrusdüfte. Der Geschmack erinnert an Zuckerrohrbrand und offenbart Rumnoten mit süßer Zitrone. Im dichten, stechenden Abgang wirkt er säuerlich. Kann solo etwas rau wirken und ist wohl tatsächlich in Cocktails am besten aufgehoben.

RECHTS Der Mate-Strauch, ein wichtiger Protagonist der südamerikanischen Küche, spielt im Principe De Los Apostoles Mate Gin eine tragende Rolle.

OUDLY EST. 2013
R PILLARS
.8 GIN STRENGTH
OWDER PROOF
ISTILLED LIMITED EDITION
% ALC. / Vol. 700mL
PACIFIC GIN
Premium
COLONIAL GIN
STYLE OF THE
SOUTH PACIFIC
40.2% alc/vol
100cl
Uganda Waragi
Gin
Extra Quality Gold Seal
TRIPLE DISTILLED
40% alc. by vol.
750ml
DISTILLED FROM CANE
UNDER LICENCE BY UGANDA BREWERIES LTD, P. O. BOX 7130, KAMPALA.
PRODUCT OF UGANDA
ENJOY OUR QUALITY RESPONSIBLY

Verkostungsnotizen

Der Rest der Welt

Eine sinnliche Reise durch die Welt des Gins

Australien

Die Craft-Welle kam zuerst in den USA ins Rollen. Kurze Zeit später erfasste sie Großbritannien und Europa. Inzwischen ist Australien das noch unerschlossene Land, das es zu erobern gilt. Auf dem ganzen Kontinent werden Destillerien gegründet, die die Gin-Welt um neue Facetten bereichern. Nicht selten verwenden sie Botanicals, von denen man andernorts noch nie gehört hat. Buschtomaten? Findet man im West Winds Gin. Fingerlimetten? Einfach mal den Stone Pine Gin probieren. Lilly Pilly? Der Botanic Australis hat's. Tasmanische Pfefferbeeren? Wattleseeds? Eukalyptus? Australien bietet eine unglaubliche Vielfalt an Pflanzen, die ausschließlich dort zu finden sind. Die Brenner down under machen sie sich für ihre köstlichen und typisch australischen Gins zunutze.

UNTEN In der Mt. Uncle Distillery lassen die Symbole auf den Halsetiketten keinen Zweifel über das Herkunftsland des Gins.

Four Pillars
Barrel Aged Gin *43,8%*
Four Pillars Distillery
Healesville, Australien
Aged Gin

Seine hellgoldene Farbe holt sich der Gin beim Lauf durch ein Solera-System aus neun französischen Eichenfässern. In der Nase zeigen sich Zitrusnoten mit Koriander und Zitronenstrauch sowie Gartenmelisse. Auch im Geschmack bleibt er bei Zitrustönen, die durch holzigen, harzigen Wacholder und Andeutungen an Eiche ergänzt werden. Später erscheinen Zimt, Gewürzrinde und mehr. Man denkt an Wermut.

Four Pillars
Gunpowder Proof Gin
58,8%
Moderner Gin

Die Nase präsentiert sich mit blumigen und gewürzigen Noten recht modern; unter der Oberfläche verbirgt sich eine faszinierende Paprikanote. Eine süße aromatische Würze tariert den Duft virtuos aus. Trotz des hohen Alkoholgehalts ist der Gin durchaus pur genießbar, da die Botanicals etwas über seine wahre Stärke hinwegtäuschen: Da sind Zitrus, Koriander, Vanille, Lebkuchengewürz und saftige Kiefernnuancen mit grünem Laub und Menthol zum Schluss.

Four Pillars Rare Dry Gin
41,8%
Moderner Gin

Die *four pillars*, »vier Säulen«, dieses Gins sind: Brennblase, Wasser, Botanicals – und Liebe. Mit welcher Liebe für Details man hier zu Werke geht, wird schon beim ersten Schluck klar. Im Duft formiert sich eine Allianz aus cremiger Vanille, etwas Fenchel, Koriander und Eukalyptus, ferner ein Hauch Menthol. Der Geschmack wird eingeleitet von Kakao, den Mittelteil bestreiten Koriander, Anis und Fenchel. Das Profil wirkt mit seinen sonnenverwöhnten Kräutern recht modern. Zum Abschluss wird alles noch einmal angenehm scharf.

Botanic Australis Gin *40%*
Mt. Uncle Distillery
Walkamin, Australien
Moderner Gin

Die Seite der Flasche liest sich wie ein botanischer Führer durch die australische Flora: Drei Arten von Eukalyptus, Bunya-Nüsse, Australische Minze und Fingerlimette – und das ist noch längst nicht alles. Man riecht Pfefferminze und Eukalyptus, als hätte man Minzlikör im Glas. Im Geschmack kommen Fichte und Wacholder dazu, außerdem Erdnussbutter und süße Gewürze im hinteren Teil. Einen solchen Mentholabgang habe ich noch in keinem anderen Gin erlebt, zumindest nicht auf der Nordhalbkugel.

Great Southern Dry Gin *40%*

Great Southern Distilling Co.
Robinson, Australien
Klassischer Gin

Wie viele australische Brennereien verwendet die Great Southern Distilling Company endemische Botanicals wie etwa Bloodroot. Außerdem lässt sie einen Traubenbrand und ein paar traditionelle Botanicals in ihren Gin einfließen. Olfaktorisch bleibt er auf einer zitronigen Schiene, dazu Kardamom und eine kieferige Nuance. Im Geschmack treten zuerst gemischte Gewürze auf, dann stößt Wacholder dazu und den Abschluss macht Kubebenpfeffer. Für einen Monkey Gland.

Ginnifer Golden Gin *49%*

Great Southern Distilling Co.
Robinson, Australien
Aged Gin, empfehlenswert

Der in Fässern aus französischer Eiche gereifte Gin erstrahlt in Goldgelb. Beim Eingießen steigt ein mildes, leicht orangig-zitroniges Aroma auf. Sobald er warm wird, stößt Zimt dazu. Der hervorragende Geschmack schickt reiche, dicke Vanillesoße vorweg und reicht Anis sowie Pfeffer nach. Butteriger, mittellanger Abgang mit warmen Gewürznoten in optimaler Dosierung. In einem Alexandria- oder Halja-Cocktail gut aufgehoben.

The Retiring Gin *40%*

Wilmot, Tasmanien
Moderner Gin

Der Retiring Gin ist Bert Shuggs Ruhestandshobby und wurde als in Kleinmengen abgefüllter Craft-Gin entwickelt. Destilliert wird er aus Dextrose; die Botanicals kommen in vier separaten Dampfextraktionen hinzu, deren Ergebnisse verschnitten werden. Im Duft sind Hibiskus und kandierte Zitrone zu gleichen Teilen präsent. Der Geschmack gibt sich blumig, hat aber auch noch viel kandierte Zitrusfrüchte, Himbeer-Zitronen-Kuchen und Backgewürze im Abgang zu bieten.

West Winds Cutlass *50%*

West Winds Distillery
Margaret River, Australien
Moderner Gin

Der mit Buschtomaten aromatisierte Gin ist der alkoholstärkere Bruder des Sabre mit 40%. In seiner kraftvollen Nase präsentiert er lebhafte Anklänge an Limettenschalen, würzigen Koriander und dunkle Schokolade. Der Geschmack wirkt sich anfangs mit Wacholder, Zitrus und wärmenden Gewürzen eher klassisch. Die Zitrusnote nimmt zum Schluss hin einen Sorbetton an, gleichzeitig feiert die Schokolade ein Comeback. Trocken und wärmend der Wacholderabgang.

Neuseeland

Lighthouse Gin *42%*

Lighthouse Distillery Ltd.
Martinborough, Neuseeland
Moderner Gin

Von der Landschaft an der Südspitze der Nordinsel Neuseelands inspiriert, enthält der Gin mehrere landestypische Botanicals: Orangen, Kava und Yen-Ben-Zitronen. Der Duft setzt sich aus einem Teil milden Zitrusfrüchten und zwei Teilen frischen Küchenkräutern zusammen. Am Gaumen zeigt sich anfangs eine kräuterige Note, die jedoch rasch von Fichte und Wacholder verdrängt wird. Veilchenwurzel und Brot leiten über zu einem sauberen, mittellangen Nachhall.

Vaiōne Pacific Gin *40,2%*

Vaiōne
Auckland, Neuseeland
Moderner Gin

In der lebendigen Nase geben Orange und Zitrone die Richtung vor. In Nebenrollen treten Wacholder und Gewürzrinde sowie Engelwurz auf. Der Geschmack hebt klassisch mit Andeutungen an Zitrone, Vanille, Mandel und harzigen Wacholder an. Im Mittelteil übernimmt ein Zitruston das Ruder. Orange und insbesondere Limette leiten über zu einem langen, strahlenden, zitrusbetonten Schluss. Ob Tom Collins, Gimlet oder Gin Fizz, dieser Gin ist für jeden Cocktail gut, der nach einem Zitrusbeitrag verlangt.

Four Pillars

Die Four Pillars Distillery befindet sich im Yarra River Valley unweit von Melbourne. In der Region herrscht ein kühles Klima, das sich ausgezeichnet für den Weinbau eignet, weshalb es hier eine florierende Kellereiszene gibt. Besonders bekannt ist der ausgezeichnete Chardonnay aus dem Yarra-Tal. Da wundert es nicht, dass die Brennereigründer Stu Gregor und Cameron MacKenzie Quereinsteiger aus der Weinwirtschaft sind. Allerdings hatten sie schon immer ein Faible für Gin, und eines Tages reifte in ihnen der Plan, eine eigene Brennerei zu gründen.

Four Pillars Distillery
2a Lilydale Road
Healesville, Yarra Valley
Victoria 3777, Australien

www.fourpillarsgin.com.au

Empfehlenswerte Gins:

Four Pillars
Barrel Aged Gin
43,8 %
Four Pillars
Gunpowder Proof Gin
58,8 %
Four Pillars Rare Dry Gin
41,8 %

»Für uns Weinleute war Gin die logische Folge. Er ist aromatisch und hat Textur. Man braucht für ihn viel sensorische Erfahrung und ein Gefühl für Ausgewogenheit.«

Ein paar Jahre lang mussten die beiden ihre Freizeit opfern, um die Four Pillars Distillery auf die Beine zu stellen. Cameron erzählt, wie sie es schafften, einen modernen australischen Gin zu kreieren. Sein Land sei mehr als »Wombats und Kängurus«, erklärt er. »Im modernen Australien treffen viele Kulturen zusammen.« Mit bis zu 80 Botanicals hat er experimentiert, bis er die Klassiker und die dazu passenden heimischen Botanicals beisammenhatte.

Zu den Klassikern im Four Pillars zählen Kardamom, Koriander, Lavendel, Zimt, Sternanis, Engelwurz und Orangen. Dazu hat es ein traditionelles australisches Gewächs, die Zitronenmyrte, in den Gin geschafft. Das immergrüne Kraut kommt in australischen Regenwäldern vor. Seine zitronig duftenden Blätter wurden von den australischen Ureinwohnern einst als Küchen- und Arzneikraut verwendet. Tasmanischer Bergpfeffer ist nicht mit unserem Pfeffer verwandt, doch haben seine Beeren einen »weichen Gewürzcharakter, der weißem Pfeffer ähnelt«, so Cameron.

Bald stieß Matt Jones zum Team dazu, und im Dezember 2013 konnte die Brennerei eröffnet und der Gin auf den Markt geschickt werden. Die gläsernen Laborbrennblasen der Experimentierphase hatte man durch eine CARL Pot Still mit 450 Litern Fassungsvermögen, benannt nach Camerons Mutter Wilma, ersetzt. 2015 kamen zwei weitere Brennblasen dazu: Judith, nach Stus Mutter, und Ilen, nach Matts Mutter.

Was Gin anbetrifft, so sagen die Four-Pillars-Betreiber Australien eine strahlende Zukunft voraus. Schließlich werden dort nach einer oft zitierten Statistik 95 % der Gins importiert. Da gibt es also noch reichlich Spielraum für heimische Erzeugnisse. »Wir haben einige der ungewöhnlichsten Botanicals der Welt, unglaublich sauberes Wasser und vieles mehr. Gin geht hier einer großen Zukunft entgegen«, ist sich Cameron sicher und fügt hinzu, dass die Gin-Renaissance bereits jetzt viele inspiriert habe. »Es entstehen erstaunliche neue Gin-Stile und etliche großartige Craft-Erzeuger.«

Australien ist eines der heißesten Gin-Pflaster der Welt geworden. Gleichzeitig verfügt das Land über eine enorm breit gefächerte kulinarische Tradition, von der Gin-Brenner gerade erst anfangen zu profitieren. Four Pillars erzeugt den Rare Dry, eine ausgebaute Version davon und den Gunpowder Proof, der in Navy Strength, also mit ordentlichen 58,8 % Alkohol, abgefüllt wird. Aber Gin-Freunde sind vielleicht auch noch an anderen Produkten des Hauses interessiert. So werden die bei der Dampfextraktion verwerteten Bio-Orangen zu einer Breakfast Negroni Marmalade eingekocht. Man kann sich damit quasi einen Aperitif auf sein Brot schmieren. Schönes neues Australien.

RECHTS UND GEGENÜBER Four Pillars folgt dem Beispiel anderer Brennereien und gibt seinen Stills Namen. Doch man geht noch einen Schritt weiter und gibt auf der Flasche an, aus welcher Brennblase der Gin stammt.

Carl
Wilma

Vaiōne

Neuseeland ist kein schlechter Ort, um das Brennhandwerk zu erlernen. Denn nur hier ist es völlig legal, für den eigenen Bedarf zu destillieren. In anderen Ländern gibt es derweil eine Tradition des Schwarzbrennens. Einige ignorieren die Gesetze einfach, andere sehen darin sogar eine Chance, ohne staatliche Gängelei kreativ zu werden.

Vaiōne
PO Box 11562
Ellerslie 1542
Auckland
Neuseeland

www.vaione.com

Empfehlenswerter Gin:

Vaiōne Pacific Gin
40,2%

In Neuseeland muss man sich nicht vor dem Gesetz verstecken. Kurz nach der Jahrtausendwende verbrachte John Sexton seine ganze Freizeit in der Garage, in der er sich eine Minibrennerei eingerichtet hatte. Als Gin-Liebhaber erzeugte er dort einen Brand ganz nach seinem Gusto.

»Ich habe viele Stunden damit verbracht, meinem Vater beim Brennen zur Hand zu gehen. Dabei habe ich das Destillieren gelernt«, verrät Johns Sohn Anthony. Er war zwar ein eingefleischter Rum-Freund, unterstützte seinen Vater aber auch als Geschmackstester und lernte dabei schnell, was einen guten Gin ausmachte.

Der Wendepunkt kam Anthony zufolge mit dem Jahr 2008. Damals gewannen er und sein Vater einen National Stillmaster Champion Award für ihren Gin und ihren Wodka und wurden zudem als »Champion Distiller« ausgezeichnet. »Von da an wurde es ernst, und wir begannen einen Businessplan zu erstellen.« 2012 nahmen sie Geld in die Hand, ließen die Garage hinter sich und vergrößerten die Brennerei, um Gin-Freunde in Neuseeland und anderen Ländern mit ihrem Meisterbrand zu versorgen.

Die Milchwirtschaft ist eine der wichtigsten Branchen Neuseelands. Vaiōne nutzt deren Ressourcen: Der Gin wird in Apparaturen gebrannt, die aus alten Milchfarmgerätschaften von Hand zusammengebastelt sind. Außerdem entsteht der Basisbrand aus Molke. Allerdings wählten die Sextons sie nicht aus Bequemlichkeit, wie Anthony betont. »Aus Molke kann man den mit Abstand reinsten Brand erzeugen. Das ist genau das, was wir wollten. Denn nur so treten die Botanicals als eigentliche Stars hervor.«

Beim Verkosten wird schnell klar, dass Zitrusfrüchte die Stars des Vaiōne sind, obwohl insgesamt zwölf Ingredienzen mitmischen, nämlich Wacholder, Koriander, Kardamom, Gewürzrinde, Kubebenpfeffer, Süßholz, Bittermandel, Engelwurz, Veilchenwurzel und mit Limette sowie Orange zwei Arten von Zitrusfrüchten. »Wir haben viel experimentiert, denn unser Geschmack hat sich mit der Zeit entwickelt.« Der jetzige Gin ist das Ergebnis einer mehr als vierjährigen Trial-and-Error-Phase. Dabei herausgekommen ist laut Anthony »ein pazifisches Produkt mit Gespür für Tradition«. Mit anderen Worten: Der Gin schmeckt regional, orientiert sich aber an der britischen Tradition.

Betriebsgründer John Sexton verstarb leider 2014, doch Anthony arbeitet weiter daran, den Traum seines Vaters wahr werden zu lassen. Er sieht für Gin eine hoffnungsvolle Zukunft: »Gin steckt in Neuseeland noch in den Kinderschuhen. Aber ich merke schon, dass das Interesse daran ebenso steigt wie die Qualität der Craft-Brände ... Gin ist im Augenblick nur schwach auf dem neuseeländischen Markt vertreten, aber sein Anteil wird sich in den nächsten zehn Jahren weiter erhöhen.« Gleichzeitig schränkt er ein: »Die Brenner müssen den Stil, den sie produzieren, besser kommunizieren, wenn Gin sein zweifellos vorhandenes Potenzial ausschöpfen soll.«

Anthony arbeitet hart an der Entwicklung neuer Gins, um die Vaiōne-Palette bald erweitern zu können. Fürs Erste allerdings empfiehlt er »zwei Teile Schweppes auf einen Teil Vaiōne im stiellosen Weinglas«.

LINKS Anthony Sexton präsentiert stolz seinen preisgekrönten Gin.

Asien und Afrika

Einige der hier genannten Länder gehören weltweit zu den Spitzenreitern, was den Konsum von Gin angeht. Viele der heimischen Brände dort haben allerdings keine vorzeigbare Qualität oder sind außerhalb der lokalen Märkte kaum erhältlich. Dennoch sollte man einige Länder im Auge behalten – vielleicht sind sie im Zuge der weltweiten Gin-Renaissance ja die nächsten Aufsteiger.

UNTEN Es ist kaum verwunderlich, dass ein so häufig von der britischen Marine angesteuertes Land über eine Gin-Brennerei verfügt. Sie heißt Mandalay und ist schon mehr als hundert Jahre alt.

Myanmar

Finest Dry Gin *41%*
MANDALAY DISTILLERY
YANGON, MYANMAR
Klassischer Gin

In dem an Rum erinnernden Duft sorgen Süßgrasnoten und ein Hauch Orange für die Feinabstimmung. Der leicht wässrige, dünne Geschmack bietet Heu und Gewürze dar, schwenkt zum Schluss aber auf Zitrone und Orangenbonbons um. Der mittellange Abgang offenbart alkoholische Obertöne, was den Genuss etwas schmälert. Wird am besten als preiswerter Gin zum Mixen genutzt.

Myanmar Dry Gin *40%*
PEACE MYANMAR GROUP
YANGON, MYANMAR
Moderner Gin

Das sehr süße, fast nach Süßigkeiten duftende Bukett wird dominiert von einem kräftigen limettensüßen Ton. Auch der Geschmack wird noch beeinflusst von der künstlichen Zitrusnote, schwenkt jedoch dann um auf eine sehr milde, gedämpfte Kiefernnuance. Von der üblichen Gin-Schärfe ist hier nichts zu spüren. Der lange Abgang wirkt fade und lässt Tiefe vermissen. Die künstlichen Zitrusnoten werden nicht allen gefallen. Ein Gin zum Mixen.

Philippinen

Ginebra San Miguel *40%*
GINEBRA SAN MIGUEL INC.
PHILIPPINEN
Klassischer Gin

Ginebra San Miguel ist der meistverkaufte Gin der Welt und die einzige Gin-Marke mit einer eigenen, nach ihr benannten Basketballmannschaft. Nach Angaben des Forschungsinstituts International Wine and Spirit Research konsumiert jeder Filipino jährlich fast eineinhalb Liter Gin. Der Ginebra wird aus Zuckerrohr gebrannt. In der Nase macht sich eine harsche Wacholdernote mit einem Anflug von Salz und Aceton bemerkbar. Den Geschmack prägen süßes Stroh und Wacholder. Der Nachhall verpufft blitzschnell und hinterlässt einen chemischen Nachgeschmack.

Uganda

Waragi Gin *40%*
UGANDA BREWERIES LTD.
KAMPALA, UGANDA
Klassischer Gin

Waragi bedeutet »Kriegs-Gin«. Obwohl so oft schwarz gebrannte Erzeugnisse genannt werden, handelt es sich um ein legales Produkt. Da es exportiert wird, bekommt man es gelegentlich sogar im Ausland. Der Waragi wird wie viele asiatische und afrikanische Gins aus Zuckerrohr gebrannt. In der Nase ist ein zartes, unbestimmt kräuteriges Aroma zu erkennen. Im Mund erweist sich der Brand als flach und dünn, wenngleich recht weich mit schwacher Kiefernnadelnote. Nicht überzeugend; außerhalb Ugandas eher eine harmlose Kuriosität.

Die Mixologie des Gins

Gin Tonic: eine kurze Geschichte

Der erfrischende Sommer-Drink namens Gin Tonic war nicht immer so, wie wir ihn heute kennen. Die Mixtur hat ihre Ursprünge in Ländern, die nicht weiter voneinander entfernt sein könnten: in Großbritannien, Indien und Peru.

Die indigenen Kulturen der Anden wussten schon früh um die heilenden Eigenschaften von Chinarindenbäumen. Die Gattung ist in den Regenwäldern des westlichen Südamerika weitverbreitet. In Europa erfuhr man von der Pflanze erst durch den Kontakt mit den Angehörigen der Quechua-Völker. Diese nutzten früher die chininhaltige Rinde von mindestens fünf Arten der Chinarindenbäume.

Die Andenbewohner setzten die Rinde gegen Schüttelfrost und zur Muskelentspannung ein. Weil sie unglaublich bitter ist, mischte man sie mit Süßungsmitteln. Diese Tradition übernahmen die Europäer, als sie die Chinarinde im 17. Jahrhundert nach Europa brachten. Rasch fand man dort heraus, dass mit dem Mittel eine weitere Krankheit behandelt werden konnte, die bei Patienten Schüttelfrost auslöste: Malaria. Damit gab es nun endlich ein Gegenmittel gegen das tödliche Fieber, das in warmen, mückengeplagten Sumpfgebieten verbreitet war. Als die Europäer begannen, sich über die ganze Welt auszubreiten, hatte die Medizin großen Anteil daran, dass dies überhaupt möglich war.

Anfang des 19. Jahrhunderts gelang es französischen Wissenschaftlern, Chinin aus der Rinde des Baums zu isolieren. Somit konnten Marinestreitkräfte und Entdecker nunmehr einen größeren Vorrat des Mittels auf ihre Fahrten in malariaverseuchte Gegenden mitnehmen. Zwischen 1820 und 1850 setzten britische Schiffs- und Heeresärzte Chinin mit großem Erfolg prophylaktisch ein. Mit anderen Worten: Jeder bekam seine Tagesration. Das führte dazu, dass es weit weniger Malariatote als zuvor gab – manchmal sogar überhaupt keine mehr.

Die Präsenz der britischen Kolonialmacht in Indien hatte starken Einfluss auf die Entwicklung des Gin Tonic in seiner heutigen Form. Als die Engländer 1858 die Herrschaft über den Subkontinent übernahmen, lebten 125 000 Briten im Land; fast ein Drittel davon waren Zivilisten. Sie benötigten wie die Soldaten ihre tägliche Chinindosis. Die Zivilisten konnte man zur Einnahme jedoch nicht zwingen, es brauchte daher andere Anreize. Kurzum, Unternehmer wie Erasmus Bond und Schweppes machten aus der inzwischen schon jahrhundertealten Methode, Chinin mit einem Süßungsmittel und einer weiteren Flüssigkeit zu mischen, ein Geschäft. Diese vorgefertigten Tonic Waters, auch »Indian Tonics« genannt, waren bald in ganz Indien verbreitet. Da braucht es nicht mehr viel Fantasie, um sich vorzustellen, wie irgendjemand irgendwann den folgenreichen Entschluss fasste, etwas Gin in sein Tonic zu geben. So entwickelte sich der Gin Tonic während der britischen Kolonialzeit in Indien und begann von dort aus, die ganze Welt zu erobern. In den 1880er-Jahren tauchten in britischen Zeitungen die ersten Hinweise auf »Gin and Tonic« auf. Das beweist, dass die Kombination zu dieser Zeit bereits den Weg zurück ins Vereinigte Königreich gefunden hatte.

Der Drink setzte sich durch und wurde immer beliebter. Bis heute ist er eine feste Größe als sommerlicher Cocktail – selbst bei denen, die keine tägliche Chinindosis mehr brauchen.

Tonic Water hat sich inzwischen stark verändert und enthält wesentlich weniger Chinin als frühere Versionen. In manchen Hausmarken von Supermarktketten finden sich nur noch Alibimengen, die kaum mehr sind als ein symbolischer Tribut an die Anfänge in Indien. Viele moderne Marken werden heute außerdem mit stark fruktosehaltigem Maissirup statt mit Zucker gesüßt.

Zum Glück hat Tonic Water wie Gin in den letzten zehn Jahren eine Renaissance erlebt. Mit neuen Marken, etwa Fever-Tree und Q Tonic, sind weniger süße, etwas bitterere Varianten in Mode gekommen. Auch findet man eine immer größere Auswahl an Craft-Tonic-Sirupen, die wieder mehr mit den einstigen Heilwässern gemein haben. Sie sind oft dunkelbraun und enthalten pulverisierte Chinarinde und Kräuter. Mit Mineralwasser oder Soda kombiniert, ergeben sie eine Art historische Version des beliebten Sommercocktails.

GEGENÜBER Der Gin Tonic, weltweit als klassischer Cocktail bekannt.

Gin Tonic

Gin Tonic (auch GT, G&T, Gin and Tonic genannt)

GLAS: HIGHBALL

1 Teil Gin
2 Teile Tonic Water

GARNITUR: LIMETTENSPALTE

Im Highballglas bauen. Glas mit Eis füllen. Limette über dem Eis auspressen. Erst Gin, dann Tonic dazugeben. Umrühren. Mit Limette garnieren und servieren.

Evans Gin and Tonic

GLAS: COLLINS

1 Teil Gin
2 Teile Tonic Water

GARNITUR: LIMETTEN- UND ZITRONENSPALTE

Im Collinsglas bauen. Glas mit Eis füllen. Limette und Zitrone darüber auspressen. Erst Gin, dann Tonic dazugeben. Umrühren, mit beiden Spalten garnieren und servieren.

Gin Tonic mit Sirup

GLAS: HIGHBALL

1 Teil Tonic-Sirup
2 Teile Gin
3 Teile Soda

GARNITUR: LIMETTENSPALTE

Tonic-Sirup und Gin in ein Highballglas gießen. Gut verrühren. Eis und Soda dazugeben. Erneut umrühren. Eine Limettenspalte über dem Drink auspressen. Mit einer weiteren Limettenspalte garnieren und servieren.

Cure-All

GLAS: HIGHBALL

1 Teil Gin
2 Teile Tonic Water
3 Spritzer Angosturabitter
¼ Limette

GARNITUR: LIMETTENSPALTE

Limette über einem eisgefüllten Highballglas auspressen. Gin, Tonic und Bitter dazugeben. Mit dem Eis vorsichtig verrühren. Servieren.

RECHTS Gin Tonica, Gin & Elderflower Tonic (Seite 189) und ein klassischer Gin Tonic.

Gin Tonica – eine Variante

GLAS: GROSSES ROTWEINGLAS

5 Teile Gin
2 Teile Tonic Water
2 schwarze Kardamomschoten
Schale von 1 Zitrone, in einem einzigen langen Zug spiralförmig von der Frucht geschnitten

GARNITUR: ZITRONENSCHALE, WACHOLDERBEEREN

Großes Rotweinglas kühlen. Kardamomschoten vorsichtig öffnen, sodass man das Aroma riecht. Die Zitronenschale so in das Weinglas legen, dass sie an den Rändern anliegt. Die Kardamomschoten in das Glas geben. Gin darübergießen. Eine Minute ziehen lassen. Tonic dazugeben. Servieren.

Der Gin Tonica hat sich in Spanien zum Hype entwickelt. Das Rezept lautet: ein großes Rotwein- bzw. Ballonglas nehmen, erst Gin, dann Tonic hineingeben und alles über Bord werfen, was man über Garnierungen für Gin Tonic zu wissen glaubte. Die Schale einer ganzen Zitrone nehmen, einige Kardamomschoten dazugeben, vielleicht noch eine – oder auch zehn – Wacholderbeeren. Die Garnitur hat sich von einer optischen Zugabe zu einer eigenen Kunstform gewandelt. Welches Aroma gibt sie dem Drink? Wie sieht sie aus? Welche Geschmacksnuancen braucht der Gin, damit der Cocktail davon profitiert? Das große Glas bietet den Aromen mehr Entfaltungsraum, und auch das Eis ist im Gin Tonica zu einer Wissenschaft für sich geworden. Nimmt man zweimal gefrorenes Eis? Soll es mit einer bestimmten Technik zerstoßen werden, damit es langsamer schmilzt und der Drink optimal gekühlt wird? Das findet man alles.

Überall in Spanien widmen sich ganze Bars einzig und allein dem Gin Tonica, etwa das Bobby Gin in Madrid oder das Elephanta und die XixBar in Barcelona.

Der Stil breitet sich auf der ganzen Welt aus. Der London Gin Club beispielsweise gehört zu den vielen Bars außerhalb Spaniens, die Gin Tonic auf die erwähnte Weise servieren. Viele Bars in New York City bieten ihre G&Ts inzwischen in Ballongläsern an. Falls Ihr Gin Tonic Ihnen also das nächste Mal im Rotweinglas serviert wird, wissen Sie, wo das herkommt.

Die besten G&T-Bars

The London Gin Club (im Star)
22 Great Chapel Street
London, Großbritannien
www.thelondonginclub.com

Große Auswahl an Gins, große Karte für Gin Tonic, der in der Copa mit passenden Botanicals serviert wird. Es gibt sogar einen Haus-Gin, den 7 Dials.

Oceana
120 West 49th Street
New York, USA
www.oceanarestaurant.com

Das Angebot an Gins gehört zu den besten der Stadt. Eine Klasse für sich ist das Oceana aber durch seine hausgemachten Tonic-Sirupe, die jeweils einem bestimmten Geschmacksprofil wie »Zitrus« oder »bitter« entsprechen.

Le Pourvoyeur
184 Jean Talon E
Montréal, Québec, Kanada
www.lepourvoyeur.com

Der »Gin Pub« wartet mit gut gemachten Cocktails und Gin-Verkostungen auf. Er zeichnet sich durch eine demokratische Gin-Auswahl aus, in der heimische (vor allem aus Québec stammende), französische, spanische und schottische Abfüllungen gleichermaßen gut vertreten sind.

G&T Bar
Große Präsidentenstr. 6–7
Berlin, Deutschland
www.amanogroup.de

Widmet sich ganz der Gin-Tonic-Kunst mit einem besonderen Dreh. Es lohnt sich, einen der Cocktails mit Tanqueray + Tonic + Tee (ja, wirklich!) + einem Spritzer Bitter zu probieren.

Elephanta
37 Torrent d'en Vidalet
Barcelona, Spanien
www.elephanta.cat

Freundliches Personal und eine umfangreiche Auswahl an Gins und Tonics, darunter Spezialitäten aus der Region und bekannte Klassiker, alles garniert und verziert in echtem Gin-Tonica-Stil.

Perfekte Gin-Tonic-Kombinationen

Wie sucht man das perfekte Tonic für einen Gin aus?

Ganz unproblematisch ist es, wenn zu einem Gin bereits ein spezielles Begleit-Tonic auf dem Markt ist wie zum Beispiel zum Six O'Clock Gin. Er zeichnet sich durch Holunderblüten, Koriander und Wacholder sowie Orangenschale im Abgang aus. Das dazu passende Tonic Water bietet etwas mehr Zitrus als Kopfnote und einen langen, trockenen Nachhall. Kombiniert man die beiden, passiert etwas Faszinierendes. Das passende Ambiente für eine Zusammenführung ist übrigens ein Rocksglas – mit Eis natürlich.

Die Pinckney Bend Distillery in Missouri, USA, füllt einen lebhaften, zitrusfruchtigen, wärmenden Gin ab. Der Tonic-Sirup dazu ist komplex und schlägt warme, holzige, moschusartig-blumige Obertöne an. Bringt man sie mit etwas Soda zusammen, hat man einen wahren Zaubertrank im Glas.

Doch nicht jede Gin-Brennerei ist so umsichtig, ein eigenes Begleit-Tonic zu entwickeln, das so gut zum Gin passt, dass sich die Nuancen gegenseitig ergänzen und das Beste in beiden noch unterstrichen wird. Außerdem schmeckt der Gin von Pinckney Bend auch mit vielen anderen Tonic Waters köstlich, genau wie sich der Tonic-Sirup mit etlichen anderen Gins kombinieren lässt.

Beim Mixen sollte einiges berücksichtigt werden. Wenn man mit einem klassischen, sauberen Tonic Water wie Fever-Tree arbeitet, ist fast alles möglich. Sucht man sich dagegen ein Tonic Water oder einen Tonic-Sirup mit kräftigerem Geschmack, dann kann etwas Gespür für Gin den Unterschied zwischen einem passablen und einem großartigen Drink ausmachen.

Ein getreidiger Gin mit Tonic

Der Trend geht hin zu Gins mit einem charaktervollen Basisbrand, der eine kräftige Getreidenote beisteuert. Einige dieser Gins passen gut, andere weniger gut zu den gängigen Tonics. Deshalb ist Bradley's Bourbon Barrel Aged Kina Tonic eine so interessante Option für Hobby-Bartender: Er gibt jedem Mix eine holzig-karamellige Tiefe. Weil Getreide- und Holznoten so gut harmonieren, kann er bei Gins, die man normalerweise nicht als Tonic-tauglich einstuft, wahre Wunder wirken. Der Vor Gin aus Island passt gut zu Tonic. Stellt man ihm aber diesen Sirup zur Seite, kommt etwas ganz Besonderes dabei heraus.

1 Teil Vor Gin
2 Teile Bradley's Bourbon Barrel-Aged Kina Tonic
5 Teile Soda
KEINE GARNITUR

Gin und Bitter Tonic

Stellen Sie sich vor, Sie campen. Es ist eine wunderschöne Sommernacht. Sie haben sich einen Premium-Gin besorgt, aber es gibt nur noch Tonic Water in Dosen in der Kühlbox. Das ist vielleicht nicht so ganz Ihr Geschmack. Hätten Sie nur Ihren Craft-Sirup von zu Hause mitgebracht! Hilft nix, Sie müssen mit dem zurechtkommen, was da ist. Das verfügbare Tonic liefert die Bitternote, aber reicht das? Packen Sie nächstes Mal die Gin and Tonic Bitters von The Bitter Truth ein. Die machen Ihren nächsten G&T garantiert zum Erlebnis.

3 Teile Lord Astor London Dry Gin
4 Teile Canada Dry Tonic Water
3 Spritzer The Bitter Truth Gin and Tonic Bitters
MIT EINER LIMETTENSPALTE GARNIEREN (NACH BELIEBEN)

Gin und Hansen's Tonic

Hat man es mit einem sehr zitrusfruchtigen Gin oder Tonic Water zu tun, kann man Gleiches mit Gleichem kombinieren oder auf interessante bis spektakuläre Kontraste hinarbeiten. Der Jack Rabbit Gin aus Utah und Hansen's Tonic vereinen sich zu etwas Unerwartetem mit optimalen Synergieeffekten.

1 Teil Jack Rabbit Gin
2 Teile Hansen's Tonic
MIT EINEM ORANGENTWIST GARNIEREN

Flavoured Gins mit Tonic

Beim Zusammentreffen eines Tonic und eines Flavoured Gins kann man auf Nummer sicher gehen und einen Gin wählen, dessen Aroma geschmacklich den Ton vorgibt. Allerdings kann das passende Tonic den Eindruck, den ein Gin hinterlässt, nachhaltig beeinflussen. Der Back River Cranberry Gin der Sweetgrass Farm Winery ist ein guter Brand, der liefert, was man von ihm erwartet. In einem Glas mit dem Mediterranean Tonic Water von Fever-Tree arbeiten die Kräuternoten aus beiden so zusammen, dass ein vorzüglicher herbstlicher Gin Tonic entsteht.

1 Teil Back River Cranberry Gin
3 Teile Fever-Tree Mediterranean Tonic Water
1 Spritzer Angosturabitter
MIT EINER LIMETTENSPALTE GARNIEREN

Der Geschmack des Seville Orange Gin steht ganz im Zeichen einer lebhaften Zitrus-Orangen-Note mit trockenem Nachhall. Ich empfehle eine Kombination mit einem nicht ganz so zitrusstarken Tonic wie dem Q Tonic, damit das Orangenelement glänzen kann. Ein Zitronentwist als Garnitur setzt einen leichten aromatischen Kontrapunkt zu den Orangen und hebt sie so noch zusätzlich hervor.

1 Teil Williams Chase
Seville Orange Gin
2 Teile Q Tonic
MIT EINEM ZITRONENTWIST GARNIEREN

Gin mit einem Holunder-Tonic

Derzeit sind ein paar holunderlastige Tonics auf dem Markt. Es wäre ein Fehler, den Warner Edwards Elderflower Gin oder den Knockeen Hills Elderflower Gin mit ihren Holunderaromen zu nehmen und sie mit einem so vordergründigen Tonic zu kombinieren. Ich finde vielmehr, dass einige der klassischsten Gins ein Holunder-Tonic nicht nur optimal unterstreichen, sondern selbst von dessen hoher, strahlender Blumennote profitieren. Eine Garnitur habe ich weggelassen, weil das Holunderblütenaroma schon kräftig genug ist.

2 Teile Sunset Hills Virginia Gin
3 Teile Fever-Tree Elderflower Tonic
KEINE GARNITUR

Eine Variation des Holunder-Tonic bietet Jack Rudy Cocktail Co. an. Das Unternehmen füllt einen Holunderblüten-Tonic-Sirup ab, der jeden Gin um eine kräftige blumige Fülle ergänzt. Ich habe hier als Kontrast einen Brand mit ausgeprägten Mentholnoten gewählt, in dem man Minze und Eukalyptus schmeckt. Der Botanic Australis Gin der Mt. Uncle Distillery enthält 14 typisch australische Botanicals. Nein, Holunder ist nicht dabei. Die Kombination ist ein bisschen eine Mischung von allem.

2 Teile Botanic Australis Gin
1 Teile Jack Rudy Cocktail Co.'s
Elderflower Tonic
3 Teile Soda
KEINE GARNITUR

Gin mit Fentimans Tonic

Fentimans Tonic kann eine gute Ergänzung zu einem Gin sein und einen Gin Tonic zu neuen Höhen führen. Es kann den Gin aber auch völlig ins Abseits stellen. Zum Glück gibt es etliche passende Partner für Fentimans Tonic. Ich habe es mit dem Schramm Organic Gin von der Pemberton Distillery zusammengebracht, einem kräuterwürzigen Erzeugnis mit einer komplexen Melange aus Zitrusnoten, Rosmarin und Hopfen. Kombiniert man ihn mit einem kräftigen Tonic, entsteht ein harmonisches Zusammenspiel aus Zitronengras, Zitrus und frischen Kräutern.

1 Teil Schramm Gin
3 Teil Fentimans Tonic Water
MIT EINER LIMETTENSPALTE GARNIEREN

Tonic Water

Was ist Tonic Water?

Tonic Water wird für gewöhnlich in Flaschen abgefüllt und mit Kohlensäure versetzt. Die meisten handelsüblichen Produkte sind gesüßt, wobei die Bandbreite von einer kaum merklichen Süße wie bei Q Tonic oder Fever-Tree bis zu den aufdringlich und klebrig süßen Ausführungen einiger Supermarktmarken reicht. Die Chininmenge in Billigmarken ist verschwindend gering und nur noch als Hauch einer Bitternote erkennbar. Groß ist die Vielfalt bei Premiummarken. Manche arbeiten mit Holunder- oder Zitronengrasnoten, um ein eigenständiges Geschmacksprofil zu bieten. Andere variieren die Süße oder die Chininanteile, sodass das Ergebnis mal relativ bitter, dann wieder eher süß ist.

Mit Tonic Water ist in der Regel ein trinkfertiges Getränk gemeint, das direkt aus der Flasche verwendet werden kann.

Tonic Water: Verkostungsnotizen

Canada Dry Tonic Water

Zutaten: Wasser mit Kohlensäure, Maissirup mit hohem Fruktosegehalt, Zitronensirup, Natriumbenzoat (Konservierungsstoff), Chinin, Natürliche Aromen

Das frische, ordentlich sprudelnde Tonic bleibt hinsichtlich Süße und Saccharin gerade noch im Rahmen. Der Abgang ist trotzdem recht süß, wobei eine Bitternote einen plötzlichen Schlusspunkt setzt. Es fehlt ihm zwar an Komplexität, doch hat auch die Schlichtheit ihren Reiz. Weil es keinerlei Ambitionen hat, lässt es den Gin Gin sein. Manchen ist es sicher zu süß.

Fentimans Tonic Water

Zutaten: Wasser mit Kohlensäure, Rohrzucker, Zitronensäure, Aromen (Zitronenöl, Ethanol, Zitronengrasöl), Chinin (10 mg)

»Botanically brewed«, pflanzlich gebraut, ist eine etwas seltsame Beschreibung für ein Tonic Water, aber die Richtung ist von Anfang an klar: Zitronenzeste dominiert früh, hat aber einen relativ grünen, leicht pflanzlichen Ton, bis eine lang gezogene Bitternote und Adstringenz in den Vordergrund rücken. Am Rande sind Zitronengras und eine leicht säuerliche Komponente erkennbar. Ein intensives Tonic, das gut zu klassischen Gins passt, aber mit modernen oder ungewöhnlichen, dezenteren Vertretern Probleme haben könnte.

Fever-Tree Tonic Water

Zutaten: Quellwasser, Rohrzucker, Zitronensäure, Natürliche Aromastoffe, Natürliches Chinin

Ein munteres, sauberes Tonic mit merklichen Zitronen- und Orangen-Kopfnoten in der Nase. Beim Verkosten wirkt es sehr weich. Seine dezente, zurückhaltende Perlage überlässt den Aromen des Tonics und des Gins die Bühne. Im Abgang erkennt man eine saubere, vom Chinin induzierte Bitternote mit schwacher Limettensäure und Bitterorange im Hintergrund. Ausgewogen und sehr empfehlenswert, da es optimale Süße und Bitterkeit liefert, dem Gin aber dennoch das Feld überlässt.

Fever-Tree Elderflower Tonic Water

Zutaten: Quellwasser, Rohrzucker, Holunderblütenextrakt, Zitronensäure, Natürliche Aromastoffe, Natürliches Chinin

Sowohl in der Nase als auch im Mund dominieren lebendige Holunderblütennoten. Die perfekt bemessene Kohlensäure trägt die blumigen Töne, die beim Verblassen frisches Frühlingslaub und einen Hauch von Zitrus mit sehr dezenter Bitternote im Abgang hinterlassen. Ein Holunder-Tonic, das hält, was sein Name verspricht. Obwohl es ziemlich eindimensional ist, erledigt es seine Arbeit im Gin Tonic gut.

Fever-Tree Mediterranean Tonic Water

Zutaten: Quellwasser, Rohrzucker, Zitronensäure, natürliche Aromen, Natürliches Chinin

Vielfältige Aromen finden sich in diesem Tonic Water. Seine komplexe Botanik reicht von Kräutern wie Thymian bis hin zu Zitronen. Die dezente Perlage unterstreicht den weichen Geschmack, der den einzelnen Noten viel Raum gibt. Die kräuterigen Töne werden von den Bläschen getragen und verklingen in einem milden, schwach bitteren Abgang. Dieses Tonic offeriert Noten, die gut zu Wacholder passen, aber in Gin selten zu finden sind.

Fever-Tree Naturally Light Tonic Water

Zutaten: Quellwasser, Fruktose (Fruchtzucker), Zitronensäure, natürliche Aromen, natürliches Chinin

Das Naturally Light von Fever-Tree ist wie das Q Tonic kalorienarm und merklich weniger süß als andere Tonic Water. Es deutet dezent Bitterorangen an und ist mit seiner klaren, sauberen und weichen Art ein erfrischender Mixer, der dem Gin Gelegenheit gibt zu glänzen. Lediglich mit einem leichten Zitrusschwung und einem knackig adstringierenden Nachhall rückt es sich auch selbst ins Rampenlicht. Insgesamt ähnelt es der nicht kalorienreduzierten Fever-Tree-Version, ist nur einen Tick weniger süß als sie.

Hansen's Cane Soda

Zutaten: dreifach gefiltertes Sprudelwasser, Rohrzucker, Zitronensäure, natürliche Aromen mit Extrakten kalifornischer Zitrusfrüchte, Chinin

Das moderat süße, sprudelnde Soda kommt schon mit einer kräftigen Zitrusnote aus der Dose. Ausgeprägter Orangengeschmack mit nur milder Adstringenz. Ideal für alle, die ihre Gin Tonics mit starken Zitrusnoten auf Trab bringen möchten. Wird am besten mit einem klassischen, wacholderschweren Gin kombiniert, denn die Orangennoten können Brände mit feinerer Aromatik erschlagen.

Q Tonic

Zutaten: Wasser mit Kohlensäure, Bio-Agave, natürliche Bitterstoffe, handgeerntetes Chinin, Zitronensäure

Frisch und perlend, mit nur leichter Süße, adstringierend und im Abgang etwas säuerlich – mit diesen Vorzügen empfiehlt sich der Q Tonic für eine Partnerschaft mit Gin. Der geschmackliche Schwerpunkt liegt auf Chinin und der daraus resultierenden Bitternote, da die Süße sehr zurückhaltend bleibt. Er lässt alle Noten eines Gins durchschimmern, aber wer einen süßeren Gin Tonic gewohnt ist, findet ihn vielleicht zu adstringierend. Empfehlenswert.

Schweppes Indian Tonic Water

Zutaten: Wasser mit Kohlensäure, Zucker, Zitronensäure, Aromastoffe einschliesslich Chinin, Süssungsmittel (Saccharin)

Die leichte Süße mit sirupigem Unterton wird in diesem Tonic Water von der lebhaften Chininnote gut austariert. Schweppes schmeckt etwas intensiver als andere Mainstream-Wässer. Dank ihrer verhaltenen Süße eignet die Marke sich sehr gut zum Mixen und kann den Drink um eine natürliche Zitrussüße ergänzen (falls man Zitrus im Gin Tonic überhaupt haben will).

Tonic-Sirup

Was sind Tonic-Sirupe?

Unter Tonic-Sirupen versteht man eine konzentrierte Mischung aus Chinarinde, Kräutern und Gewürzen mit Süßungsmitteln. Die Sirupe werden in Flaschen abgefüllt angeboten und in der Barszene mit Soda kombiniert. Von Tonic Water unterscheiden sie sich darin, dass ausschließlich Chinarinde in Verbindung mit anderen Rohstoffen zum Einsatz kommt. Sie sind oft sehr dunkel; die Farbpalette reicht von Siena bis Umbra. Ein Gin Tonic mit diesem Siruptyp ist gut an seiner goldenen bis rötlichen Farbe erkennbar.

Tonic-Sirupe sind bei Gin-Freunden beliebt geworden, weil man Drinks mit ihnen flexibel gestalten kann. Je nachdem, wie bitter man seinen Cocktail möchte, kann man mehr oder weniger Sirup verwenden. Außerdem sind Kohlensäure- und Geschmacksträger getrennt, sodass man auch hier besser justieren kann.

Wer wissen möchte, wie Tonic-Sirupe gemacht werden, kann das auf Seite 194 nachlesen.

Verkostungsnotizen EMPFOHLENES MISCHVERHÄLTNIS: GIN:TONIC:SODA

El Guapo Bitters British Colonial Style Tonic Syrup

EMPFOHLENES MISCHVERHÄLTNIS 4:1:6

Mit Wald-, Holz- und kräftigen Erdnoten nimmt einen der Duft auf einen sommerlichen Landspaziergang mit. Auch am Gaumen begegnet einem Holz, doch stößt noch ein sehr ausgeprägter Zitruston im Mittelteil dazu. Der säuerliche und zugleich rohrzuckersüße Geschmack klingt auf einer spröden Bitternote mit einem Hauch Ingwer aus. Der Guapo ist trüber als viele im Handel erhältliche Vertreter und sieht aus wie selbst gemachter Sirup.

Jack Rudy Cocktail Co. Small Batch Tonic

EMPFOHLENES MISCHVERHÄLTNIS 2:¾:5

Der Jack Rudy ist chiffongelb und damit viel heller als die meisten Tonic-Sirupe. Im Bukett bekennt er sich zu Zitrone, Orange und Chinarinde, doch im Hintergrund klingen auch reife Beeren und Kamille an. Am Gaumen finden Zitrone, Zitronengras und ordentlich Bitterorange sowie Chinin zusammen. Relativ präziser Abgang, der den Mund für den nächsten Schluck reinigt.

Jack Rudy Cocktail Co. Elderflower Tonic

EMPFOHLENES MISCHVERHÄLTNIS 2:¾:5

Parfümschwere Noten prägen den Duft. Holunderblüten kommen vor, doch müssen sie sich das Bukett mit Jasmin- und Orangenblütennuancen teilen. Der Geschmack fällt erwartungsgemäß blumig aus, ist jedoch robust mit der Intensität eines Blumenstraußes. Holunderblüten, Rosen und andere florale Noten leiten über zu einem langen, bitteren, erdigen Ende.

Bradley's Kina Tonic

EMPFOHLENES MISCHVERHÄLTNIS 3:2:6

Subtil-komplexe Nase mit einem zarten Mix aus reichen, erdigen Gewürzen wie Zimt und Orangenöl und einer kaum merklichen Ingwernote. Angenehm süß der Geschmack mit einer säuerlichen Komponente im Mittelteil und einem langen, angenehm holz- und chininschweren Nachhall. Sehr schön. Empfehlenswert.

Bradley's Bourbon Barrel-Aged Kina Tonic

EMPFOHLENES MISCHVERHÄLTNIS 3:2:»NACH GESCHMACK«

Der warme Duft deutet Ingwer, Zimt und Orangenöl an, während der trocken-frische, saubere Geschmack auf Rinde, Bitterorange und Schalen verweist. Im langen, adstringierenden Abgang zeigen sich Zedern und Zitronen. Zurück bleibt ein angenehm bitterer Nachgeschmack.

Pinckney Bend Classic Tonic Syrup

EMPFOHLENES MISCHVERHÄLTNIS 1:1:4

Speziell für Duette mit dem Pinckney Bend Gin entwickelt – eine beeindruckende Kreation. Holzbetonte, blumige Nase mit Rosen, Birken und Hibiskus. Süßer Geschmack mit holzigen Untertönen, warmen Gewürzen und einer angedeuteten Zitrusnote. Frisch und nicht allzu bitter, eine gute Ergänzung für Gins mit Zitrusschwerpunkt. Mit Zuckerrohr und Agave gesüßt.

MIT LIMETTE GARNIEREN

Liber & Co. Spiced Tonic Syrup

EMPFOHLENES MISCHVERHÄLTNIS 2:¾:»AUFFÜLLEN«

Kraftvoll und angenehm, mit einigen asiatischen Reminiszenzen, die sich früh bemerkbar machen. Ingwer, Zitronengras als Obernote und eine einnehmende Gewürzpalette mit Nelken, Kardamom und sogar einer Spur Pfeffer. Am Gaumen eine leichte Süße, dann wieder Gewürze. Im Schlussteil Zitronenschale und eine spröde Bitternote mit schwarzem Pfeffer. Ein schöner, intensiver Tonic-Sirup der Spitzenklasse. Empfehlenswert.

Hausgemachter Tonic-Sirup

Craft-Tonic-Sirup gehört zu den aufregendsten Neuerscheinungen auf dem Getränkemarkt und hat die Gin-Welt in den letzten zehn Jahren im Sturm erobert. Kevin Ludwig und Jeffrey Morgenthaler haben mit ihren Rezepten 2007 und 2008 sehr zur Verbreitung der Idee beigetragen, dass sich Tonic-Sirup zu Hause selbst herstellen lässt. Für das Rezept unten sind wir ihnen zu tiefem Dank verpflichtet.

Chinarinde aufzutreiben, also die Ingredienz, die Chinin ins Spiel bringt, stellt vermutlich die größte Schwierigkeit dar, wenn man sich in der eigenen Küche an Tonic-Sirup versuchen möchte. Weil Tonic immer beliebter wird, kann man sie inzwischen aber gut über das Internet bestellen oder in Asia-Supermärkten und Apotheken bekommen.

Wie bei der Herstellung von hausgemachtem Gin stehen einem im Prinzip alle Möglichkeiten offen, wenn man die Basics erst mal erlernt hat. Dieses Rezept soll daher als Ausgangspunkt dienen. Sie mögen es nicht so bitter? Dann ersetzen Sie den Enzian durch mehr Zitrusfrüchte. Sie bevorzugen etwas Würzigeres? Geben Sie Ingwer oder Muskatnuss zu.

Das funktioniert übrigens auch bei den selbst gemachten Gins.

ZUTATEN

475 ml Wasser
350 g Zucker
5 g Chinarinde (Stücke oder Chips, kein Pulver)
10 g Wacholderbeeren
5 g Enzianwurzel
2 Kardamomschoten, aufgebrochen
1 Pimentbeere
½ Stange Gewürzrinde
Schale von 1 Zitrone, mit dem Gemüseschäler geschält
Saft von einer ½ Zitrone
2 TL Zitronensäure
1 Prise Salz
2 TL Wodka

Wasser, Chinarinde, Wacholder, Enzianwurzel, Kardamom, Piment, Gewürzrinde und Zitronenschale in einen Topf geben. Auf den Herd stellen und aufkochen, die Hitze reduzieren und 15 Minuten köcheln lassen. Nach 10 Minuten Zitronensaft, Zitronensäure und Salz dazugeben.

Vom Herd nehmen und mit einer French Press (Pressstempelkanne) oder einem Kaffeefilter die Feststoffe aus der Flüssigkeit filtern. Ein weiteres Mal filtern. Mit einem Kaffeefilter kann das bis zu einer halben Stunde dauern; Schwerkraftfiltrierung ist ein langsamer Prozess. Falls der Filter verstopft, Flüssigkeit im Filter in den Topf zurückgießen und mit einem frischen Filter die restliche Flüssigkeit filtern.

Nach dem Filtern die Flüssigkeit in einem sauberen Topf erneut auf den Herd stellen, Zucker dazugeben und einrühren. Aufkochen, vom Herd nehmen und abkühlen lassen. Wodka in den abgekühlten Sirup geben und gut einrühren. In eine sterilisierte Flasche oder ein Glas geben und luftdicht verschließen. Der Sirup hält sich im Kühlschrank etwa drei Monate.

Wir schlagen ein Verhältnis von zwei Teilen Gin zu einem Teil Tonic-Sirup vor. Nach Geschmack mit Soda auffüllen, fertig. Zum Wohl!

Rote oder gelbe Chinarinde?

Zwei Arten von Chinarinde sind verbreitet. Die bei Weitem häufigste Variante ist die rote. Sie hat die Ahorn-, Holz- und Teenoten, nach denen die handelsüblichen Tonic-Sirupe meist schmecken. Gelbe Chinarinde ist schon wesentlich schwerer aufzutreiben, enthält mehr Chinin und geringere Mengen der anderen Alkaloide, die ebenfalls in Chinarinde vorkommen.

Bei der im Handel erhältlichen Chinarinde handelt es sich meist um die rote Sorte, sofern nichts anderes angegeben ist. Wem wichtig ist, dass sein Tonic-Sirup im Gegensatz zu den handelsüblichen Marken tatsächlich gegen Malaria hilft, der kann getrost die rote Rinde verwenden: Sie enthält zwar weniger Chinin als die gelbe Art, aber immer noch genug.

Mehr Chinin

Die bei einer Überdosis Chinin auftretenden Symptome werden Cinchonismus genannt. Viele Bartender und Privatleute bereiten völlig unschädliche Tonic-Sirupe zu. Trotzdem ist es wichtig, den Chiningehalt im Auge zu behalten. Wer einen bitteren Sirup haben möchte, sollte anstelle von mehr Chinarinde eine Ingredienz wie Enzian hinzufügen.

So verhindern Sie, dass Ihr Tonic-Sirup zu viel Chinin enthält:

- Verwenden Sie ganze Rindenstücke statt der Pulverform.
- Nehmen Sie rote statt gelber Chinarinde.
- Filtern Sie die Feststoffe heraus. Einen klaren Sirup bekommen Sie durch die Kombination von Kaffee- und Wasserfilter.
- Konsumieren Sie nicht zu viel.

Hausgemachter Gin

Wer nicht gerade in Neuseeland lebt, kann nur eine Art von Gin zu Hause herstellen: einen durch Mazerieren erzeugten Bathtub bzw. Compound Gin. Ein solcher Gin muss nicht destilliert werden. Er schmeckt zwar nach Gin und ist technisch ein Gin, aber er wird trübe und dunkel sein.

Keine Angst, viele im Handel erhältliche, auch gute, ja sogar ausgezeichnete Gins wurden genau mit dieser Methode hergestellt. Der Organic Gin von Tru2 hat eine goldgelbe Trübung. Master of Malt erzeugt eine Reihe beliebter Bathtub Gins. Die Bendistillery reichert ihren Crater Lake Gin mittels Mazeration mit Wacholderaroma an. Kurzum: Die Herstellung von Gin durch Einlegen von Botanicals in einen Brand ist in der Branche nicht verboten.

Der große Vorteil bei Gins Marke Eigenbau ist die Freiheit bei der Auswahl der Botanicals. Sie wollen einen Gin, der nur nach Wacholder schmeckt? Oder nach vielen exotischen Gewürzen? Vielleicht sogar nach frischen Kräutern? Sobald man die Basics beherrscht, sind die Möglichkeiten grenzenlos.

Ein Wort zu Gin-Kits

Weil Gin buchstäblich in aller Munde ist, tauchen im Handel immer mehr Kits auf, mit denen man seinen Gin selbst herstellen kann. Wer einen guten Gewürzhändler in der Nähe hat, findet dort in der Regel alle in den Kits vorhandenen Ingredienzen preiswerter. Selbst Amazon hat die meisten Zutaten bereits im Angebot. Ein Gin-Kit ist ein nettes Geschenk, aber wer etwas kreativer arbeiten möchte, ist besser beraten, wenn er sich seine Zutaten selbst besorgt.

Was braucht man?

250 ml mindestens 50-prozentigen Wodka

250 ml 40-prozentigen Wodka (*Nehmen Sie jeweils eine Marke, die Sie auch so trinken würden. Alles, was Sie im Wodka schmecken, schmecken Sie auch im Gin.*)

ein verschließbares Glas mit rund 600 ml Fassungsvermögen (*In ihm findet die Mazeration statt. Sie müssen zum Schluss die Feststoffe herausfiltern, ich rate Ihnen daher, nicht die Wodkaflasche zu nehmen.*)

Seihtuch, French Press (Pressstempelkanne) oder Wasserfilter

Botanicals (*Sammeln Sie Ihre eigenen oder nehmen Sie für den Anfang mein Rezept unten. Sie brauchen keine großen Mengen!*)

Aaron's Clawfoot Bathtub Gin

10 g Wacholderbeeren (*Bevor sie in den Wodka gegeben werden, in der Küchenmaschine ein- oder zweimal kurz pulsen, um die Beeren aufzubrechen.*)

geriebene Schale von 1 Zitrone

3–4 kleine Stücke Limonenzeste

einige Koriandersamen

1 kleines Stück Süßholz

5 weiße Pfefferkörner

5 Körner Kubebenpfeffer

5 Paradieskörner

1 Prise Fenchelsamen

1 Prise Kümmel

Den 50-prozentigen Wodka in das Glas gießen. Botanicals dazugeben, Glas verschließen und gut schütteln. An einen dunklen Platz mit relativ gleichbleibender Zimmertemperatur stellen. Einmal täglich schütteln. Wenn man einen leichteren Stil bevorzugt, ist der Gin nach zwei Tagen fertig. Man kann ihn auch bis zu einer Woche stehen lassen. Dann schmeckt das Resultat wesentlich intensiver.

Zum Dekantieren die Flüssigkeit durch ein Seihtuch gießen, um die Feststoffe herauszufiltern. Es kann sein, dass sich ein feiner Bodensatz gebildet hat und es eine Weile dauert, bis die Flüssigkeit durchgesickert ist. Schneller geht es mit einer French Press. Wer bereit ist, etwas mehr Geld auszugeben, kann den Gin durch ein Seihtuch und dann durch einen wiederverwendbaren Wasserfilter laufen lassen. So bekommt man einen klaren Brand fast ohne Rückstände.

Den 40-prozentigen Wodka dazugeben und gut schütteln.

Der beste Cocktail, den man mit selbst gemachtem Gin mixen kann, ist vielleicht der Negroni (Seite 200). Die kräftigen Kräuter-/Gewürznoten sind darin viel lebendiger und ergänzen die Bitternoten des Campari aufs Angenehmste.

Gin-Cocktails

Martini

Bei keinem Cocktail wurde so viel über Name und Herkunft diskutiert wie beim Martini. Manche Autoren bauten quasi ihre Karriere darauf auf, dass sie sich damit beschäftigten. Mit dem Namen kam sogar ein neues Suffix in die Welt. So kann jedes familienfreundliche Restaurant heute 0,33 ml einer farbenfrohen Flüssigkeit in einem zu großen Glas servieren, ein »-tini« an irgendein Wort hängen und das als neue Kreation auf der Getränkekarte präsentieren. Selbst unsere Stars und Helden aus der Medienwelt trinken Martini. Aber genug Kulturgerede.

Überlassen wir die Frage nach der Entstehungsgeschichte des Martini den Experten. Der Inbegriff des Gin-Cocktails bietet einen enormen Gestaltungsspielraum, sodass man ihn nach Geschmack anpassen kann. Viele ältere Rezepte geben ein Verhältnis von einem Teil Gin auf einen Teil trockenen Wermut vor. Bei modernen Versionen hat sich der Schwerpunkt verschoben und man empfiehlt 5:1 bis 10:1 – oder sogar unendlich:1, wie Winston Churchill den Martini angeblich mochte (obwohl man mit Recht einwenden könnte, dass der Churchill Martini, bei dem man die Wermutflasche beim Trinken lediglich im Blick hat, nichts weiter ist als gekühlter Gin und gar kein Cocktail, aber ich schweife ab).

In frühen Rezepten treten oft Bitter oder ein Dash anderer Ingredienzen als Zutaten auf. Im 19. Jahrhundert empfahl man Old Tom statt Dry Gin. Heutige Versionen arbeiten mit modernen und klassischen Gins gleichermaßen. Und die Garnierung? Zitronentwist? Olive? Zwiebel? Auch da ist man überraschend flexibel. Nur eines sollte man nicht tun: den Gin durch Wodka ersetzen. Ja, wir sehen Sie an, Mr Bond. Nennen Sie Ihren Drink, wie Sie wollen. Aber nicht Martini.

Gibson

GLAS: COCKTAIL ODER MARTINI

6 Teile Gin
1 Teil trockener Wermut

GARNITUR: ZWIEBEL

Dasselbe Rezept wie beim offiziellen IBA-Martini (gegenüber), aber mit einer sauer eingelegten Silberzwiebel als Garnitur.

Offizieller IBA-Martini

GLAS: COCKTAIL ODER MARTINI

6 Teile Gin

1 Teil trockener Wermut

GARNITUR: ZITRONENZESTE ODER GEFÜLLTE OLIVE

Im Rührglas auf Eis rühren. In ein eisgekühltes Cocktail- oder Martiniglas abseihen. Öl aus der Zitronenzeste in den Drink pressen. Mit der Zeste oder einer mit Paprika gefüllten Olive garnieren.

Pascal Martini

GLAS: COUPE

7 Teile Gin

2 Teile trockener Wermut

2 Spritzer Fee Brothers Black Walnut Bitter

2 Spritzer Maraschino Likör

GARNITUR: SAUERKIRSCHE

Alle Zutaten im Rührglas auf Eis rühren und in eine eisgekühlte Coupe füllen. Mit einer Sauerkirsche garnieren und servieren.

Die besten Martini-Bars

The Connaught and Coburg Bars
The Connaught Hotel
Carlos Place, Mayfair, London, Großbritannien
www.the-connaught.co.uk

Wohl nirgends sonst in London kann man einen erstklassigen Martini in einer luxuriöseren und entspannteren Atmosphäre genießen als in der Coburg Bar und der von David Collins entworfenen Connaught Bar. Chef ist der legendäre Mixologe Ago Perrone, auch »Martini-Magier« genannt.

Dukes Hotel
35 St James's Place
London, Großbritannien
www.dukeshotel.com

Das nicht ohne Grund berühmte Dukes Hotel gehört zu den besten Martini-Kultstätten der Welt. Hier kann man in die Geschichte eintauchen, denn kein Geringerer als James-Bond-Schöpfer Ian Fleming pflegte im Hotel am Tresen zu sitzen. Kein Wunder, dass er so inspiriert schrieb: Die Martinis aus Sacred Gin und Sacred Vermouth sind eine Klasse für sich.

Bathtub Gin
132 9th Avenue
New York, USA
www.bathtubginnyc.com

Obwohl sie wie eine Flüsterkneipe versteckt liegt, ist die Bar für die Qualität ihrer Cocktails bekannt. Man kann hier auch Nolet's Reserve bestellen, doch bei kleinerem Budget ist der Haus-Martini mit Fords Gin, Dolin Vermouth, Olive und Zitrone die beste Wahl.

Gin Palace
10 Russell Place
Melbourne, Australien
www.ginpalace.com.au

Diese ehrwürdige Bar, eine Institution, serviert Spitzen-Martinis und bietet eine fantastische Gin-Auswahl, in der sich etliche Lokalgrößen finden. Wer tiefer in die Materie eintauchen möchte, kann eine Martini-Masterclass und ein Gin-Tasting besuchen.

Negroni

Kaum ein Cocktail hat eine so unumstößliche Entstehungsgeschichte vorzuweisen. Während der Ursprung anderer Drinks oft im Mythendickicht einer 150 Jahre langen Stillen Post verloren gegangen ist, steht beim Negroni fest, was geschah.

Negroni (moderne Variante)

GLAS: COUPE

2 Teile Gin

1 Teil süßer Wermut

1 Teil Campari

GARNITUR: ORANGENTWIST

Zutaten mit Eis schütteln und in eine eisgekühlte Coupe ab seihen. Mit einem Orangentwist servieren.

In Florenz kommt ein Mann in eine Bar und sagt zum Bartender: »Ich möchte einen Americano. Aber lassen Sie das Soda weg und nehmen Sie stattdessen etwas Gin.«
Während der Bartender einen Orangentwist schält und in den Cocktail wirft, fragt er den Gast: »Wie heißt denn dieser Drink?«
Der Mann antwortet: »Negroni. Weil ich Graf Negroni bin.«

Der Dialog ist frei erfunden, aber die Kernaussage stimmt: 1919 bestellte ein Graf Negroni einen Americano mit Gin statt Soda und erfand damit den Cocktail seines Namens.

Eigentlich ist ein Mischverhältnis von 1:1:1 ehernes Gesetz. Dabei geht man von kräftigen Gins mit mindestens 45 % Alkohol aus. Bei milderen Bränden sind 1,5:1:1 oder sogar 2:1:1 vorzuziehen. Kleine Gesetzesverstöße im Namen des Geschmacks.

Offizieller IBA-Negroni

GLAS: ROCKS

1 Teil Gin

1 Teil süßer Wermut

1 Teil Campari

GARNITUR: ORANGENTWIST (NACH BELIEBEN)

Zutaten in einem Rührglas mit Eis rühren. Abseihen und in einem Rocksglas auf Eis servieren. Nach Belieben mit einem Orangentwist garnieren.

Unusual Negroni

GLAS: ROCKS

1 Teil Gin

1 Teil Aperol

1 Teil Lillet Blanc

GARNITUR: KEINE

Zutaten in einem Rührglas mit Eis rühren. Abseihen und in einem Rocksglas auf Eis servieren.

Die besten Negroni-Bars

Bar Termini
7 Old Compton Street, London, Großbritannien
www.bar-termini.com

Eine authentische italienische Café- und Aperitifbar. Hier liegt man immer richtig, ob mit einem klassischen Negroni oder einem Pink Peppercorn Negroni, der die Grenzen des Drinks erweitert. Eröffnet wurde die Bar von Tony Conigliaro von der 69 Colebrooke Row, wo man ebenfalls fantastische Cocktails bekommt.

Amor y Amargo
443 East 6th Street, New York, USA
www.amoryamargony.com

Der Gin, das sei gesagt, ist gut. Zu neuen Höhen führt Amor y Amargo den Negroni aber mit den beiden anderen Komponenten. Der hausgemachte Wermut kommt direkt aus dem Hahn. Wagemutige tauschen den Campari gegen einen der vielen Amaros aus.

Clyde Common
1014 SW Stark Street, Portland, Oregon, USA
www.clydecommon.com

Jeffrey Morgenthalers Experimente mit fassgereiften Cocktails stießen einen neuen Trend an. Inzwischen betreibt Jeffrey die Bar Clyde Common. Hier hält er die Tradition mit einem Negroni hoch, der zwei Monate lang in ein Bourbon-Fass gesperrt wurde.

The Drawing Room
1222 Barrington Street, 3rd Floor
Halifax, Nova Scotia, Kanada
www.henryhouse.ca

Eine gemütliche, lauschige Cocktailbar im dritten Stock eines Pubs und Restaurants. Die Spezialität unter den Cocktails aus der Zeit vor der Prohibition ist ein geräucherter Negroni, der zur einen Hälfte Cocktailtheater und zur anderen einmalig und köstlich ist.

Caffè Rivoire
Piazza della Signoria, 4R, Florenz, Italien
www.rivoire.it

Mitgliedern des Graf-Negroni-Fanklubs sei gesagt: Das Caffè Rivoire führt in direkter Eigentümerlinie das Negroni-Vermächtnis fort. Obwohl andere Bars in Florenz für sich in Anspruch nehmen, Geburtsstätte des Negroni zu sein, kann man hier einen Hauch Geschichte und einen guten Cocktail genießen.

Gimlet

Der Gimlet ist ein einfacher, erfrischender Cocktail, dessen Ursprung in der medizinischen Anwendung von Gin und Limette liegt: Seeleute der britischen Marine versorgten sich einst über Limettensaft mit Vitamin C, um Skorbut vorzubeugen. In der zweiten Hälfte des 19. Jahrhunderts wurde eine von Lauchlan Rose erfundene Methode zur alkoholfreien Haltbarmachung dieses Safts auf Schiffen zur gängigen Praxis.

Damals tranken die Offiziere auch Gin. Es kam eins zum anderen und der Gimlet entstand. Einer Legende zufolge ist er nach einem Schiffswerkzeug zum Bohren kleiner Holzlöcher benannt. Weniger wahrscheinlich ist, dass sein Name von einem Konteradmiral namens Thomas Gimlette stammt. Sein Debüt in Cocktailbüchern und anderen Druckwerken gab der Drink jedenfalls in den 1920er-Jahren.

Eine wichtige Zutat ist Rose's Lime Juice. In den 150 Jahren seit seiner Erfindung wurde er mehrfach verändert und es gibt unterschiedliche Süßungsverfahren. Entscheidend für den klassischen Cocktail ist allerdings sein Geschmack nach gekochten Limetten, weshalb der Saft von Lauchlan Rose Standard geblieben ist. Wer etwas sucht, das näher am Original ist, sollte seinen Lime Cordial nach dem Rezept auf der nächsten Seite selbst zubereiten.

Gimlet

GLAS: COCKTAIL ODER ROCKS

4 Teile Gin

1 Teil Lime Cordial/gesüßter Limettensaft

GARNITUR: LIMETTENTWIST

In einem Cocktail- oder Rocksglas auf Eis rühren und servieren. Nach Belieben mit einem Limettentwist garnieren.

Fresh Gimlet

GLAS: ROCKS

4 Teile Gin
1 Teil Limettensaft, frisch gepresst
1 Teil einfacher Zuckersirup
2 Zitronenstrauchblätter

GARNITUR: MINZE- ODER ZITRONENSTRAUCHBLATT

Zitronenstrauchblätter und Gin in einem Shaker vorsichtig muddeln. Zuckersirup, Limettensaft und Eis dazugeben. Kräftig schütteln. In ein Rocksglas auf Eis abseihen. Mit einem Minze- oder Zitronenstrauchblatt garnieren.

Lime Cordial

8 Limetten
240 ml Limettensaft, frisch gepresst
100 g Zucker

Alle Limetten gründlich waschen und schälen, nach Möglichkeit mit einem Gemüseschäler, um breite Streifen Schale zu erhalten. Limettensaft in einem Topf bei großer Hitze zum Kochen bringen und um die Hälfte reduzieren. Vom Herd nehmen und 10 Minuten abkühlen lassen.

Wieder auf den Herd stellen und unter Zugabe des Zuckers erneut zum Kochen bringen. Sobald die Mischung kocht, Limettenschalen dazugeben, dann sofort vom Herd nehmen und abkühlen lassen. Feststoffe herausseihen und die Flüssigkeit in eine Flasche füllen. Im Kühlschrank aufbewahren.

Die besten Gin-Cocktail-Bars

69 Colebrooke Row
69 Colebrooke Row, London, Großbritannien
www.69colebrookerow.com

Die Bar ist nicht auf Gin spezialisiert, aber die Drinks, die sie mit einigen der spannenden Erfindungen aus Tony Conigliaros Labor zusammenstellt, gehören zum Besten, was zu haben ist. Der Woodland Martini ist herausragend, aber nicht das einzige Highlight.

Dutch Kills
27–24 Jackson Avenue, Long Island City, NY, USA
www.dutchkillsbar.com

Die Cocktailbar Nummer eins in meinem Viertel bietet einfache, klassische, gut zubereitete Drinks in einer Bar im Eisenbahnstil. Eine kurze U-Bahn-Fahrt von Manhattan entfernt gibt es hier eine gute Auswahl an Gins, fähige Bartender und das Beste aus der New Yorker Cocktailbarszene.

Liberty
517 5th Avenue, Seattle, Washington, USA
www.libertybars.com

Gut kuratierte Auswahl an Gins und überhaupt ein fantastisches Angebot an Drinks. Man bekommt mehrere selbst ausgebaute Cocktails (darunter ein Negroni), aber mein Favorit ist der Hollywood. Wer es nicht ganz so bitter mag, probiert den mit Tee mazerierten Gin.

Penrose
3311 Grand Avenue, Oakland, Kalifornien, USA
www.penroseoakland.com

Es ist Liebe auf den ersten Blick, wenn in der ersten Zeile der Cocktailkarte gleich ein regionaler Gin genannt wird: Terroir Gin, Mezcal und Absinth? Ich bin dabei. Die verspielten Kombinationen aus Basisbränden und hausgemachten Tonics machen einen Besuch lohnenswert.

Pouring Ribbons
225 Avenue B, New York, USA
www.pouringribbons.com

Besuchern wird ein Schaubild geboten, das Parallelen und Verbindungen zwischen neuen und traditionellen Drinks aufzeigt und bei der Auswahl helfen soll. Die Karte ändert sich mit den Jahreszeiten, doch ein paar fantastische Gin-Cocktails sind immer dabei.

Cocktails mit klassischen Gins

Puristen zufolge sind alle Gin-Cocktails so gestaltet, dass sie mit klassischen Dry Gins am besten funktionieren. Es gibt tatsächlich Drinks, die mit einer kraftvollen wacholderbetonten Abfüllung am besten dran sind. Manche vertragen aber auch einen modernen Gin.

Hier sind einige Mixturen, die den Charakter eines klassischen Gins ausgezeichnet unterstreichen und daher seit Langem zum festen Repertoire vieler Bars gehören.

Pegu Club

GLAS: COUPE

45 ml klassischer Gin
15 ml Limettensaft, frisch gepresst
15 ml Orangen-Curaçao
2 Spritzer Orangenbitter
2 Spritzer Angosturabitter

GARNITUR: KEINE

Alle Zutaten mit Eis in einen Shaker geben und gut schütteln. In eine eisgekühlte Coupe abseihen.

20th Century

GLAS: COCKTAIL ODER COUPE

45 ml klassischer Gin
20 ml Zitronensaft, frisch gepresst
20 ml Lillet Blanc
15 ml Crème de Cacao

GARNITUR: ZITRONENTWIST

Zutaten mit Eis schütteln und in ein eisgekühltes Glas abseihen. Mit einem Zitronentwist garnieren und servieren.

Bronx

GLAS: COCKTAIL ODER COUPE

60 ml klassischer Gin
20 ml Orangensaft, frisch gepresst
15 ml trockener Wermut
15 ml süßer Wermut

GARNITUR: ORANGENTWIST

Zutaten mit Eis schütteln und in ein eisgekühltes Cocktail- oder Coupeglas abseihen. Mit einem Orangentwist garnieren und servieren.

Clover Club

GLAS: COUPE ODER GESTIELTES WEINGLAS

45 ml klassischer Gin
20 ml Zitronensaft, frisch gepresst
7,5 ml Himbeersirup
1 Eiweiß

GARNITUR: KEINE

Alle Zutaten in einen Shaker geben und ohne Eis 10 bis 15 Sekunden schütteln. Eis dazugeben und noch einmal kräftig schütteln, bis alles gut kalt ist. In ein eisgekühltes Glas abseihen und servieren.

Vesper

GLAS: COCKTAIL

90 ml klassischer Gin
30 ml Wodka
20 ml Cocchi Americano

GARNITUR: ZITRONENTWIST

Zutaten mit Eis schütteln, bis alles gut durchgekühlt ist. In ein Cocktailglas abseihen. Mit einem Zitronentwist garnieren und servieren.

Gin and Jam

GLAS: ROCKS

90 ml klassischer Gin
30 ml trockener Wermut
1 Spritzer Zitronensaft, frisch gepresst
1 EL Marmelade Ihrer Wahl
(meine Empfehlung: Orangen- oder Heidelbeermarmelade)

GARNITUR: ½ EL MARMELADE

Gin, Wermut, Zitronensaft und 1 EL Marmelade in einen Shaker mit Eis geben. Etwa 15 Sekunden gut schütteln, bis sich die Marmelade mit den anderen Zutaten vermischt hat. Mit einem Hawthorne Strainer (ein Cobbler Strainer würde verstopfen) in ein Rocksglas auf 3 bis 4 Eiswürfeln abseihen. Einen halben Esslöffel Marmelade auf die Eiswürfel im Glas geben. Servieren.

DIE BESTEN

Gin-Bars

The Feathers Hotel
24 Market Street,
Woodstock,
Oxfordshire, Großbritannien
www.feathers.co.uk

Die Bar, mit der der Wettbewerb um die größte Gin-Auswahl begonnen hat, wirkt auf den ersten Blick unscheinbar und fast etwas heimelig. 2012 stieg sie mit 161 Gins hoch ein. Sie ist zwar derzeit nicht Rekordhalterin, hat aber nach wie vor eine beeindruckende Liste zu bieten. Und auch die Cocktails lohnt es zu probieren.

Premium Gin Emporium at The Old Bell Inn
Huddersfield Road,
Delph, Saddleworth,
Greater Manchester,
Großbritannien
www.theoldbellinn.co.uk

Der Inn, mit mehr als 400 Gins auf Lager ebenfalls ein ehemaliger Weltrekordhalter, hat ein unglaublich breit gefächertes Angebot an Gins aus aller Welt. Angeboten werden auch Cocktailkurse.

The Gin Palace
42 Middle Abbey Street,
Dublin, Irland
www.louisfitzgerald.com/ginpalace

Der »Gin-Palast« hält über 150 Gins aus aller Welt bereit und hat damit die größte Gin-Auswahl in Dublin zu bieten. Empfehlenswert sind der Gin Club und ein Gin-Sampler, mit dem man neue Abfüllungen probieren und für sich entdecken kann.

Cocktails mit modernen Gins

Moderner Gin ist stilistisch sehr weit gefasst und deckt viele unterschiedliche Geschmacksprofile ab. Wir schlagen hier nicht einen bestimmten Gin für einen Cocktail vor, sondern nennen nur das charakteristische Merkmal, von dem der jeweilige Drink am meisten profitiert. Auf Seite 67 erfahren Sie mehr über geeignete moderne Gins. Das sind allerdings reine Empfehlungen, die als Ausgangspunkt dienen können. Je mehr moderne Gins Sie kennenlernen, desto souveräner können Sie selbst passende Vertreter für die Cocktails auswählen, die Ihrem Geschmack und Ihren Vorlieben optimal entsprechen.

Alaska

GLAS: COUPE

60 ml gewürzbetonter moderner Gin
20 ml gelber Chartreuse
2 Spritzer Orangenbitter

GARNITUR: ZITRONENTWIST

Zutaten auf Eis rühren und in eine Coupe abseihen. Zitronentwist dazugeben und servieren.

Corpse Reviver No. 2

GLAS: COUPE

½ TL Absinthe Verte
30 ml gewürzbetonter Gin
30 ml Cocchi Americano
30 ml Cointreau
30 ml Zitronensaft, frisch gepresst

GARNITUR: ZITRONENTWIST

Absinth so in die Coupe gießen, dass die Ränder benetzt sind. Zutaten mit Eis in einen Shaker geben, schütteln und in die Coupe seihen. Mit dem Zitronentwist garnieren. Servieren.

Aviation

GLAS: COUPE

60 ml blumiger moderner Gin
15 ml Zitronensaft, frisch gepresst
7,5 ml Maraschino Likör
7,5 ml Crème de Violette

GARNITUR: SAUERKIRSCHE

Zutaten mit Eis schütteln und in eine Coupe abseihen. Mit einer Kirsche garnieren und servieren.

French 75

GLAS: CHAMPAGNERFLÛTE

60 ml blumiger moderner Gin
20 ml Zuckersirup
15 ml Zitronensaft, frisch gepresst
150 ml Champagner

GARNITUR: KEINE

Gin, Zuckersirup und Zitronensaft mit Eis in einen Shaker geben. Gut schütteln und in eine Flûte abseihen. Mit Champagner auffüllen. Servieren.

Singapore Sling

GLAS: HIGHBALL

30 ml zitrusbetonter moderner Gin
30ml Ananassaft
15 ml Limettensaft, frisch gepresst
15 ml Cherry Heering
15 ml Cointreau
7,5 ml Bénédictine
1 Spritzer Angosturabitter

GARNITUR: SAUERKIRSCHE UND ANANASSCHEIBE

Alle Zutaten in einen Shaker mit Eis geben. In ein Highballglas auf Eis abseihen. Mit einer Kirsche oder Ananasscheibe garnieren und servieren.

Last Word

GLAS: COUPE

20 ml kräuter- oder gewürzbetonter moderner Gin
20 ml grüner Chartreuse
20 ml Limettensaft, frisch gepresst
20 ml Maraschino Likör

GARNITUR: KEINE

Alle Zutaten auf Eis schütteln und vorsichtig in eine eisgekühlte Coupe abseihen. Servieren.

DIE BESTEN

Gin-Bars

Hop Sing Laundromat
1029 Race Street, Philadelphia, Pennsylvania, USA
www.hopsinglaundromat.com

Eine Bar im traditionellen Flüsterkneipenstil. Sie befindet sich hinter einer unscheinbaren, nicht gekennzeichneten Tür in der Chinatown von Philadelphia. Fantastische Cocktails (auch mit Gin) werden hier von Spitzen-Bartendern gemixt. In der Backbar stehen mehr als 100 Gins.

Dutch Courage Officers' Mess
51 Alfred Street, Brisbane, Australien
www.dutchcourage.com.au

Ein echtes Gin-Paradies mit über 100 Marken aus aller Welt, die für Gin-Novizen, aber auch Kenner, die wissen, was sie möchten, sauber kategorisiert sind. Man bekommt seinen Gin auf drei verschiedene Arten oder kann seinen Horizont gleich mit einer Verkostung erweitern.

Doce Gin Club
Carrer de l'Almirall Cadarso 12, Valencia, Spanien
www.doceginclub.com

Für ihre mehr als 500 im Handel erhältlichen Marken auf der Getränkekarte verdiente sich diese Bar 2015 einen Eintrag im Guinnessbuch der Rekorde.

Cocktails mit Aged Gins

Aged Gins im modernen Sinne sind eine recht neue Erscheinung. Wegen ihres breiten Spektrums an Geschmacksprofilen ist es nicht ganz einfach, einen ausgebauten Brand durch einen anderen zu ersetzen, weshalb hier die Marken angegeben werden. Da fassgereifte Gins noch keine vielfältige Geschichte hinter sich haben, die altbewährte Rezepte hervorgebracht hat, sind viele der hier vorgestellten Drinks Originale. Sobald Sie souveräner im Umgang mit Aged Gins werden, können Sie die Rezepte variieren.

Halja

GLAS: COUPE

30 ml Corsair Barrel-Aged Gin
60 ml Whipped Cream Vodka
15 ml Crème de Violette
15 ml Limettensaft, frisch gepresst

GARNITUR: ZUCKERSTREUSEL

Alle Zutaten mit Eis schütteln und in eine eisgekühlte Coupe abseihen. Mit Zuckerstreuseln garnieren und servieren.

Old Fashioned

GLAS: ROCKS

6,75 ml Few Barrel Gin
3 Spritzer Angosturabitter
¾ TL Kristallzucker
(oder 1 Zuckerwürfel)

GARNITUR: ORANGENTWIST (NACH BELIEBEN)

Zunächst Zucker, Bitter und einen Spritzer Gin verrühren, bis sich der Zucker aufgelöst hat oder, bei Verwendung eines Zuckerwürfels, wenigstens zerbröselt ist. Den restlichen Gin dazugeben und verrühren. Eis dazugeben und nach Belieben mit einem Orangentwist garnieren. Servieren.

Justin Kneitel's Hot Toddy

GLAS: BECHER

45 ml Few Barrel Gin
20 ml Zitronensaft, frisch gepresst
1 TL Zucker
60 ml Wasser kurz vor dem Siedepunkt
(93 °C)

GARNITUR: ZIMTSTANGE

Gin, Zitronensaft und Zucker im Becher verrühren. Langsam unter ständigem Umrühren heißes Wasser dazugeben, bis sich der Zucker aufgelöst hat. Zimtstange hineingeben und noch heiß servieren.

Justin Kneitel's Debonaire

GLAS: ROCKS

60 ml Few Barrel Gin
20 ml Ramazzotti
15 ml Clément Créole Shrubb
¾ TL Tempus Fugit Dark
Crème de Cacao

GARNITUR: ORANGENTWIST

Dieser Cocktail wird bei Zimmertemperatur getrunken und kommt daher ohne Eis aus. Zutaten in ein Rocksglas geben. Mit einem Barlöffel umrühren, Orangentwist dazugeben und servieren.

Alexandria

GLAS: COUPE

45 ml Waterloo Antique Barrel Reserve Gin
30 ml Crème de Cacao
30 ml Crème double

GARNITUR: ZIMT UND MUSKATNUSS, FRISCH GERIEBEN (JE 1 PRISE)

Zutaten in einem Shaker mit Eis 15 Sekunden lang schütteln. In ein eisgekühltes Coupeglas abseihen. Fein mit (nach Möglichkeit) frisch geriebener Muskatnuss und Zimt bestreuen. Servieren.

Varuna

GLAS: COUPE

60 ml Roundhouse Imperial Barrel-Aged Gin/Ginskey
20 ml Limettensaft, frisch gepresst
15 ml Zuckersirup (1 Teil Wasser, 1 Teil Zucker)
7,5 ml Coconut Rum
1 Eiweiß

GARNITUR: GERIEBENE MUSKATNUSS

Gin, Limettensaft, Zuckersirup, Rum und Eiweiß ohne Eis in einen Shaker geben und 10 bis 15 Sekunden schütteln. Eis dazugeben und weitere 15 Sekunden kräftig schütteln. In eine eisgekühlte Coupe abseihen. Eine Prise Muskatnuss daraufstreuen und servieren. Ein Cocktail von Justin Kneitel.

Old-Tom-Cocktails

Im späten 19. Jahrhundert enthielten Cocktails oft Old Tom Gin. Viele davon sind seither so abgewandelt worden, dass sie sich auch für Dry Gin eignen, der im 20. Jahrhundert aufkam. Allerdings sind die Originale nicht nur historische Kuriositäten oder Fenster in die Vergangenheit, sondern eigenständige hervorragende Cocktails. Sicher kann man sie in ihrer modernisierten Variante mit Dry Gin probieren, aber ich glaube nicht, dass man behaupten kann, einen Tom Collins oder Martinez getrunken zu haben, wenn man sie nicht mit Old Tom Gin genossen hat.

Tom Collins

GLAS: COLLINS/HIGHBALL

60 ml Old Tom Gin
30 ml Zitronensaft, frisch gepresst
7,5 ml Zuckersirup oder nach Belieben*
Soda zum Auffüllen

GARNITUR: ZITRONENSCHEIBE UND SAUERKIRSCHE

Glas zur Hälfte mit zerstoßenem Eis füllen. Gin, Zitronensaft, Zuckersirup und Wasser dazugeben. Gut verrühren und mit Soda auffüllen. Mit einer Zitronenscheibe und Sauerkirsche garnieren. Servieren.

** Zuckersirup nach Geschmack hinzuzufügen ist vielleicht die sinnvollere Variante. Da einige Old Tom Gins tatsächlich mit Zucker gesüßt sind, muss der Tom Collins nicht mehr so stark zusätzlich gesüßt werden. Ist der Gin dagegen botanisch gesüßt, schmeckt der Cocktail womöglich zu sauer, sodass man die doppelte oder dreifache Menge Zuckersirup nehmen muss.*

Martinez

GLAS: COCKTAIL ODER COUPE

90 ml Old Tom Gin
15 ml süßer Wermut
7,5 ml Maraschino Likör
2 Spritzer Angosturabitter

GARNITUR: ORANGENTWIST

Alle Zutaten auf Eis in einen Shaker geben. Schütteln und in ein eisgekühltes Cocktailglas oder eine Coupe abseihen. Mit einem Orangentwist garnieren und servieren.

Casino

GLAS: COUPE

60 ml Old Tom Gin
4 ml Maraschino Likör
4 ml Zitronensaft, frisch gepresst
3 Spritzer Orangenbitter

GARNITUR: KEINE

Alle Zutaten mit Eis schütteln. In eine gekühlte Coupe abseihen. Servieren.

Tuxedo No. 1

GLAS: COUPE

30 ml Old Tom Gin
30 ml trockener Wermut
4 ml Maraschino Likör
½ TL Absinthe Verte
2 Spritzer Orangenbitter

GARNITUR: ZITRONENTWIST ODER SAUERKIRSCHE

Alle Zutaten in ein Rührglas auf Eis geben und umrühren. In ein gekühltes Coupeglas abseihen. Mit einem Zitronentwist und einer Sauerkirsche garnieren. Servieren.

Ford Cocktail

GLAS: COCKTAIL ODER COUPE

30 ml Old Tom Gin
30 ml trockener Wermut
7,5 ml Bénédictine
2 Spritzer Orangenbitter

GARNITUR: ORANGENTWIST

Alle Zutaten in ein Rührglas auf Eis geben. Umrühren und in ein Cocktailglas oder eine Coupe abseihen. Mit einem Orangentwist garnieren und servieren.

Pink Gin

GLAS: COUPE

6 ml botanisch gesüßter Old Tom Gin
4 Spritzer Angosturabitter

GARNITUR: ZITRONENTWIST (NACH BELIEBEN)

Die Innenseite einer eisgekühlten Coupe mit dem Bitter benetzen. Gin in einem separaten Rührglas auf Eis rühren, bis er gut gekühlt ist. In die Coupe abseihen und nach Belieben mit einem Zitronentwist garnieren. Servieren.

Cocktails mit Holland Gins

Holland Gin wurde früher oft als Synonym für Genever gebraucht. Die Gins hatten einen vollen, getreidigen Charakter, der von den Botanicals eher ergänzt denn dominiert wurde. Viele neue Gins aus den Vereinigten Staaten haben starke Bezüge zur holländischen Gin-Tradition und funktionieren deshalb am besten in Cocktails, die ursprünglich für diesen Stil erdacht wurden. Zu diesen Gins gehören der Corsair Genever (Seite 148), der Merrylegs Genever-Style Gin (Seite 158) und der Wigle's Ginever (Seite 164).

Improved Holland Gin Cocktail

GLAS: COUPE

60 ml Holland Gin
7,5 ml Zuckersirup
7,5 ml Maraschino Likör
½ EL Absinth
2 Spritzer Angosturabitter

GARNITUR: ZITRONENTWIST

Alle Zutaten mit Eis in ein Rührglas geben. Rühren und in eine Coupe abseihen. Mit einem Zitronentwist garnieren und servieren.

Holland Fizz

GLAS: COLLINS

60 ml Holland Gin
15 ml Zitronensaft, frisch gepresst
7,5 ml Zuckersirup
1 Spritzer Angosturabitter
1 Eiweiß
Soda zum Auffüllen

GARNITUR: ZITRONENTWIST

Alle Zutaten außer dem Sodawasser in einen Shaker geben und ohne Eis 10 Sekunden schütteln. Eis dazugeben und erneut kräftig schütteln. In ein Collinsglas abseihen und mit Soda auffüllen. Mit einem Zitronentwist garnieren und servieren.

Death in the Gulfstream

GLAS: COUPE

60 ml Holland Gin
15 ml Limettensaft, frisch gepresst
7,5 ml Zuckersirup
5 Spritzer Angosturabitter

GARNITUR: LIMETTENTWIST

Alle Zutaten mit Eis in einen Shaker geben, schütteln und in eine eisgekühlte Coupe abseihen. Mit einem Limettentwist garnieren und servieren.

Cocktails mit Sloe Gins und Cordials

Sloe Gins und andere Cordial Gins werden oft pur genossen. Nicht umsonst aber haben auch Cocktails wie der Sloe Gin Fizz eine lange Tradition. Manchmal muss man nur wissen, was man sonst mit diesen Likör-Gins anstellen kann. In vielen dieser Drinks sind Sloe oder Damson Gins – Letztere mit Pflaumen – wegen ihres ähnlichen Profils austauschbar. Etwas schwieriger wird es mit exotischeren Likören, etwa solchen mit Himbeer- oder Cranberrygeschmack. Himbeer- oder Erdbeerliköre geben im Savoy Tango einen guten Calvados-Partner ab, während Cranberry sich schön in einem Fizz macht.

Savoy Tango

GLAS: COUPE

45 ml Sloe Gin

45 ml Calvados

GARNITUR: KEINE

Zutaten mit Eis in einen Shaker geben, schütteln, in eine Coupe abseihen und servieren.

Sloe Gin Fizz

GLAS: COLLINS

60 ml Sloe Gin

20 ml Zitronensaft, frisch gepresst

15 ml Zuckersirup

Soda zum Auffüllen

GARNITUR: ZITRONENTWIST

Zutaten mit Eis in einen Shaker geben. Schütteln und auf Eis in das Glas abseihen. Nach Belieben mit Soda auffüllen und mit einem Zitronentwist garnieren. Servieren.

Blackthorne

GLAS: COUPE

30 ml Sloe oder Damson Gin

30 ml süßer Wermut

1 TL Zuckersirup

1 Spritzer Angosturabitter

2 Spritzer Orangenbitter

GARNITUR: ZITRONENTWIST

Zutaten in einem Rührglas mit Eis rühren. In eine Coupe abseihen. Mit einem Zitronentwist garnieren und servieren.

Nehmen Sie diese Rezepte als Vorlagen, um die Drinks kennenzulernen. Sobald Sie versierter im Umgang mit den Geschmacksprofilen sind, können Sie andere Cordial Gins ausprobieren.

Cocktails mit Flavoured Gins

Manche Flavoured Gins entstehen, weil man die Botanical-Mischung in die eine oder andere Richtung verändert, um das Profil einer bestehenden Marke hervorzuheben oder den Geschmack selbst zu unterstreichen. Flavoured Gin ist in der Regel nicht so stark gesüßt wie Cordial Gin und lässt sich nach wie vor als trocken charakterisieren.

Ich würde nicht empfehlen, Flavoured Gins einfach gegen Cordials auszutauschen. Cordial Gins sind dann oft zu süß, während Flavoured Gins umgekehrt eine zusätzliche Süßung brauchen. Man kann Flavoured Gins ähnlich behandeln wie moderne Gins desselben Typs. Versuchen Sie beispielsweise ruhig einmal, einen Gin mit Gurkengeschmack gegen Martin Miller's Gin (Seite 99) oder den William Chase Seville Orange (Seite 109) gegen einen Bluecoat (Seite 144) einzutauschen. Flavoured Gins sind ein ganz eigener Schlag, aber ich bin noch nie einem begegnet, der in einem Gin Tonic nicht funktionierte.

Spring Orchard

GLAS: HIGHBALL

60 ml Seagram's Apple Twisted Gin
45 ml St. Germain Elderflower Liqueur
90 ml Soda

GARNITUR: KEINE

Gin und Holunderlikör auf Eis schütteln. In ein Highballglas auf Eis abseihen und mit Soda auffüllen. Servieren.

Southside

GLAS: ROCKS

60 ml Gordon's Elderflower Gin
30 ml Limettensaft, frisch gepresst
20 ml Zuckersirup
1 Zweiglein frische Minze

GARNITUR: MINZBLATT

Ein Blatt aus dem Minzezweiglein zupfen und beiseitelegen. Alle übrigen Zutaten in einem Shaker mit Eis schütteln. Kräftig schütteln, damit die Minze ihre Öle freisetzt. In ein Rocksglas mit ein paar Eiswürfeln abseihen. Mit dem Minzblatt garnieren.

Hesperus

GLAS: COUPE

90 ml Williams Chase Seville Orange Gin
30 ml Wodka
15 ml Lillet Blanc

GARNITUR: ZITRONENTWIST

Alle Zutaten auf Eis gut rühren. In eine Coupe abseihen. Zitronenzeste über dem Drink ausdrücken, dann als Garnitur verwenden. Servieren.

Aarons Top 10 Gins

Barr Hill Gin
45% (USA) Seite 141

Citadelle Réserve Gin (2013)
44% (Frankreich) Seite 119

Dorothy Parker
44% (USA) Seite 152

Halcyon Gin
46% (USA) Seite 154

Hernö Juniper Cask Gin (Batch 5)
47% (Schweden) Seite 128

Pink Pepper Gin
44% (Frankreich) Seite 120

Plymouth Gin
41,2% (Großbritannien) Seite 102

St. George Terroir Gin
45 % (USA) Seite 159

Sipsmith VJOP
57,7% (Großbritannien) Seite 103

Vor Gin
47% (Island) Seite 125

Die besten Gin-Bars in Europa

ENGLAND

69 Colebrooke Row
69 Colebrooke Row
London
www.69colebrookerow.com

214 Bermondsey
214 Bermondsey Street
London
www.214-bermondsey.co.uk

Claridge's Bar at Claridge's Hotel
49 Brook Street
London
www.claridges.co.uk

The Connaught Bar & Coburg Bar
Carlos Place,
London
www.the-connaught.co.uk

Duke's Hotel
35 St. James's Place
London
www.dukeshotel.com

The Feathers Hotel
Market Street
Woodstock, Oxfordshire
www.feathers.co.uk

Graphic Bar
4 Golden Square
London
www.graphicbar.com

The London Gin Club (at the Star)
22 Great Chapel Street
London
www.thelondonginclub.com

Merchant House
13 Well Court
London
www.merchanthouse.bar

Mr. Fogg's
15 Bruton Lane
London
www.mr-foggs.com

Nightjar
129 City Road
London
www.barnightjar.com

The Portobello Star
171 Portobello Road
London
www.portobellostarbar.co.uk

Premium Gin Emporium at The Old Bell Inn
Huddersfield Road
Delph, Saddleworth
www.theoldbellinn.co.uk

Purl
50–54 Blandford Street
London
www.purl-london.com

Super Lyan
155 Hoxton Street
London
www.superlyan.com

The Worship Street Whistling Shop
63 Worship Street
London
www.whistlingshop.com

SCHOTTLAND

Bramble Bar
16A Queen Street
Edinburgh
www.bramblebar.co.uk

Bruach Bar
326 Brook Street
Dundee
www.bruach-bar.com

Gin71
71 Renfield Street
Glasgow
www.gin71.com

DÄNEMARK

The Bird and the Churchkey
Gammel Strand 44
Kopenhagen
www.thebird.dk

Ruby
Nybrogade 10
Kopenhagen
www.rby.dk

Gilt
Rantzausgade 39
Kopenhagen
www.gilt.dk

Helmuth
Boulevarden 28
Aalborg
www.helmuthaalborg.dk

FINNLAND

A21 Decades
Annankatu 21
Helsinki
www.a21.fi

FRANKREICH

Prescription Cocktail Club
23 rue Mazarine
Paris
www.prescriptioncocktailclub.com

DEUTSCHLAND

Becketts Kopf
Pappelallee 64
Berlin
www.becketts-kopf.de

Couch Club
Klenzestr. 89
München
www.couch-club.org

G&T Bar
Große Präsidentenstr. 6–7
Berlin
www.amanogroup.de

Lebensstern
Kurfürstenstraße 58
Berlin
www.lebens-stern.de

Victoria Bar
Potsdamer Str. 102
Berlin
www.victoriabar.de

ISLAND

Hverfisgata 12
Hverfisgata 12
Reykjavík
www.hverfisgata12.is

ITALIEN

Rivoire
Piazza della Signoria
Florenz
www.rivoire.it

Nottingham Forest
Viale Piave 1
Mailand
www.nottingham-forest.com

NIEDERLANDE

Door 74
Reguliersdwarsstraat 74
Amsterdam
www.door-74.com

Henry's Bar
Oosterpark 11
Amsterdam
www.henrysbar.nl

Snappers
Reguliersdwarsstraat 21
Amsterdam
www.snappers-amsterdam.nl

NORWEGEN

Chair Oslo
Thorvald Meyers Gate 45
Oslo
www.chairoslo.no

RUSSLAND

Chainaya Tea and Cocktails
1-ya Tverskaya-Yamskaya ulitsa 29, Moskau
www.facebook.com/chainaya-bar

SPANIEN

Bobby Gin
Carrer de Francisco Giner 47
Barcelona
www.bobbygin.com

Doce Gin Club
Carrer de l'Almirall Cadarso 12,
Valencia
www.doceginclub.com

Elephanta
Torrent d'en Vidalet 37
Barcelona
www.elephanta.cat

Dry Martini
Carrer d'Aribau 162–166
Barcelona
www.drymartiniorg.com

Old Fashioned
Carrer de Santa Teresa 1
Barcelona
www.facebook.com/oldfashionedbcn

SCHWEIZ

Old Crow
Schwanengasse 4
Zürich
www.oldcrow.ch

SCHWEDEN

Corner Club
Lilla Nygatan 16
Stockholm
www.cornerclub.se

Die besten Gin-Bars im Rest der Welt

USA

Acacia
2108 E Carson Street
Pittsburgh, Pennsylvania
www.acaciacocktails.com

Amor Y Amargo
443 E 6th Street
New York City
www.amoryamargony.com

Apotheke
9 Doyers Street
New York City
www.apothekenyc.com

Bar Tonique
820 N Rampart Street
New Orleans, Louisiana
www.bartonique.com

Bathtub Gin
132 9th Avenue
New York City
www.bathtubginnyc.com

The Berry and Rye
1105 Howard Street
Omaha, Nebraska
www.theberryandrye.com

Billy Sunday
3143 W Logan Boulevard
Chicago, Illinois
www.billy-sunday.com

Crudo
3603 E Indian School Road
Phoenix, Arizona
www.crudoaz.com

Clyde Common
1014 SW Stark Street
Portland, Oregon
www.acehotel.com/portland

Downtown Cocktail Room
111 S Las Vegas Boulevard
Las Vegas, Nevada
www.downtowncocktailroom.com

Dutch Kills
27–24 Jackson Avenue
Long Island City, New York
www.dutchkillsbar.com

Gin Palace
95 Avenue A
New York City
www.ginpalaceny.com

The Hawthorne
at the Hotel Commonwealth
500A Commonwealth Avenue
Boston, Massachusetts
www.thehawthornebar.com

Hop Sing Laundromat
1029 Race Street
Philadelphia, Pennsylvania
www.hopsinglaundromat.com

Liberty
517 15th Avenue E
Seattle, Washington
www.libertybars.com

Madam Geneva
4 Bleeker Street
New York City
www.madamgeneva-nyc.com

Middle Branch
154 E 33rd Street
New York City
www.facebook.com/MiddleBranchNYC

Oceana
120 W 49th Street
New York City
www.oceanarestaurant.com

Oyster House
1516 Sansom Street
Philadelphia, Pennsylvania
www.oysterhousephilly.com

PX
728 King Street
Alexandria, Virginia
www.barpx.com

Penrose
3311 Grand Avenue
Oakland, Kalifornien
www.penroseoakland.com

Polite Provisions
4696 30th Street
San Diego, Kalifornien
www.politeprovisions.com

Pouring Ribbons
225 Avenue B
New York City
www.pouringribbons.com

Scofflaw
3201 W Armitage Avenue
Chicago, Illinois
www.scofflawchicago.com

Traymore Gin Bar
2445 Collins Avenue
Miami, Florida
www.comohotels.com/metropolitanmiamibeach

Wisdom
1432 SE Pennsylvania Avenue
Washington, D.C.
www.dcwisdom.com

KANADA

Clive's Classic Lounge
740 Burdett Avenue
Victoria, British Columbia
www.clivesclassiclounge.com

The Drawing Room
1222 Barrington Street, 3rd Floor
Halifax, Nova Scotia
www.henryhouse.ca

Le LAB
1351 rue Rachel Est
Montreal, Québec
www.barlelab.com

Milk Tiger Lounge
1410 4 Street SW
Calgary, Alberta
www.milktigerlounge.ca

Nota Bene
180 Queen Street W
Toronto, Ontario
www.notabenerestaurant.com

Le Pourvoyeur
184 Jean Talon Est
Montreal, Québec
www.lepourvoyeur.com

Spirithouse
487 Adelaide Street W
Toronto, Ontario
www.spirithousetoronto.com

Toronto Temperance Society
577A College Street
Toronto, Ontario
www.torontotemperancesociety.com

MITTEL- UND SÜDAMERIKA

878
Thames 878
Buenos Aires, Argentinien
www.878bar.com.ar

Astor São Paulo
Rua Delfina 163
São Paulo, Brasilien
www.barastor.com.br

Frank's Bar
Arévalo 1445
Buenos Aires, Argentinien
www.franks-bar.com

AUSTRALIEN

Bulletin Place
10–14 Bulletin Place
Sydney
bulletinplace.com

Dutch Courage Officers' Mess
51 Alfred Street
Brisbane
www.facebook.com/dutchcourageofficersmess

Gin Palace
10 Russell Place
Melbourne
www.ginpalace.com.au

NEUSEELAND

Scarlett Slimms & Lucky
476 Mount Eden Road
Auckland
www.slimms.co.nz

ANDERE LÄNDER

28 Hongkong Street
28 Hongkong Street
Singapur
www.28hks.com

Arola at the JW Marriott
Juhu Tara Road
Mumbai, Indien
www.marriott.com/hotels/travel/bomjw-jw-marriott

Ginter at the Intercontinental Dubai Marina
Bay Central Dubai Marina
Dubai, VAE
www.ihg.com/intercontinental/hotels/gb/en/dubai/dxbpl/hoteldetail

Harry's Bar
Off Paul Kagame Road
Lilongwe, Malawi

Imperial Cocktail Bar
HaYarkon Street 66
Tel Aviv, Israel
www.imperialtlv.com

Mother's Ruin
219 Bree Street
Kapstadt, Südafrika
www.facebook.com/mothersruincpt

Register

Kursiv gesetzte Zahlen verweisen auf Bildunterschriften.

Dank des Verlags

Der Verlag dankt den vielen Gin-Brennereien in aller Welt, die freundlicherweise Abbildungen ihrer Gins und Betriebe zur Verfügung gestellt haben.

Ein Dank geht auch an folgende Personen, die an der Produktion dieses Buchs mitgewirkt haben:

The Merchant House, London: Nate Brown und Lewis Hayes

Graphic Bar, London: Gio Cascone und die Urban Leisure Group

Wir danken ferner Sasha Gitin für seine Fotografien von Gin-Flaschen und Simon Murrell für die Fotos von Flaschen und Cocktails auf den Seiten 182–218.

Bildnachweis

5 dieKleinert/Alamy; 6 FALKENSTEINFOTO/Alamy; 7 Mitte INTERFOTO/Alamy; 7 Meridian Images/Alamy; 8 INTERFOTO/Sammlung Rauch/Mary Evans Picture Library; 10 Photo Researchers/Mary Evans Picture Library; 11 top Photo Researchers/Mary Evans Picture Library; 11 unten Tracy Hebden/Alamy; 12 Mary Evans Picture Library/Alamy; 17 bilwissedition Ltd. & Co. KG/Alamy; 18 Peter Jordan_F/Alamy; 19 North Wind Picture Archives/Alamy; 21 North Wind Picture Archives/Alamy; 23 Classic Image/Alamy; 25 INTERFOTO/Alamy; 26 Niday Picture Library/Alamy; 27 Everett Collection Historical/Alamy; 32 Anson Smart; 36 Photology1971/Alamy; 37 Anthony Cullen; 39 Anthony Cullen; 41 Alastair Wiper; 44 Botanical art/Bildagentur-online/Alamy; 48 Quagga Media/Alamy; 49 Florilegius/Mary Evans Picture Library; 50 Quagga Media/Alamy; 51 Mary Evans Picture Library; 52 Photo Researchers/Mary Evans Picture Library; 53 Patrick Guenette/Alamy; 54 Mary Evans Picture Library; 55 Mary Evans Picture Library; 57 unten rechts Design Pics Inc/Alamy; 58 links Quagga Media/Alamy; 58 rechts Patrick Guenette/Alamy; 59 bilwissedition Ltd. & Co. KG/Alamy; 60 links Photo Researchers/Mary Evans Picture Library; 60 rechts INTERFOTO/Alamy; 61 links Patrick Guenette/Alamy; 62 World History Archive/Alamy; 62 Fotos vom Auto von Eileen Proto; 63 Fotos vom Autor: Eileen Proto; 70 Mary Evans Picture Library; 72–73 Peter Horree/Alamy; 79 Anson Smart; 109 Levon Biss; 152–153 both Paola Thomas; 173 www.gbpcreative.ca; 181 Anson Smart

Dank des Autors

Es wäre nahezu unmöglich, ein Buch von diesen Dimensionen ohne die großzügige Unterstützung all der Brenner, Bartender, Handwerker und anderer Menschen zu schreiben, die mir ihre Geschichten erzählt, mich zu sich eingeladen und mir ihre Gins kredenzt haben. Dieses Buch ist eine Hommage an sie, denn die Geschichte des Gins wird mit jedem neuen Gin und Cocktail weitergeschrieben. Ich danke jedem Einzelnen von euch.

Ein Dank geht auch an meine wunderbare Frau Kate Garrigan, die mir erlaubt hat, zwei Räume unserer New Yorker Wohnung mit Gin vollzustellen. Sie hat jede neue Kiste und Flasche mit einem Lächeln begrüßt und mich immer unterstützt. Danke, dass du mitgeholfen hast, dieses Buch möglich zu machen. Ich verspreche, du bekommst deine Bücherregale zurück. Sobald wir die Gins getrunken haben!

Zu besonderem Dank verpflichtet bin ich David T. Smith. Ich hätte mir bei dem gesamten Schreibprojekt keinen besseren Freund und Bruder im (Gin-)Geiste vorstellen können. Danke, Kumpel!

Danke schön, Justin Kneitel, für dein Cocktail-Know-how und deinen wertvollen Rat über die Jahre hinweg. Wie viele Gins haben wir seit jenem Abend und dem späten Gin Tonic, mit dem alles begann, getrunken?

Und natürlich danke ich auch allen anderen, die mich bei dem Projekt unterstützt und mir anderweitig geholfen haben. Danke, Matt Carland, Dawn Antoline-Wang, Henry Wang, Thomas Christensen, James Lester, Gene Shook, Ellen Noonan, Leah Potter, Leah Nahmias, Katie Almirall, Sara Smith, John Sgammato, Eileen Proto, Chris Nyberg, Laura Grow-Nyberg, Abby Bathrick, Jon Karp, Lesia Lozowy und Patrick Gilmartin (ich habe diesen Gin Tonic, den du mir vor vielen Jahren serviert hast, noch immer nicht vergessen). Danke für die vielen Geschichten, Ian Hart und Hilary Whitney, John Lundin, Dr. Anne Brock und Hannah Lanfear, Ben Capdeville und Holly Robinson, Sam Galsworthy, Meredith Grelli, Lauren Brock, Emily Vikre, Jon Hillgren, Jason Barrett, Cameron MacKenzie, Anthony Sexton, Karlo Krauzig, Anders Bilgram und Jonas Naessens.

Und zu guter Letzt danke ich meiner wundervollen Familie: Mama, Papa, Alicia und Jeff Jurek, Andy und Jen Garrigan sowie John und Patty Garrigan. Danke für eure Unterstützung und Hilfe – der nächste Gin Tonic geht auf mich.